국립국어원 민족생활어 자료 총서 7

제례음식 · 혼례음식 · 향토음식

경상북도 북부지역의 민족생활어

국립국어원 민족생활어 조사

기　　획 : 김덕호(담당 연구원)
조사위원 : 김순자(제주대)　　안귀남(안동대)
　　　　　김란기(홍익대)　　김지숙(영남대)
　　　　　홍기옥(경북대)　　조숙정(서울대)
　　　　　정성미(강원대)　　정진영(부산대)
　　　　　김민영(한남대)　　위　진(전남대)

국립국어원 민족생활어 자료 총서 7

제례음식 · 혼례음식 · 향토음식——경상북도 북부지역의 민족생활어

초판 인쇄 2009년 3월 20일
초판 발행 2009년 3월 30일

지 은 이　안귀남
엮 은 이　국립국어원
펴 낸 이　최종숙
펴 낸 곳　글누림출판사 / 서울 서초구 반포4동 577-25 문창빌딩 2층
전　　화　02-3409-2055 FAX 02-3409-2059
이 메 일　nurim3888@hanmail.net
등　　록　2005년 10월 5일 제303-2005-000038호

ⓒ 국립국어원 2009

정　　가　18,500원

I S B N　978-89-6327-004-3 (세트)
I S B N　978-89-6327-011-1 04710

국립국어원 민족생활어 자료 총서 7

제례음식·혼례음식·향토음식

경상북도 북부지역의 민족생활어

안귀남

글누림

국립국어원은 국어를 표준화하고, 국민의 풍요로운 언어생활을 돕기 위해 1991년에 설립되었다. 설립된 다음 해부터 1999년까지 8년간의 표준국어대사전 편찬 사업과 더불어 방언 조사 사업, 음성 자료 디지털화 사업, 기본 어휘 사용 실태 조사 사업 등과 같은 국가적 조사 연구 사업들을 수행해 왔다. 민족생활어 조사 사업도 이와 같은 국가적 조사 연구 사업의 일환으로 2007년에 시작되었다.

민족생활어 조사 사업은 국어 기본법 제2조(기본 이념)와 제9조(실태조사 등)에 근거하고 있다. 또한 다양한 입장에 대해 열린 자세를 갖게 하고, 차이를 인정하는 열린 마음으로 사회 통합을 이끌어내고자 하는 사회적 분위기와 이를 통해 사회적 관용(la tolérance sociale)을 모색하고자 하는 의식을 반영한 사업이다.

편리함과 윤택함이라는 이름 아래 진행되어 온 고속 성장의 이면에 우리의 언어와 문화, 생태계는 그 다양성이 훼손될 우려가 점차 커지고 있다. 그러므로 인류 미래의 운명이 걸린 언어, 문화, 생태계의 다양성을 존

중하고 절멸 위기에 있는 그들의 생명력을 유지하고 복원하기 위해 함께 행동해야 할 것이다.

유네스코에서는 1992년 '생물 다양성 협약'을 체결하고 2001년 세계 문화 다양성 선언을 채택하여 언어와 문화의 다양성을 지키기 위해 노력하고 있다. 왜 생태주의자들은 종의 다양성을 옹호하고 있는가? 그것은 바로 순조로운 진화의 길을 모색하고자 함에 있다. 진화라고 하는 발전과 변화가 종의 다양성을 기반으로 하여 가능하듯이 언어의 진화도 언어의 다양함을 바탕으로 이루어지는 과정이라고 할 수 있다. 언어의 대표 단수만 옹호하는 일은 언어의 다양성 자체를 무너뜨리는 일이고, 이는 곧 진화에 역행하는 일이다.

현재 삶의 편의성을 위해 모든 것을 거시적인 관점에서 표준화하려는 경향이 뚜렷해서 비표준적이고 미시적인 것들은 소멸의 위기에 처하게 되었다. 하지만 이제는 잃어버린 지난날의 다양하고 미시적인 삶의 유산을 복원하기 위한 노력이 시작되고 있다. 이러한 분위기는 중심 언어에서 멀어진 변방의 언어라고 방치했거나 정화의 대상으로까지 여겼던 비표준적인 말을 보존하려는 노력에서도 엿볼 수 있다. 영국이 낳은 뛰어난 언어학자 데이비드 크리스털(David Crystal)은 자신의 저서인 '언어의 죽음(Language Death)'에서 어떤 소수의 언어든, 언어라는 이름을 갖고 있는 존재가 힘센 언어에 의해 사라져 가는 것은 '비극'을 넘어 '재앙'으로 간주하고 있다. 인류의 삶에는 다양성이 필요하고, 다양성을 바탕으로 이루어진 언어는 나름의 정체성을 가져야 자연스럽다. 언어는 역사의 저장고일 뿐만 아니라, 인류의 지식 총량에 기여하고, 그 자체로 흥미의 대상이 되기 때문에 그의 주장은 타당하다. 어떠한 언어든 사라진다는 것은 인류에게는 돌이킬 수 없는 손실을 의미한다. 따라서 아직까지 연구되지 않았거나 충분히 기록되지 않은, 소멸 위기에 처하거나 죽어가는 언어들을 문법 사전 및 구전 자료의 기록을 포함하는 문서 형태로 기록하는 것은 아주 중요한 사명이다.

크리스털을 비롯하여 뜻있는 언어학자들이 소멸 위기에 놓인 언어를 지켜내려고 안간힘을 쓰고 있는 것처럼, 국립국어원에서도 민족생활어 조사 사업을 통해 사라질 운명에 처해 있는 한민족의 생활어를 수집하고, 더 나아가서 그것을 지켜가는 방안을 모색하기 위해 힘을 모으고 싶다. 이를 통해서 우리 민족의 생활 언어가 한민족의 위대한 '문화유산'으로 다음 세대에게 계승하여 상속할 만한 가치를 지닌 문화적 소산임을 명심하게 하는 계기를 삼고자 한다.

민족생활어 조사 사업은 2007년부터 시작하여 2016년까지 10년간 수행할 예정이다. 국어 기본법 제2조 기본이념에서 밝히고 있듯이 국어가 민족 제일의 문화유산이며 문화 창조의 원동력임을 깊이 인식하여 이를 조사하고 보존함으로써 민족문화의 정체성을 확립하고 나아가 후손에게 계승할 수 있도록 하여야 하겠다.

2009년 3월

국립국어원 원장

차례

제1부
사업 개요

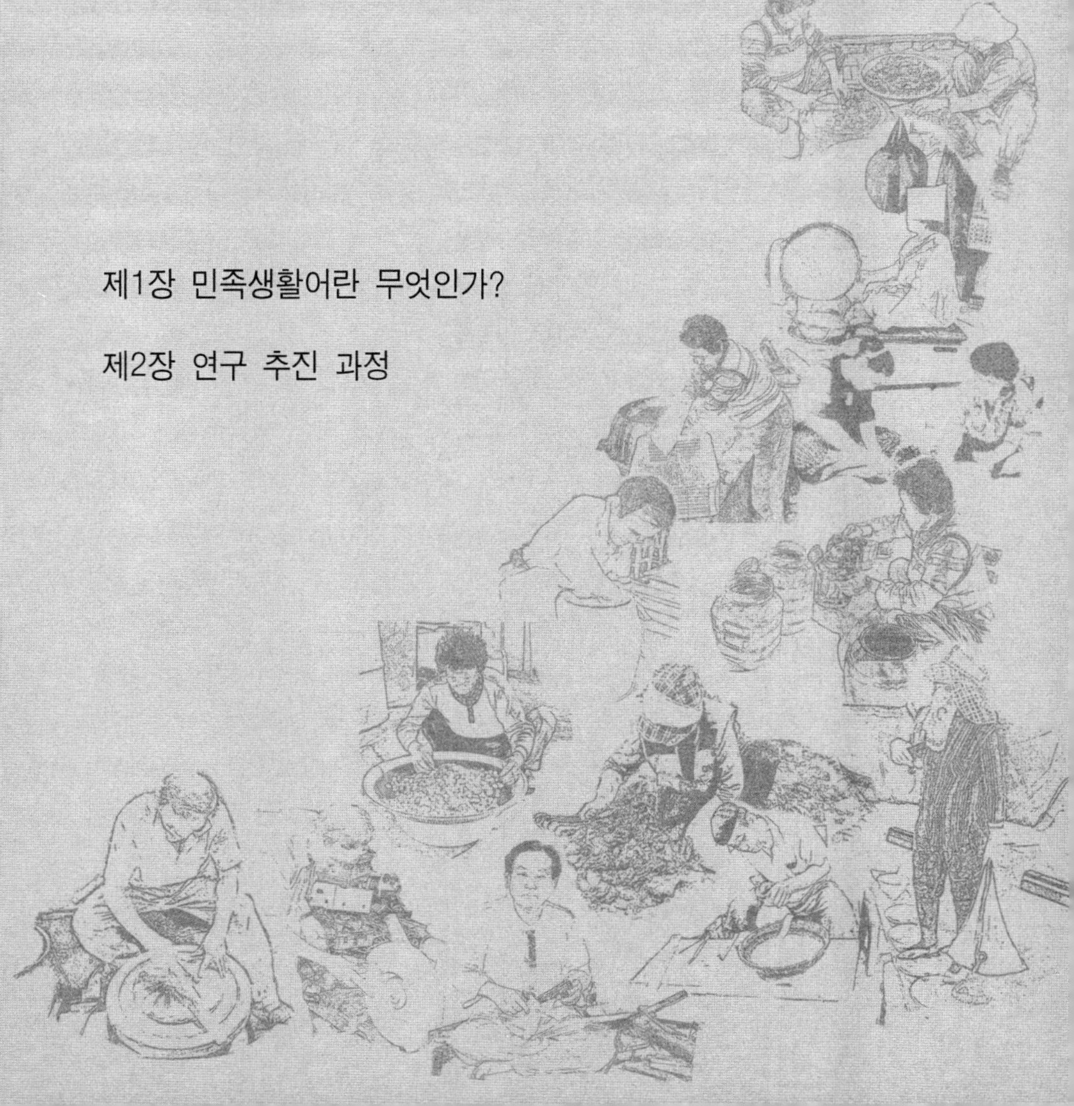

제1장 민족생활어란 무엇인가?

인간은 다양하고 역동적인 생활 모형을 창조하기도 하며 다른 사람이 이미 만든 생활 모형을 따르며 살아가기도 한다. 그러한 생활 모형이 다수에 의해 집단화되거나 후손에게 영속적으로 이어지면 문화가 된다. 이러한 문화 속에서 관계를 맺고 소통하기 위해 사용하는 매개체를 가지게 되는데 그것이 바로 언어이다.

민족생활어란 민족이라는 말에 생활과 언어가 결합되어 이루어진 말이다. 민족은 일정한 지역에서 오랜 세월 동안 공동생활을 하면서 언어와 문화상의 공통성에 기초하여 역사적으로 형성된 사회집단을 말한다. 생활은 사람들의 일상적인 정서, 인식, 행동으로 이루어지며 이것의 대부분은 언어를 매개로 구체화된다.

일정한 지역에서 언어, 풍습, 종교, 정치, 경제 등을 공유하면서 장기적으로 집단적 생활을 지속적으로 반복하게 되면, 공속적인 사고체계와 문화체계를 형성하게 된다. 곧 이러한 사고체계와 문화체계는 그 민족의 생활 모습을 통해 알 수 있는데, 이들 생활의 대부분은 민족이 사용하는 언어를 통하여 드러나게 된다.

그러므로 한 민족이 살아 온 삶의 모습, 사고체계, 정체성 등을 파악하기 위해서는 동일 민족의 범주에 속하는 다양한 사람들의 생활어를 살펴보아야 한다. 이것은 생활 속에서 이루어지는 언어의 어휘, 형식, 의미, 용례, 담화 등의 조사와 재발견을 통해 구체화시킬 수 있다.

민족생활어를 조사하기 위해서는 우선 그 언어를 담고 있는 민족문화를 알아야 한다. 이를 위해 한국 민족문화의 개념과 범위를 살펴보면 다음과 같다(한국 민족문화대백과사전).

- ○ 한국 민족문화에는 외국에서 우리나라로 귀화한 사람과 우리나라에서 외국으로 이주한 사람의 문화도 포함된다.

- ○ 한민족이 아닌 다른 민족이 이룩한 문화는 한민족 구성원에 의하여 연구 변용된 구체적인 사실이 있는 경우에 한국 민족문화에 포함된다.

- ○ 한민족이 우리 강역 안에서 이룩한 문화 외에도 외국으로 일시 진출하거나 항구적으로 이주하여 이룩한 문화도 한국 민족문화에 포함된다.

- ○ 선사시대의 생활양상도 한국 민족문화에 포함된다.

- ○ 자연 그 자체는 문화가 아니지만 한민족에 의하여 이용되고 의미를 부여한 자취가 있을 때는 한국 민족문화로 다룬다.

- ○ 현대 문화의 양상은 전통 문화와의 연관이 파악되고 광범위한 영향을 끼치며, 우리나라에서의 독자성 또는 특수성이 보편성과 함께 인정되어야 한국 민족문화이다.

- ○ 민족문화는 민족 · 강역 · 역사 · 자연 · 생활 · 사회 · 사고 · 언어 · 예술 등 아홉 가지로 크게 분류된다.

이상과 같은 한국 민족문화의 개념과 범위 규정은 앞으로 수행할 이 사업의 조사 대상과 영역을 선정하는 데 중요한 기준으로 삼을 수 있다.

사피어 워프의 가설(Sapir Whorf 가설, 언어의 상대주의 이론)에 보면 언어구조나 실제 사용하는 언어 형식이 사용자의 사고에 영향을 미치는 것으로 되어 있다. 언어 사용자는 필요에 따라 많은 언어 형식을 창조한다. 사용자가 그만큼 사고를 많이 한다는 말이다. 북극의 이누이트족은 눈, 얼음, 바람을 아주 세분된, 수십 개의 말로 표현한다. 필리핀 민도르의 하우누족은 450종 이상의 동물과 1,500종 이상의 식물을 구분한다. 실제 공인된 공식 도감의 분류보다 400여 종이 더 많다.

어떤 언어 사용자의 죽음은 그가 가진 독특한 생활어도 함께 사라짐을 의미한다. 언젠가 아프리카에서 들려오는 소식으로 다음과 같은 이야기가 있었다. "한 사람의 노인이 사망할 때마다 하나의 박물관이 사라지고, 하나의 도서관이 사라진다." 문자가 아닌 구전으로 지식과 지혜가 전수되는 아프리카의 문화 전통에서 오래도록 살아 온 한 노인은 그 사람 자체가 박물관이고 도서관이었다(강신표, 인제대).

이러한 관점은 조사 대상과 조사 영역에 대한 중요한 기준을 제시해 준다. 누구를 조사해야 하고, 무엇을 조사해야 하는지에 대한 해답을 이 관점을 토대로 찾아낼 수 있을 것이다.

민족생활어란 한국 민족이 그들의 문화 속에 담고 있는 생활 어휘, 형식, 의미, 용례, 담화 등을 모두 포함한 용어라고 정의할 수 있다. 그리고 민족생활어 조사란 바로 그러한 한국 민족문화 모형을 가진 인간을 대상으로 다양한 생활 어휘들을 조사해야 하는 것이다.

한 민족 내에서 사용한 언어는 그 민족의 사고와 행동양식과 불가분의 관계에 있으며, 이것은 사람들의 일상적 활동과 연계된 생활어에 구체적으로 나타나고 있다. 실제로 음운이나 문법과는 달리 어휘, 의미, 용례, 담화에는 그 시대의 다양한 특징적 상황이 반영된다. 사회구조가 복잡해지고 새로운 사물과 행동이 나타나면서 그에 합당한 어휘가 생겨나게 된다. 이러한 어휘 부족 현상을 충족시키기 위해서 기존 언어의 의미가 더 확대

되거나 기존 어휘가 새로운 의미로 변화하거나 새로운 어휘로 대체되는 현상이 나타날 수 있다.

새로운 사실이나 관념의 형성, 사물에 대한 새로운 지식이 생겨날 때 나타나는 새말이나 기존 의미의 변화, 문화변동에 직접적으로 가장 민감하게 반응하는 것이 어휘이므로 어휘의 변화가 가장 심하다. 따라서 우리 말의 어휘가 변화해 온 양상을 살펴보면 우리나라에서 이루어진 사회적·정치적·문화적인 변화양상까지도 읽을 수 있다. 이와 같이 다양한 계층, 성, 지역, 연령 등에서 사용하고 있는 광범위한 생활어의 음성, 어휘, 의미, 용례, 담론, 사진, 동영상 등을 종합적이고 체계적으로 수집·정리하고 활용함으로써 우리 민족의 독창적인 사고력 증진과 민족 문화를 발전시킬 수 있다.

광범위한 민족생활어를 지속적이고 체계적으로 조사·정리하고, 이에 기초하여 민족 제일의 문화유산인 국어와 한민족의 고유한 사유체계와 행동 양식의 역동성을 연구할 필요가 있다. 사회·경제 구조와 활동이 급속히 변화함에 따라 오랜 시간에 걸쳐 형성, 유지, 발전되어 온 국어의 어휘, 의미, 용례, 소통양식 등이 사라지고 있다. 이에 대한 체계적이고 지속적인 자료 수집, 정리, 보관, 활용에 관해 연구를 한다.

한 민족의 삶 속에 내재한 생생한 생활어를 조사함으로써 그와 연관된 생활 자료를 보존할 수 있고, 그동안 간과되어 온 민족의 역사를 복원할 수 있다. 이를 통해 당대의 올바른 시대상을 파악할 수 있고 국가발전의 가시적 성과도 제시할 수 있다.

지난 100년 동안 한국의 사회·경제 활동이 급격하게 변화하면서 다양한 직업들이 소멸·쇠퇴하는 반면 다른 많은 직업들이 창출됨에 따라 국어의 기반을 이루고 있는 생활 양식이 바뀌고 있다. 빠르게 소멸되어 가는 전통 사회·경제·문화 활동과 연계된 민족생활어를 수집·정리하고 활용하여 민족문화의 정체성을 확립하고 국어 어휘, 의미, 용례의 다양성을 보존하여 후손에게 물려주어야 한다. 이와 동시에 탈근대 혹은 지식·정보 사회·경제·문화 활동과 연계되어 새롭게 만들어지고 있는 생활어를 지속적으로 수집·정리하고 활용하여 민족 제일의 문화유산인 국어를 변화하는 시대정신에 맞추어 창조적으로 계승·발전시킬 필요가 있다.

그런데 20세기 민족생활어의 조사 대상이 되는 민중들은 소수의 예를 제외하면 대개 고령자일 경우가 많다. 민족생활어 조사의 시급성은 바로 이러한 사실로부터 제기된다. 그러므로 지난 세기를 살면서 일상의 온갖 생활어를 생생히 사용해 왔던 고령자들로부터 하루라도 빨리 생활어를 발굴·조사하지 않으면 참으로 귀중한 지난 세기 우리 민족의 생활어가 사라져 버릴지도 모르는 위기에 처하게 될 것이다.

이처럼 지난 세기의 급격한 사회변동에 따라 곧 사라질 위기에 처해 있는 우리 민족의 생활어휘를 조사하기 위해서는 고령자들의 구술에 크게 의존할 수밖에 없는데, 이를 통해 노년세대들의 소외의식을 줄이고 그들의 자존감도 회복시킨다. 또한 소외계층의 생활어나 해외에 거주하는 한민족의 생활어도 조사하여 그들의 자존감을 회복시키고 소외감을 해소한다. 아울러 당대의 고령층과 소외계층 사람들의 의식을 파악하고, 그들이 국가발전에 기여한 생생한 증거를 확보할 수 있다. 이러한 과정을 통해 우리 민족이 이룩한 문화유산과 업적을 정리·집대성하여 새로운 한국 민족문화를 창조하는 기반을 구축할 수 있을 것이다.

김 덕 호(국립국어원)

제2장 연구 추진 과정

1. 조사 계획

　음식은 인간의 생존에 필수불가결한 요소이자 생활 그 자체이다. 하지만 시대와 지역에 따라 어떤 의도로 이를 구현했는가에 따라 다양한 음식문화를 드러낸다. 우리나라는 대륙과 해양의 점이지대인 반도의 지리적 특성으로 내륙지방과 해안지방, 북부지방, 남부지방으로 나뉘어져 식생활을 포함한 다양한 문화의 차이를 보인다. 이러한 점을 고려하여 경북북부지역(안동, 예천, 영주 일부)의 전통이 그대로 전승되는 전통음식인 향토음식, 제사음식(불천위제사), 혼례음식에 반영된 특이한 어휘를 중심으로 살펴보고자 한다.

　첫째, 향토음식은 특정 지역의 특성을 잘 반영하고 있는 고유한 토착음식으로서 그 지역의 자연과 역사적 환경을 잘 반영하고 있다. 안동을 비롯한 경북북부지역은 북으로는 소백산맥이 동으로는 태백산맥이 가로놓여 있고, 낙동강과 그 지류가 관류하는 산이 많고 들이 적은 토지가 척

박한 곳이다. 그래서 일찍이 보리, 콩, 조, 기장, 메밀 등이 많이 생산되었고, 태백산맥이 가로 놓여 교통수단이 발달하지 않았을 때는 생선의 반입량이 적고 소금에 절인 자반생선류(안동간고등어)나 건어물이 많이 이용된 것은 이를 잘 보여준다. 그러므로 경북북부지역 여성들을 통해 전통적으로 내려오는 향토음식과 그 만드는 과정을 살펴보고자 한다.

둘째, 안동은 주자학의 태두인 퇴계 이황의 생활터전인 도산서원을 중심으로 조선왕조 500년 동안 많은 학자와 인재를 배출하였다. 이러한 융성한 학문의 진흥으로 학자나 명현이 지방유생들의 숭모의 대상이 되었고, 이들을 모시는 서원이 안동에 많이 건립되었다. 뿐만 아니라 이황이나 류성룡 같은 명현이나 공훈이 있어 봉군되었으며 명문거족의 입향시조를 별묘(別廟)로 지어 불천위제사를 올리는 곳도 여럿 있다. 이와 같이 안동지역은 500년 이상의 전통을 갖춘 동성마을에서 현재까지 비교적인 불천위제사와 관련된 절차나 음식문화를 잘 간직하고 있다. 그러므로 하회 류씨 종부를 통해 불천위제사 음식과 그 만드는 과정을 살펴보고자 한다.

셋째, 향토음식, 불천위제사와 함께 경북북부지역은 지리적인 특성상 타지역과의 교류가 소원한 이유로 전통적인 혼례음식이 잘 유지되고 있다. 그러므로 전통음식 전문가를 통해 경북북부지역의 혼례음식과 그 만드는 과정을 살펴보고자 한다.

1.1. 조사의 목적 및 필요성

1.1.1. 조사의 목적

이 조사는 첫째, 경북 지역 전통 음식 문화와 관련된 민족생활어의 기초 자료 수집 및 데이터베이스화에 목적을 둔다. 음식명뿐만 아니라 재료

명·조리 기구명 등의 명사 및 각종 조리법과 관련된 동사, 정도부사·상태부사·의성어·의태어 등의 고유어 부사 어휘를 수집하여 체계화한다. 이는 나아가 재료에 따른 검색, 조리 방법에 따른 검색, 조리 명칭에 따른 검색, 조리 기구의 검색 등이 가능하도록 어휘를 색인하는 데 도움을 주고자 한다.

둘째, 한국 전통 음식의 현대화에 기반이 될 학문적 기초 자료 제공에 목적이 있다. 전통 음식의 제작 과정 등을 통해 국어학은 물론 식품관련학과, 민속학과 등에 기초 자료를 제공하고자 한다.

셋째, 전통 음식 문화와 관련된 구술발화 자료집을 발간하여 담화, 문법 연구를 위한 방언자료집으로 활용할 수 있다.

1.1.2. 조사의 필요성

인터넷과 미디어의 발달로 지역과 도시의 차별화가 줄어들게 됨으로써 지역적인 특성을 반영하고 있는 전통음식인 혼례음식, 제례음식, 향토음식 등은 점차 소멸의 위기에 있다. 이러한 시점에서 전통 음식 문화에 관한 정보 구축 및 체계화가 요구된다. 전통 음식 조리법이나 전통주 개발을 위한 원천 리소스 개발 및 한국 전통 음식에 관한 조리법 자료의 정보화를 위한 기초적인 작업은 한국 전통 음식의 세계화에 기여하기 위해 한류 지속을 위한 기반을 구축하게 될 것이다. 또한 디지털작업을 통해 식문화 연구자 및 작가의 접근성을 제고할 수 있으며 국어사와 전통 식문화의 통합적인 연구를 할 수 있게 될 것이다. 나아가 음식 어휘사의 체계적인 이해 및 여성학 연구 및 생활사 연구에도 기여할 수 있는 전통 음식에 관한 한국어 자원을 확충할 필요가 있다.

2. 조사보고

이 조사는 민족생활어 및 직업 생활어 조사 사업의 일환으로 경북지역의 전통 음식인 혼례음식, 제례음식, 향토음식의 어휘 및 불천위제사의 절차, 전통음식 관련 도구의 명칭, 전통 음식의 재료 관련 어휘를 조사하였다. 어휘 분류 체계에 따라 그 내용을 정리하면 다음과 같다.

2.1. 제례음식

2.1.1. 제보자

제례음식의 주제보자는 불천위제사를 직접 관장하고 있는 종가의 종부인 최소희(경주최씨, 여, 79세) 씨이다. 최소희 씨는 하회 류씨 충효당의 14대 종부로서 하회 류성룡 선생의 불천위제사를 모시고 있으며, 시어머니인 13대 종부 박필술 씨를 모시고 현재 하회 충효당 종택을 지키고 있다.

보조제보자인 김치대(의성김씨, 내앞, 남, 76세) 씨는 현재 의성 김씨 동성마을인 내앞 마을에서 태어나고 현재까지 거주하시고 계신 분이다. 한문에 대한 식견이 풍부하고 현재까지도 의성김씨 종가의 불천위제사에 참석하시고 계신다.

김태규(안동김씨, 묵계, 여, 71세)는 김치대 씨의 부인으로 안동 묵계의 안동 김씨에서 의성 김씨로 시집오신 분이다. 음식에 대한 식견이 풍부하다. 이정임(진성이씨, 여, 82세) 씨는 안동 와룡의 진성 이씨에서 의성 김씨로 시집왔으며, 현재 의성 김씨 동성마을인 내앞 마을에 거주하고 계신다.

2.1.2. 조사내용

하회 류씨 14대 종부인 최소희 씨로부터 조사한 내용은 다음과 같다.

- ○ 종부의 구술생애사
- ○ 불천위제사 음식의 배경에 대한 구술발화
- ○ 불천위제사 음식 종류
- ○ 불천위제사 음식 만드는 과정
- ○ 교동법주 만드는 과정
- ○ 불천위제사 절차와 관련 어휘

의성 김씨인 김치대 씨로부터 조사한 내용은 다음과 같다.

- ○ 안동지역 의성 김씨의 불천위 제사 음식
- ○ 불천위제사의 절차
- ○ 안동지역 향토음식

김태규 씨(안동 김씨)와 이정임 씨(진성 이씨)는 의성 김씨 집안으로 시집 온 사람들이다. 이들로부터 조사한 내용은 다음과 같다.

- ○ 불천위제사 음식
- ○ 안동지역 향토음식

2.2. 향토음식

2.2.1. 제보자

주제보자는 경북 무형문화재 제12호 민속주 안동소주 기능보유자인 조옥화(여, 86세) 씨와 민속촌에서 안동의 대표적 민속음식인 헛제사 밥집을 운영하셨던 조계행(여, 82) 씨이다. 보조제보자로는 김치대(남, 76세), 김태규(여, 71세), 이정임(여, 81세), 최차연(여, 81세), 김명자(여, 54세), 우분한(여, 79세) 씨를 대상으로 하였다.

2.2.2. 조사내용

조계행 씨로부터 조사한 내용은 다음과 같다.

- ○ 구술생애사
- ○ 안동소주 제조 과정
- ○ 헛제삿밥 및 안동지역 향토음식

최차연, 김명자 씨로부터 조사한 내용은 다음과 같다.

- ○ 예천의 향토음식
- ○ 음식 재료 어휘

김치대, 김태규, 이정미 씨로부터 조사한 내용은 다음과 같다.

- ○ 안동지역 향토음식
- ○ 음식 만드는 도구와 담는 도구
- ○ 문헌 자료 속의 음식 어휘
- ○ 음식 재료 어휘

전통민속주 전수자인 조옥화 씨로부터 조사한 내용은 다음과 같다.

- ○ 전통 민속주 안동 소주의 제조 과정과 관련 어휘
- ○ 경북 무형문화재 제12호 민속주 안동소주 기능 보유자 조옥화 씨 구술생애사

   ○ 안동소주 제조 방법 및 제조 과정 조사
   ○ 안동소주 제조 관련 도구 조사
   ○ 소주 관련 용어 조사

2.3. 혼례음식

2.3.1. 제보자

전복향(여, 62세) 씨는 현재 영주에서 혼례음식을 만드는 전문가로 활동을 하고 있다. 전통적인 혼례음식을 발굴, 개발하여 전통적이고 토속적인 방식을 고수하고 있는 분이다.

2.3.2. 조사내용

전복향(여, 62세) 씨로부터 조사한 내용은 다음과 같다.

   ○ 혼례용 음식
   ○ 구절판 만드는 과정 및 구절판 음식
   ○ 설 관련 어휘

제3장 제례음식

1. 구술발학

1.1. 제보자

1.1.1. 하회 류씨(충효당) 종부 최소희 소개

　최소희 씨는 경상북도 안동시 풍천동 하회리에 있는 서애 류성룡 선생의 제14대 종부이다. 1929년 12월 8일 경북 경주시 교동에서 아버지 최 식 씨와 어머니 (정봉희, 청주정씨) 사이에서 2남 4녀 중 둘째로 태어났다.

　최소희 할머니의 친정은 "경주 최부자"로 잘 알려진 경주 교동이다. "배고픈 사람 밥 주고, 노자 없는 사람 돈 주"는 베푸는 집안 환경에서, "백리 안에 굶는 사람이 있어도, "흉년에는 땅 사면 안 된다"는 가르침을 받으며 성장했다. 특별하게 가르침을 받은 것이 없다고 하지만 대가의 살림과 접빈객을 치렀던 친정 어머니의 삶을 모습을 보고 듣고 몸소 체험하면

[그림 1] 최소희

서 무형의 상속재산을 물려받은 셈이다.

옛 사람들이 "경상감사를 할래? 서애 종손할래?" 라고 하면 경상 감사 안 하고 "서애 종손 한다."는 말에 어린 맘에도 서애 종손이 굉장히 좋긴 좋은 자린가 보다라고 생각했고, 결국 서애 집안의 14대 종부가 되었다. 힘겨운 종부의 일이 어찌 고달프지 않으랴마는 "서애 종부는 죽을 때까지 종부지마는 도지사나 대통령은 그렇지 안찮아"라고 하시면서 서애 선생 집안의 종부로서 자부심을 가지고 살고 있다.

최소희 씨는 월성에서 국민학교(현 초등학교)과정을 수학했고, 부산의 동래여고(4년제)에 다니던 중 졸업을 앞둔 4학년에, 신탁통치가 시작되자 흉흉한 시절에 딸을 외지에 둘 수 없었던 아버지에 의해 한 학기를 남겨두고, 경주로 돌아오게 된다.

1949년(20세)에 하회 류씨 종손인 류영하(당시 23세) 씨와 결혼하였다. 세브란스 의과대학(현, 연세대)을 중퇴하고 동덕여고에서 교편을 잡은 남편을 따라 서울에서 생활하였다. 슬하에 첫 딸 류옥명(사망), 둘째 딸 류태웅, 첫 아들 류창해(15대 종손), 둘째 아들 류명해를 두었으나, 1987년 KAL기 폭파 사건으로 큰 딸 일가족(사위, 외손자, 외손녀)을 잃고 난 후 그 충격의 아픈 기억을 아직도 가슴에 묻고 살고 있다.

1973년(45세), 시아버지의 별세로 하회로 내려와 시어머니(박필술, 13대 종부)를 모시고 지금까지 충효당에서 생활하고 있다. 시어머님은 13대 종부로서 온갖 풍상을 겪으면서도 꿋꿋하고 역경을 이기고 슬기롭게 살아오신 사리가 밝으신 분이라고 한다. 최근에 편찮아지신 시어머님을 모시고 지내면서도 며느리로서 할머니의 얼굴에는 여전히 넉넉하고 환한 미소가 가득했다.

시아버님이 돌아가시고 서울 생활을 접고 고향으로 내려올 때도 누군가의 "내려가자."는 말 때문이 아니라 종부로서 당연히 "내려가야 된다."는 당당함을 보이셨다. 그 당당한 목소리는 선택이 아니라 운명 같은 의무감이었다.

딸에게 "효성보다 우애가 있으라."고 가르친다는 할머니는 집안의 안주인으로서 봉제사(奉祭祀)와 접빈객(接賓客)을 으뜸으로 친다. 큰집의 안사람으로서 "베풀어야 한다"는 마음가짐은 한 집안의 종부로서 책임감과 사명감을 읽게 한다. 드러냄으로써 자신의 가치를 높이는 것이 아니라 자신의 역할에 충실하고 자신의 소임을 다하는 것이라고 생각하는 종부야말로 타고나는 것이 아닐까?

하회 풍산 류씨 집안에는 12세 류중영과 그의 장남 13세 겸암 류운룡, 차남 서애 류성룡 역시 불천위로 세 불천위가 나왔다. 불천위제사는 예전에, 큰 공훈이 있어 영원히 사당에 모시기를 나라에서 허락한 신위(神位)로서 지난 2007년 음력 5월 5일은 400주년이 지나갔다. 음식을 만들고 차리는 것은 바로 종부인 최소희 할머니의 소임이다. 하회 류씨 집안의 제사 음식 중에 생선이나 육류는 모두 생고기를 사용한다. 그리고 불천위제사의 떡은 한 편의 예술작품을 방불케 한다. 편대에 올리는 본편인 콩고물 시루떡은 열다섯 단을 괴고, 부편인 백편은 본편과 같은 높이로 쌓는다. 백편은 무와 쑥을 넣어 찐 시루떡에 대추를 박아 모양을 낸다. 그 위에 다시 9가지의 잔편(웃기)을 얻는다. 본편과 백편 위에 차례로 쑥절편, 경단을 괴고 콩가루가 묻지 말라고 충효당에서만 독특하게 하는 낱증편(기지떡) 그 위에 감잎을 얹고 송편, 잡과편, 전, 조악, 깨구리를 얹은 뒤 흩어지지 않게 한지로 싸서 짚으로 묶는다. 또한 하회 류씨 집안에서는 서애 류성룡 선생님이 살아 계실 때 좋아하셨다는 '중계'를 잊지 않고 제사상에 올린다.

종부는 봉제사와 접빈객을 맞이하기 위해 독특한 음식을 만들 뿐 아니라 술빚는 일 또한 중요한 역할 중의 하나다. 최소희 할머니는 경주 교동 친정집의 술법인 교동의 법주를 직접 빚어서 지금까지 제주(祭酒)를 하고 있다.

60년을 서애 종부로 살아오신 그분의 삶에는 우리의 전통이 고스란히 녹아 있기에 지금부터 그 소설 같은 생을 들어보려 한다.

1.1.2. 제보자의 생애 구술

1) 스무살에 결혼 해 내년이면 회혼이라

문 종부로서 가문을 지키시면서 일반 집하고는 다를 것 같고, 그래서 인터뷰를 하게 되었습니다. 친정은 어디세요?

답 친정은 경주 교촌이라꼬 교동이래.

문 연세가 어떻게 되세요?

답 친정은 경주 교촌이라꼬, 교동이래요. 나이는 기사생 79세이고, 이름은 최소희. 주인은 정묘생 81세. 주인 이름은 류영하.

답 아이들은 삼남매, 딸 하나 아들 둘이 있고 결혼은 스무살 때 했어. 할아부지는 스물두 살. 결혼은 중매 결혼을 했지. 나는 신랑 얼굴도 신랑도 신부 얼굴도 안 보고 옛날에는 그랬어요 중매하신 분은 국회의원에 전에 국회의원하신 류돈우씨라꼬 그 큰아부지하고 우리 할아부지하고 절친하싰어. 그래 호인{혼인}이 됐어요

답 가문대 가문이 맺어지게 됐는데

답 우리는 그래도 내인이 결혼한 지 꼭 60년이라. 회혼 회혼캐서 그래 할아버지도 계시고 그래서 우리는 뭐 식구 다 델꼬{데리고} 일본에 가기로 했어. 내인 정월 열여드렛날인데. 동기하고 다 치면 한 30명이 돼요 첫 딸은 스물 다섯에 났나 여섯에 났나? 큰 딸 이름은 태웅이, 유태웅 그 우에 딸이 또 있었는데, 글 때는 지내간 그 뭐로 90년 아이라 89년이라 KAL기 폭파 사건이 우리 사위하고 딸하고 저 미국 코넬대학에서 학위 받고 오는 길에 폭격을 맞아서 네 식구가 다 죽었어 큰 딸이. 여는 둘째 딸이고 죽고 없으이께네 내가 안 옇지. 외손자 외손녀 네 식구가 있다가 오다가 그래 다 됐어. 죽은 애는 머 쓸거 있나 류옥명이, 그래서 내가 병을 얻어가주고 지금 심장도 안 좋고 그래.

답 아들은 대구 있고 류창해 15대 종손, 그 다음에는 둘째는 류명해. 가가 큰 딸이 53인가 그렇고, 아들은 병신생이고 고다음 둘째 아들은 무술생이고 개띠고, 큰 아들은 병신생 원숭이 띠, 종손되는 손자가 군에 가 있고 경대 1학년 댕기다가 갔고, 둘째는 지금 고3이고 명해 아들은 올해 고대 법대 수시라 머로 처음에 그하는 데 그게 돼가지고 고대 법대에 댕기고 또 손녀는 용인 외고에 다니고 그래.

2) 경주 최부자집에서 어무이 하시는 거 보고 이래 자랐지

답 결혼 전에 가정에서 스무 살에는 어떤 교육을 받으셨는지요?

답 글때는 친정에서 머 학교는 여고라캤어 요새. 동래여고 4년 재로 부산에 가서 기숙사에서 댕깄고{다녔고}. 글때는 대동하전쟁이라 하이튼. 우리

세대는 전쟁 속에서 살다가 그랬어. 공부도 올케 못 했어. 폭격하면 구급대 미고{메고} 방공호 드가서{들어가서} 거하고 내{항상} 그랬어. 대동하전쟁이다 뭐다 해서.

문 고등학교만 부산에서 하시고

답 국민학교는 경주서 하고 그래이 요새 중고등택이지, 4년재로 여자는 여고에 다녔어. 중학교는 없고 거기 초중학교고 고등학교라 여고 초등은 경주에서 보내고

문 어른들하고 같이 보냈을 텐데 어른들 교육방식은 어땠어요?

답 머 시집에도 그렇고 특별한 가정 교육이라고카는 그런 것도 없고 어무이{어머니} 하시는 거 보고 이래 자랐지.

문 친정 어머니는 어땠어요?

답 어머님은 만석꾼에 시집오시가주 참 골물 속에 일평생 일속에 사시다가 돌아가싰어. 일을 해도 손님이 많으이~ 밑에 사람이 많지 많에도 주모가 전부다 챙기야 되는 거래. 우리 조모는 일찍부터 편찮으셔서 시집오시자마자 우리 어무이는 그 큰 살림을 맡아서 다 하싰어요. 그래서 제사하고 손님하고 받든다고 자녀에 대한 이런 애정이라카까 거거는 베풀 시간도 없었어. 상이 이런 마루에 쭈욱 가만서{가면서} 아침이만 그래해놓고 경주 최부자가 만석꾼이 허다하지만도 우리 친정에는 이래 남한테 베풀었어요. 와서 배고픈 사람 밥 주고 노자 없는 사람 돈 주고, 백리 안에 굶는 사람이 있어서는 안 된다. 그리고 흉년에는 땅 사만 안 된다. 흉년에는 암만 거해도 먹어야 될끼이~께네 흉년에는 땅을 헐하게 바치이~께네, 절대 거는 흉년에는 땅을 사지 말고, 백리 안에 굶는 사람이 있어서는 안 된다 카고 내 기억으로는 그랬어요. 그라고 시집오시가지고 삼 년 동안에는 비단옷 안 입고, 근검절약 어예든지 그래하고 인자 손님 대접하는데 만석에서 삼천 석 또 봉제사 받드는 데 얼마, 하이튼 그런 거기 룰이 있어요. 친정어머니는 종부는 아니고, 그저 우리 정무공 조상

은 친정에서 30리 밖에 종가가 있고 우리는 거서 나와서 우리 대소가 열몇 집이고 교촌이라카는 아담하이~ 참 거 있었어요

❓ 남녀차별 그런 것도 있었어요?

❗ 남녀차별 그런 거는 없어도 여자는 손님위주고 제사위주지 우리가 머 맛있는 거 있으면 달라카며는 손님대접한다꼬 잘 살았지만도 그랬어요. 자식들한테는 남을 위해서 사싰어.

방과 후의 생활. 딴 거 없지 뭐, 학교 갔다 오면 숙제하고, 남자는 한문을 가르켰어, 서당에서, 우리 동생은 한문을 배왔어, 나는 그저 따라가서 곁눈으로 쪼끔 배왔지. 서당이라고 한문 공부 배우는 데 있었어. 난 한문 교육은 따로 안 받았어. 한글도 못 배왔지. 우리 학교 댕길 때는 일제시대 때라 학교에서 일본말을 배왔지. 한글은 쓰고 거하는 것은 거해서 하지만 학교에서 정식으로는 학교서는 못 배왔어. 말도 일본말해야 되고 창씨개명해서 우리도 성도 최가도 못쓰게 해서 딴 일본 성으로 쓰고 그랬어.

여는 맏이가 아니고 종가지, 종가에 시집 어예{어떻게} 가겠노? 그런 걱정도 했지. 우리 종고모가 일로 또 오싰어. 종고모가 어예되는지 알아요? 아부지 고모가 일로 오싰어. 내한테는 친정에는 종고모고 시집에는 시종조모라. 그라고 우리 징조모가 또 여서 가싰어. 우리 대소가에 동각댁이라고 참 아주 현명한 징조모가 글로 가싰어. 우리 이집 아이고 대소가에 저 사우되고 동각댁이라고 있어. 그 따님이 우리 친정쪽 징조모가 됐어. 징조모가 되고 징조모{증조모} 따님이 시종조모 일로 또 오시고, 그래서 하회소식은 앉아서 처녀 때도 환하게 알지. 결혼하기 전부터도 그래서 여 하회종가 잘사는 집이 없었어요. 그래서 우리 종조모가 딴 데 시집가더라도 하회는 오지 마라꼬 항상 우리 어무이한테 하회로는 딸 보내지 말라꼬 그러이~께네 첫째 옛날에는 뭐 선비 집안에 못사는 건 그건 자랑으로 하지만도 그래도 첫째 생활이 거 크나큰 집에 손님 많고 제사 많

고 그런데 경제적으로는 그꾸 부유하지도 못하이~께네 고생한다꼬 이
리로 보내지 마라꼬 우리 할아버지가 참 완고하시고 할아버지가 뭐 그
카이~ 우리 어무이~도 꼼짝을 못하시고
지금 시어머님은 편찮으시고, 어머니님이 살아오신 것을 적은 '명가의
내훈'이라꼬 있어. 난 그런데는 관심도 별로 없고 그래.

3) 시집, 양반은 높으다카는데 참 이런데가 다 있노 싶으더라꼬

답 친정하고 다른 풍습이 뭐냐면, 여는 문무하지, 이 크나큰 집, 요새는 신선
당글치 그렇지만도 글때는{그때는} 막 너른 마루에 신을 신고 댕기고 그
렇더라꼬 그래서 또 요게만 장판이지 여는 삿자리라꼬 대나무로 이래 해
났어. 이 웃방에 내가 오이 우리 막내이 시동생이 돌전이라 그라고 둘째
시동생은 네 살이고 거 기댕이만 여 까시가{가시가} 들면 노랗게 곪기도
하고 옛날엔 그랬다꼬 그래 세상에 양반의 집에 삿자리까는 데도 있는
가? 교촌서는 나는 클 때는 그런 거 안 봤는데, 일꾼방에도 잘 안까는데,
양반은 높으다카는데 어째 자꾸 어린 맘에 "참 이런데가 다 있노" 싶으더
라꼬 시어른이 다 살림 사싰지. 시조모도 계시고 시조부님 계시고 칭칭
시하랬어. 식구가 여 조석 때 되만 한 방이래. 시누, 시동생 뭐 일꾼.

문 열쇠꾸러미 안주시던가요?

답 지꿈은(지금은) 내가 살지만도, 그때는 시아버지 돌아가시고 그때부터 열
쇠를 받았지. 우리는 서울서 살다가 시아버지 돌아가시고 내려 와서 그
때부터는 요래. 직장 따라서 나가 살았지. 결혼하고 난 뒤에 하이튼 글
때 세브란스, 요새글으만 연세대 이전이라 그 이전에 주인이 의과대학에
다냈어. 그래서 뭐 종가에 못살아도 이사면{의사면} 생활은 괜찮지 않나
어린 맘에 그거로 참 거했디 그라고 자기 적성에 안 맞다꼬 그것도 치우
고 냉중에{나중에} 만학에 성균대학에 가서 석사꺼지 따고 하이~께네

좀 늦게 그걸했어. 그래서 직장 따라서 동덕 여고에 교편을 잡았어. 우리가 여기 내리 온 거는 삼십 몇 년 전이래. 삼십 오륙년 육칠년 됐나? 내가 마흔 다섯살에 내려왔으이~게 지금 한 40년 쯤 됐어. 아버님 돌아가시고 같이 내려와서 그때부터는 살림을 다 맡아서 했지. 제사는 많고 말고지. 외지생활해도 친정서도 제사 받드는 것도 늘상 봐왔고 또 종부라카는 그거를 정신적으로도 다 받아드리고 맡아서 그래 했지.

문 친정어머니의 부탁말씀은?

답 우리 조모가 미동{풍산 오미동}이라꼬 안동 김씨에서 오셨는데, 하회는 대촌이라서 3백 대촌이라꼬 캤는데 내가 시집올 때만 해도 삼백여 호가 살고 있었어. 삼백여 호까지는 안 살아도 하이튼 그 가까이 살았어. 가까이 살았으이~께네, 거는 양반이라도 못 사는 양반도 많고 거 하이~께네 칭하를 도서{차이를 두어서} 안 된다꼬, 내{항상} 그카싰어{그렇게 말씀하셨어} 우리 조모가. 칭하는 차별을 도서는 안 된다는 말인데, 잘 사는 지손이라꼬 거하고 못사는 지손이라꼬 하대하든지 이래 하며는 안 된다는 걸, 종부로서 다 고루고루 해야 되지 하면서 교육을 하싰어. 우리는 몇 집만 사이~{사니까} 고촌이고, 여는 대촌인데, 클 때 하는 것하고 시집가보면 다르이~께네.

4) 결혼, 경상감사 할래 서애 종손할래, 경상감사 안하고 서애종손한다 캤어.

답 서울 생활하다가 여 내려 온 거는 바깥어른이 가자고 하는 게 아이고, 와야 되지. 집안을 잠시라도 비와 나서 안 되거든 시어른이 돌아가싰으이~께네, 그래 집을 지키야 되이~께네. 우리도 죽고 나면 우리 아들 큰아들 내외가 여와{여기 와서} 사는 거야. 그래 뭐 옛날에 내 호인{혼인} 말 할 때 그랬어. "경상감사를 할래?", "서애 종손할래?" 카만 경상감사 안 하고, 서애종손한다캐서. 내가 어린 마음에 서애종손이 굉장히 좋긴 좋은 자린가 보다 했지. 그런가 보다 경상감사라 거는 것은 직끔 현 도지사거든. 도지사 안 하고 서애종손을 한다 그랬어. 서애 종손은 죽을 때까지 종손이지마는 도지사나 대통령은 그렇지 안찮아. 종부도 보통 종부가 아이고 서애 선생 종부로서 참 고생을 해도 자부심을 가지고 있어.

問 서애 선생님 불천위 때 손님은 어느 정도 오시나요?

答 올해는 400주년이어서 손님도 마이 쳤어요. 돌아가신 400주년 그래 5월 10일부터 20일까지 행사기간이랬어. 서원에서 고유제, 우리 집에서 고유제, 진짜 돌아가신 제사, 또 인제 얼마 있으면 또 산소제사 때 그때도 크게 해.

問 결혼하시기 전에 취미생활?

答 학교댕기다가 바로 시집왔는데 뭘 취미생활이 머 있겠어. 방학 때나 거 하지 보통 때는 기숙사 가 있으이~께네, 그라고 그때는 난세래서 어려웠어요.

問 어떤 남편을 만나고 싶다고 기도해 본적이 있나요?

答 우리 아버지가 참, 그래 머라카꼬 부잣집에 귀공자로 해서 풍류를 참 좋아하싰어. 참 머 엄마가 서이도 돼. 우리 어무이~는 서이라, 본 어무이~ 놔또놓고도{내버려두고}. 다 따로 사싰어. 그런 거를 볼 때 참 엄마는 저래 갖고 어예 살겠노 싶은 생각이 들었어. 그래도 참 불평 안 하고 거 다 순종하고 사시는 거 보이 참 어무이라도 거거 하더라꼬 그케 저래 갖고 어예 살겠노{어떻게 살겠나} 싶어도 그래도 호랭이같은{호랑이 같은} 시아버님에 시어멈님에 영감에 한번 당신 그걸 한번 못하고 그래 순종하고 사셨다 말이래. 그래서 우리 어무이는 항상 "너그는 시집 가서는 아부지같은 남편을 만내서는 안 된다." 당신 영감님같은 가정만 참. 그래도 애처는 하시어. 집에 오시믄 그거는 하시도 참 어머님이 맘고생을 많이 하싰어. 그다가 손님은 하루도 뺄새{빠짐없이} 없이 그 마룻장이 마를 새{사이}가 없어.

🔲 손님음식은 어떤 것을 하나요?

🔲 손님 대접에 기본 거거는 다 하지요 그리고 인자 손님이 우리 사랑에 많고 할 때는 차기를 태와 쌀하고 고기 한 마리하고 행랑에다가 다 우리집에다 수용을 다 못하이 격이 높은 사람은 우리집에서 하고, 그거 한사람 전부다 행랑에서 그 사람들 대접하는 거야 조사자결혼 전에 음식같은 거 따로 배우셨어요?

🔲 음식같은 거 배우는 거보다는 어무이~ 하시는 거 보지 뭐. 그런 거 보고 여 와서 인제 또 친정 어무이~ 하는 솜씨로 또 여 하는 거여. 뭐 그라고 사흘도리로 손님들 대접하는 교잣상 채리서{차려서} 거하는 것 많이 봐 왔기 때문에.

5) 경주 교동 음식법이 하회 종가에 이어지고

🔲 시집와서 새롭게 하신 음식이 있나요?

🔲 첨{처음} 시집와서는 내 놓을 수 없지, 거하고 내가 살 때는 수란, 꼬치찜 {고추찜} 경주에서 하던 거 술도 경주의 법주 교동 우리 친정에서 내려오는 그 술로 제주를 담거든. 거는 경주 법주가 아니고 교동 법주라꼬 있어. 거는 방부제 안 옇고{넣고} 전{전부} 찹쌀로 하는 거 있어. 거는 인제 손집대접하는 술, 일년 삼백육십 오일 내 만들어. 이런 길겉은 독에다 해여가주고 해놓고 떠고는 고다음 또 무슨 일 있으만 해 맨들어가지고{만들어서} 그게 하루이틀하는 게 아이고 한달쯤 걸리이~께네{걸리니까}, 교동법주 만드는 과정은 안동소주하고는 다르지. 찹쌀로 밑술을 해가주고 찹쌀을 흰죽을 빡빡하게 끓이서{끓여서} 밑술을 해서 한 사나흘 후에 있다가 인제 그다가{그기에다가} 꼬두밥{고두밥} 쪄서 물 끓이가주고{끓여가주고} 사늘히 씩카서{식혀서}, 그래 흰죽을 끓이서{끓여서} 누룩을 넣어서 밑술을 하지. 하는 반택은{반 정도는} 그 밑술에다

옇고 반택은 낭가났다가{남겨 놓았다가} 삼사일 후에 꼬두밥 쪄서 인제
밑술하고 섞어가지고 술을 진짜하지. 이거는 청주지. 그래 가주고 용수
박아서 말가이 떠야 인제 제사에 쓰고 그래지. 여기서도 술을 하기는 하
는데, 찹쌀로 안하고 멥쌀로 해서 겹술 아이고 마구 홑술을 한다꼬 겹술
은 밑술을 해났다가 꼬두밥을 하고, 홑술은 그냥 꼬두밥 바로 해가주고
바로 누룩하고 옇는 게 홑술이고, 밑술은 흰죽을 써서 누룩을 넣고 발효
를 시키서{시켜서} 한사나흘 후에 꼬두밥을 넣고 재발효를 시키지. 홑술
은 찹쌀에다가 꼬두밥하고 해서 바로 술을 해옇는 것인데 일주일 만에
먹지. 경주에 제주를 오늘날꺼지 그래 하고 있어. 요분에 400주년에는
길겉은 독에 세 번이나 해옇어{해넣었어}. 영 맛있다고 그랬어.
일반 음식은 안동이나 경주가 대동소이해. 양반 반가에 음식이라는기{음
식이라는 것이} 수란, 뭐 갈비찜, 고추찜, 부침개 같지마는 쪼끔 차이가
있지. 수란은 계란을 잣을 갈아서 음, 거 설명해가 되나? 계란을 반숙 데
우고{데치고} 온통 계란을 그라고{그리고} 대게도 까옇고{까서 넣고}
문어도 썰어 옇고 잣을 이래 갈아가주고 빡빡하게 잣물을 만들어 고다
{거기에} 식초하고 소금하고 설탕하고 여가주고 새파란거도 띠우고 빨
간 것도 넣고, 새카만 석이버섯도 놓고 그러면 화채도 나고 맛도 있고
아주 고급이지. 잣물에다가 해다가{해서} 손님 하나 앞에 공기하나썩 계
란찜하고는 다르지. 물에 동동 뜨는 게 아이고 거 말로해서는 하기가
좀⋯⋯. 고추찜은 인제 고추를 갈라서 씨를 다 빼고 고다 소고기 양념했
는거 뽂아서 여가지고{넣어가지고} 계란을 묻히가{묻혀가지고} 가닥꾸
리 {감자가루} 갈분 묻히가{묻혀서} 새파랗게 쪄서 그다 양념하는 거.
또 뭐 갈비찜은 다 보통 같이 하는 거고 수란은 해도 안동에서는 영 찌
기도 하고 동그랗게 찌기도 하고 우리하고 다르지.

6) 봉제사 접빈객은 종부 책임이래, 종부는 효성보다 우애가 있어야 돼

문 따님 교육 방식은?

답 나도 안 그래 안 배와 왔고, 우리 딸도 듣고 보고 그냥 그래 특별한 교육 없이 가정 교육 그렇지 뭐. {마음 다짐은} 종부로 가고 나무{남의} 가문에 가며는 동기간에 우애가 있어야 돼. 효성보다도 우애가 있어야 돼. 가족이 화목해야 머가 되지. 우애가 중요하고 우리 딸도 가서 맏이로 갔는데도 잘해. 동서 잘 거느리고 큰집사람으로서 잘 베풀기도 하고 그래서 하회딸네들이 가서 다 잘살거든. 그래 요래 초가집에 살아도 그래도 대촌에서 듣고 보는 견문이라카는 게 있어. 그거를 인제 니가 꼭 이래 해라 카는거 아이고{아니고} 저 가 보이{저기에 가보니} 그래하더라 카는 거를 어깨너머로도 배우고 교육으로도 배우고 그래 해서 시집가면 다 득명하며 사는 거여. 그래서 끼리끼리 호인{혼인}을 해야 돼지. 여서 요새 거해놓으만{그것을 해 놓으면} 참 살아온 풍습이 다 각각이거든 집집마다 그렁께네{그러니까}, 생소한데 와서 거기 다시 지가 거 합세할라면 자기는 고통스러워요. 그래서 끼리끼리 경상도도 경상도 끼리, 양반은 양반 끼리 하며는 그 집에서도 그래 배워왔꼬 여도 대동소이 하이께네 처신나기가 자기가 사라나가는데 편하지. 영 환경이 다른 데서 왔으며는 진짜 보는 부모도 그릏고 하는 저거도 그릏고{그렇고} 그라지.

문 친정과 시집에서의 차이에 대해서 구체적으로 말해주세요?

답 접빈 하고 봉제사는 이거는 머 어느 가정이든지 다 내 책임도 그릏고, 어데든지 제사가 으뜸이고 손님오는 손님을 대접하는거 봉제사 접빈객이 내 책임이그든. 주부에 책임이라. 그래서 그라고 또 큰집 사람으로는 베풀어야 돼. 경제적으로 못해도 마음으로라도 베풀어야 돼. 이래 포섭하고 끌어안고 그래야 되지. 혼자 살겠다꼬 이래하믄{이래하면} 그거는 절대적으로 안 돼.

問 말로만 베푸는 것은 한계가 있잖아요?

答 그래도 누 오면 방갑께{반갑게} 방갑께{반갑게} 맞이하고 그것도 그거 하거든 사람오믄 많은 자손들 오믄 그냥 노나 그래 방갑게 먹는 거 하고 그라믄 상대방에서도 기분이 다르다고 방갑게 맞는 어서 오라 그라고 물이라도 한 잔 대접하라꼬 밑에 사람한테 그래야 된다고

問 이쪽으로 오시면서부터 집 안 살림을 맡으셨나요?

答 어데. 도라가시고 난디에{돌아가시고 난 뒤에}. 아이레{아니야}. 시어머니한테 그거를 하며는 인제 따라서 그레 하는 게지.

問 열쇠 꾸러미를 내 준다. 그런 것이 있는데 그것은요?

答 그케{그러게}. 방 물림 물림 그게 있거든. 안방을 물리 줄 때는 열쎄꾸러미{열쇠꾸러미} 물림은 우리는 그른 절차도 없이 고만 스무스하게 그냥 이래 머 했지.

問 지금은 다 가지고 계신가요?

答 가질 게 머가 있노{뭐가 있냐}. 열쎄{열쇠}도 없어. 통장도 없고 그냥 제사하고 책임만 물리 받은 거지. 경제적으로는 물리 받을 꺼도 없고

問 친정과 비교하면 어떤가요?

答 그래 주이니{주인이} 요와서{여기에 와서} 교편 잡고 그랬으이까네. 풍산 중학교라꼬 서예 선생이 제단으로 했는 학교에 교편 잡고 것가{그것 가지고} 생활하고 시집에서 어른한테 받았는거는 없고 본래 머 우리 시어머님도 그레 받았는 것도 없이 그레 또 사시고 원래 그런거라.

問 그런데도 어떻게 큰 제사 같은 걸 모실 수 있나요? 힘들지는 않으셨나요?

答 옛날에는 우리 시어른 사실 때는 문중에 문물이 많앴어{많았어}. 그거한데. 어 우리 시어른이 국회의원을 몇 번하시고 다 고마 재산 다 그걸 하셨어. 그르이께네 아주 어려운 우리 시어머니도 어려운 걸 그레 맡았고 맡아서 사셨어. 마음적으로도 그렇고 몸도 거 참 하이튼 그거를 극복하

고 이겨 내야 데는 거라.

[문] 길쌈도 하고 그러잖아요? 길쌈은 안 하시나요?

[답] 그른 거는 친정에서도 못 봤고 여와서도 이 우에서 여 서향이래서 여름에는 발을 못 디디요 방이고 이 우에가 마룻방이랬는데. 이 우에서 옛날에는 안동 목화가 유명해요 무명그튼거{무명같은것} 길쌈 여서 했다는 기라. 거는 이야기만 들었지, 하는 것또 못 봤꼬 친정에서 더군다나 길쌈이 어떤 건지도 모르고 그랬어.

[문] 그때는 한글 관련 책 같은 것은 안 보셨나요? 편지 같은 것은 가지고 계신게 없으신가요?

[답] 붓글씨는 쫌 배았지. 편지. 우리 어무이 편지하고 그런 거는 몇 편 있지. 그것또 우리 어무이도 붓글씨로 안 쓰고 그거 그거로 썼어. 펜 그거로 써서 보내줬어. 우리 조모는 인제 붓으로 쓰셨드랬고

[문] 붓글씨는 친정에서 배우셨나요?

[답] 그냥 이래 초서로 이래하는 거. 한글 초서. 가사 책 있으면 갖다놓고 인제 이래 베꼈어.

[문] 가사체만 베끼셨나요?

[답] 그름 거 서체가 거서 나오거든. 가사체 잘 썼는 사람에 서체를 이래 본 본뜨는게라. 우리는 우리 조모가 아주 그를 잘 쓰셨어.

[문] 조모님이 들려주신 이야기가 없나요?

[답] 그케 난 클 때도 조모하고 같이 자고, 또 친정오며는 같이 자고 그랬어.

[문] 친정에는 몇 남매인가요? 할머니는 몇 째신가요?

[답] 육남매. 나는 둘째 딸이고 우리 언니는 정원 선생께서 거창에 거 종부로 가고 나는 서애 종부로 가고 그랬어.

[문] 옛날에 딸이랑 아들이랑 차별 같은 것은 없으셨나요?

[답] 차별도 했어. 나도 우리 언니 나고 내 나고 아들 못났는다고 우리 조부가 하도 그래서 셋째는 아들 남동생 났그든. 남동생 나서는 너무 너무 그래

서 동생 이쁘게 처 냈다고{낳았다고} 난 사랑을 받았어. 우리 언니는 또 동생 딸났다꼬 그레가주 동생 놓기 전에 너 요그 요번에 머시마 동생 안 노믄{안 놓으면} 너너 어데 쫓아 보낸다고 할아버지가 그카셨어. 그믄 어데로 숙모집에 가까 종숙모 집에 가까 이켔어. 거 동네 안에 사는데. 그래 아들 나노이{놓아 놓으니} 경사라고 응.

문 구체적인 차별이 있었나요? 마음 상하시거나 하신 일이 없으신가요?

답 그치. 우리 동생이 최고지. 글 때 유모차가 없을 땐데. 우리 동생 낳고 대구 가시가지고 우리 할무이 할아버지가 유모차 사고 머 하이튼 도는 거는 다 사가지고 오셨어. 샘도 모르고 우리도 안 쪼끼{쫓기어} 가는 것만 해도 거 하이께네.

문 그럼 밑으로는 다 아들이신가요?

답 이고 밑에는 또 딸이야. 육남매라도 그래 놓고 고밑에 또 딸 놓고 딸 놓고 그 다음 또 아들. 딸 너이고 아들 둘이랬어.

문 그 당시 여고를 졸업하시고 대학도 가실 수 있으시지 않으셨나요? 남동생은요?

답 여고 가는 것또 우리 할아버지가 집 밖에 나가믄 안 된다꼬 가마이 가마이{몰래 몰래}. 남동생은, 서당은 그냥 글씨 배운다고 잠깐 했는기고{했는 것이고}. 경주 고등학교 나와가즈고{나와서} 영남대학교 우리 재단으로 교촌 우리 만석꾼 재산 전부다 학교에다 기증해서 설립해논 영남대학 전신이 우리 꺼라. 영남대학하고 또 거 머로 무슨 대학으로 그 대학하고 합해가지고 영남대학이 됐거든. 지금도 영남대학 가며는 우리 할아버지 호를 따서 문파원이라카는 멀티미디어관이 있어.

문 할아버님 성함이 무엇인가요?

답 최 준짜. 외짜지. 우리 할아버지는 일제 때 백산회사라고 재산 너서{넣어서} 회사를 차렸어. 그 돈을 전부 다 상해 거 독립자금으로 댔어요

문 일종의 아들과 차별을 둔 거잖아요? 여고 졸업하신 게 몇 살이신가요?

졸업하고는 무엇을 하셨나요?

📭 여덜이라 머로. 집에 쪼메 이따가. 집에 와서는 어무이 하는 거 따라서도 하고 손님 대접하면 따라서 음식하는 거 보고

📭 친정 쪽에는 어떤 음식이 제일 중요한가요?

📭 중요한 거 보다 우리 할아버지가 서울 요리집에나 가시며는 음식이 잘 나오믄 거 주방장 불러서 이거 하는 법을 마카 적어 오래 주방장한테. 그래 가주고 우리 집에 오시가지고는 어무이 숙모 종숙모 질부들 하고 다 불러 놓고 요래 해보라는 기래. 음시기라{음식이라} 카는 거는 연구를 해야 되지 이래. 그래서 그 옛날에도 커피도 있고 하이튼 서울 가시믄{가시면} 새로 여행하는 거를 참 당신이. 그라고 은수저를 한 삼십 벌쯤 돼요 글 때 은수저가 없그든. 그이 마 호불나게{바쁘고 분주하게} 손님치고 나믄 젓가락 또 빠찌가{빠뜨려서} 잃어뿌리고{잃어버리고} 또 하녀들이 훔쳐 가기도 하고 그래서 내 요새 가마이 생각카믄. 우리 할아버지가 재산 관리 하는 거 얼매만큼 있다가. 수저 내가 사가주 왔는 수저를 다 가주{가지고} 오래요 은수저를 그래가 보믄{보면} 전신에{전부} 짝짝이고{짝이 안 맞음} 마침. 그래가지고 우리는 숙모집으로 종숙모 집으로 그 숫자 채우니라고 빌리와서 그래. 요새는 그른 사람 없지. 옛날에는 그른 거 막……

📭 할아버지가 미식가이고, 성격이 있으시니 할머니는 음식 솜씨가 더 늘고 하셨네요?

📭 우리 징조모{증조모}가 아주 솜씨가 좋으셨어요 하회서 오셨어. 하회서요 글 때 활빈당 거 해서 하이튼{하여튼} 친왕도 임금도 대접했고 하이튼. 소 한 마리 잡아노면 당신이 다 그걸 요리를 하셔요. 옛날에는 손님이 마이 오고 하믄 소 한 마리 집찝 마다 잡끄든 잡으믄 그거를 다 당신이 손질 하시고

📭 그럼 여기에 음식이랑 같은가요?

답 이 동네에서. 그래서 머 그것또 시집을 가가지고{가서} 배우셨겠지. 그라고 우리 징조모 아부지가 동강 영감이라고 유명한 어른이 계신데 성품도 대단하고 거 경주 법주를 하인이 짊어지고 와서 거 아버지 술을 안 따랐어. 이런 두루메{두루미병, 두르미사기로 만든 술병}에다가 노박{늘} 하회로 가는 일꾼을 노박 세워 놓는 거야. 그래가 수를 다 잡숳고{잡수고}. 두루미 찌끄레이{찌끄기} 있으며는 쫌 뿌끄무리한거{뿌연 것} 나오며는 막 편지를 해서 애비 먹는 거 찌끄레이 보냈다고 하이튼 성품이 대단 하셨어. 거 삼백 리 밖에서 요새 겉이 교통이 좋으나, 다 일꾼이 짊어지고 와야 되는 기라{것이라} 그거를 갔다 되쓰이께네{대주었으니까}. 하이튼 교촌이 물품하기는 물품했어{물건이 풍족했어}.

문 증조부께서 음식에 관련되는 것이?

답 음식도 그룽고{그렇고} 옷도 한복도요 유해하는 이쁜 거 있으믄 며느리꺼도 전부 지어가 오셨어. 가시며는.

문 여자들이 집에서 짓거나 하지는 않았나요?

답 아이래. 유행 따라서 참. 긴 거 한동안은 저고리가 길었다가. 짧아졌다가 이래하며는 그른 비단 옷을 해가지고 이래. 메누리{며느리} 메누리 사랑도 그쿠 크셨어요{그렇게 크셨어요}.

문 결혼 전에 가장 즐거웠던 기억은 언제인가요?

답 우리 고 인제 또래가 한 여나홉명데{아홉에서 열명 정도}. 친구드리{친구들이}. 모이가{모여서} 놀고

문 어떤 놀이를 하고 노셨나요?

답 모이가 노며는{놀면은} 머 세상이얘기도 하고 그때는 난리 천지랬어. 이래서 그때는 사상으로도 참 어려웠어.

문 일제시대인가요?

답 육이오 사변 나고는 좌우로 갈리서{갈려서} 참 우리 동네가 그랬어. 우리 아부지만 우익이지 참. 전부다 삼촌이고 오촌이고 사상으로 그래서

형사들이 와서 잡아여노믄{잡아넣어 놓으면} 우리 아부지가 돈 써서 내
놓고 이른 걸 매일 반복했어. 그 때는 저런 걱정 없으믄 쫌 살그{살 것}
그코{같고}.

㉄ 전쟁 이 후에 결혼 하신 건가요?

㉤ 6·25 사변을 여 시집 와서 겪었으이게네{겪었으니까}.

㉄ 결혼 전에도 사상 문제가 많았나요?

㉤ 세상이 시끄러웠써. 이 동네 내 또래 혼자 사는 사람이 많거든. 전부 6·
25 사변에 이북으로 안 갔으면 총살 당했고 그른 사람들이라. 하이튼 과
도기 전에도 과도기랬어. 세상이 참. 그라고 우리는 학교 댕길 때도 전쟁
속에 지나 사변 대동아 전쟁 6·25 사변, 유기오 사변에 마이 죽었거든
여서도

㉄ 육이오 사변에 피난을 가셨나요?

㉤ 여게는. 난 글 때 경주 있었어. 글 때 우리 아 그 첫 아{첫아이} 인제 태
중이래서 경주 있었고 요게서는 이북에서 와서도 공산당이 와서 멫 일
인가 퇴로 할 때 요 왔다 갔어. 이른 집에는 다치믄 안 된다. 이북에서도
서애 선생 드가는데, 이른 집에는 거 손끝도 다치믄{다치면} 안 된다. 그
래 아무 피해도 없이 그냥 있다가 갔지.

㉄ 애기를 놓으러 친정에 가신 건가요?

㉤ 경주에서 낳고 그래 하고 그래 가가주고 주인이 부산에 직장 가주고 거
살다가. 서울로 거 서울로

㉄ 전쟁을 겪으셨고, 고등학교 때는 일제시대이고

㉤ 일제시대 나는 학교를 한 학기를 덜하고 우리 아부지가 결국 지금 남쪽
에는 미군이 오고 북쪽에는 쏘련군이 와서 기지바{여자아이들} 한데{밖
에} 났도노면{놓아두면} 안 된다꼬 난 그래 잽히{잡혀} 왔어. 학교에서
우리 아부지가 데리러 와서.

㉄ 동래이면 부산이잖아요?

답 거 이사장이 우리 할아버지하고 절친한 친구랬어. 그래서 거 맡겨논거지 {맡겨놓은 것이지}.

문 학교를 다니실 때 전적으로 일본 선생들한테 배웠나요? 할아버지가 깨인 분이실텐데?

답 그릏지{그렇지}. 일본말 우리 한국말 한마디도 안했지. 글 때도 여서는 따로 쎄브란쓰 댕기고 그라는데 집에서 교육 삼무이여도 여서 국민 학교 댕기는데 저희는 특수국민 학교 서울가서 하고, 또 중앙 고등학교 중앙 고보 나와서 쎄브란쓰 드갔그든.

문 아니 할아버지가 보수적이신데 일제시대에 한글 교육은 안 하셨나요?

답 우리 조모가 붓글씨는 배워야 된다고 그래했지. 글 때는 전부다 한글 배 —울 생각도 안 하고 일제 말만 배웠으이께네.

문 만석꾼 집 안에서 피난을 갈 때 재산 관리를 어떻게 하셨나요?

답 그래 우리는 과수원도 하고 그랬는데. 피난을 가이~ 한창 감, 사과 딸 때 그랬그든. 그래 가즈고 우리 어무이~가 아까워서 인제 과수원에 삼 십리 밖애서 거 보이께네 그때 인제 미군이 와서 몸쫑 하나 데리고 과수 원에 집에 가이~께네 미군아 와서 "옥상나와 옥상나와" 이카는데 식겁 을 하셨다는 게라 우리 어무이가. 그레가주 "아이고 니가 좀 나가라고" 몸종 델고 그거를 내보네이께네 거 머 당하지는 안해도 하이튼 그래 정 신적인 그거를 마이 받았어요

문 그런 경험을 통해서 정신적으로 좀 저 강인해지고 그러지 않았을까요?

답 그 때는 먹고 사는 게 걱정이 아니라 그런 걱정이 없으면 사는 게라.

문 큰 제사 있으며는 친척분들이 다 오시나요? 일은 누가 하시나요?

답 그름. 머 밑에 있는 사람하고 나이든 사람도 잘하는 사람 제사 때는 인 제. 타성인데. 나는 제사 함{한 번} 닥치믄{닥치면} 한 한 달쯤부터 술할 때부터 정신적으로 긴장이 돼. 그래 제사를 지내고 나야. 삼일 전 부터는 그 하는 떡하는 걱정 손님 대접 하는 걱정. 긴장 속에 사다가 가는 거야.

📋 떡 같은 경우는 어떻게? 결혼 사진 같은 것도 좀 보여주세요?

📋 여왕 거도 에리자베스 여왕 왔는 사진도 있고, 부시 대통녕 아버지 왔는 사진도 있고 음식은 인제 요게 이거 보믄{보면} 다. 이거 술.

📋 사진에 있는 도구들이 다 집에 있나요?

📋 이거 인제 술밑하는 거야. 누룩 버무리가고{버무리가지고} 여서. 밑술. 퍼네가주고 꼬두밥. 마이지. 꼬두밥 반가마이 택{정도}하는데. 그래. 요 독에다가 이래 옇고 요 술타고 해서 꼬드밥하고 이래 앉아 놓는 거야. 여 해놨다가 인제 몇 일 뒤에는 용수 박았으이~ 말가이~{말갛게} 이래 뜨는 기라{거야}. 그라고 인제 제사 때 떡하는데. 생고기. 장담는 거. 김치 담는 거. 요거는 산소에서 지내는 제사. 이거는 해마다 저 우에 산소는 해마다 묘사를 못 모시. 삼년에 한번 쓱.

📋 해마다 저 웃대 산소는 해마다 묘사를 못 모셔{모시}. 삼 년에 한믄썩{한 번씩} 족회소라케서 이 가차이{가까이} 산소계신데는 노인들이 그거고 쫌 먼데는 젊은 사람들 가서 그래 인제 합을 다 채레가지고{차려가지고} 거서 인제. 그 해놓고 제사를 지내고는 그 이튿날 인제 화수회라꼬 제관들이 모이가지고 양당 중에서 젤 잘 채리는{차리는} 거를 인제 선발해. 우리는 합 하나만 채려 가지. 인제 집집마다 유가 어른됐는 집에는 전부 하나썩 해가는 거야. 이기 족회소합이라고

7) 서애 선생 불천위제사 음식 차림

📋 우리 제사는 오월 초닷세{류성룡 선생님}, 아레{아흐렛날} 또 서애 선생 비위제사지냈고, 인제 구일 차사지내고 시월초하룻날 산소지내고 그래. 이거는 제사 엄식{음식} 중에서 편대에 쌓은 떡이지. 편대에 본편인 콩고물 시루떡은 열다섯 단을 괴고, 부편인 백편은 본편과 같은 높이로 쌓아야 돼. 백편은 무와 쑥을 넣어 찐 시루떡에 대추를 박아 모양을 내고,

그 위에 다시 9가지의 잔떡{웃깨이, 웃기}을 얹어. 본편과 백편 위에 차
례로 쑥절편, 경단을 괴고 콩가루가 묻지 마라고 그 위에 감잎을 얹고
송편, 충효당에서만 독특하게 하는 낱증편{기지떡}을 얹고, 차례로 잡과
편, 전, 조악, 깨구리를 얹고 흩어지지 않게 한지로 싸서 짚으로 묶지.
그리고 이거는 중계라꼬 서애 선생 제사 때만이 하는 기래{것이야}. 밀
가루로 해서 요거 20단을 게서{괴서} 팔 모로 게{괴어}. 처음엔 사각으
로 이래 하고 담에는{다음에는} 또 대각선으로 이래해서 모가 여덟모
나도록 해서 20단을 괴서 이레 올리는 거야. 큰집도 안하고 작은집에도
안하고 서애 선생이 평소에 즐기잡샀는{즐겨잡수셨는} 거래서 제사 때
만 하지. 하회마을이란 책을 보며 설명하고 있다} 빨간 것은 송구송편이
고, 이거는 대추구리인데 대추로 만든 잡과편이고, 요거는 모시이퍼리
{모시잎}를 가지고 만든 모시떡. 모시 한복 해입는 모시이퍼리를 새파라
이~{새파랗게} 데쳐서 만든 것인데 색깔이 너무 고와. 징편{증편}은 술
옇고 했는 거. 여기서는 기지떡이라 하는 것이지. 우리는 낱징편을 하거
던 바아까네서{방앗간에서} 이레 줄 부가 쪄가오는거{쪄서 하는 것} 아
이고{아니고} 낱징편을 했어. 요 안에 다 콩소를 여가지고{넣어가지고}
맛있어. 깨구리는 까만깨를 묻히고, 조악은 찹쌀가루로 안에는 콩가루
소를 옇고 기름에 굽는 거야. 경단은 찹쌀가루를 반죽해서 그냥 물에 삶
아 건져서 콩가루를 묻히는 것이고 우에 있는 빨간 것은 성뉴꽃이래. 다
게노먼{개어 놓으면} 이래 괴는 거야 봄편은{본편} 열다섯 벌 괴고 이
레가 이래 언제 조이로 해서

☲ 종이는 왜 그렇게 해요?

☲ 혹시나 어러지까바{떨어질까봐}

☲ 그러면 편대는 안 쓰시는거예요?

☲ 편대에다 괴는 거지 이거는

☲ 순서가 있으시잖아요?

🔲 열다섯 뿔{열다섯 벌} 괴고 젤 밑에는 경단괴고 그담에는 콩가루 묻지 마라꼬 징편을 괴어. 감이퍼리에다{감잎에다가} 고대로 놨는거 거 하고 그담에 송편도 하고 놓고 머 거 색깔이 마차서 깨구리는 젤 위에다가 거래. 잔떡이 아홉까지라 하나 둘 서이~{셋} 너이~{넷} 다섯 여섯 일고{일곱} 여덜 하나 둘 서이 너이 다써{다섯} 여써 {여섯}, 일곱 여덜{여덟} 아호{아홉}껜데

🔲 요것은 뭐예요?

🔲 고는 송편, 송편

🔲 요것은?

🔲 깨구리 제일 위에 여 놨는 거 여 여는 모시송편 경단 또 송구송편 잡과편 또 송구송퍼이~{송기송편이} 어디 간노?{갔냐?} 여구 송구는 으 송구 송구는 소나무껍지리로{소나무껍질로} 했어 고다메{그 다음에} 전, 조악, 구리, 깨구리, 전과, 조악은? 전 여 있꼬{여기 있고} 조악 여게{여기} 있고

🔲 전은 무엇으로 만들어요?

🔲 전 찹쌀가루로 멩 이레 여 머 거거 구카이픈{국화잎은} 나이{나니} 여코{넣고} 보메는{봄에는} 참꽃도 여코{넣고} 머 거레가 전 전을 부치고 대추도 써레여서{썰어넣어서} 부치고

🔲 그래서 아홉 가지를?

🔲 아홉가지 거게 인제 고게{고기}는 생고기를 도적 이레 괴는 거. 도적을 할 때 적틀이 있어. 적틀에다가 고기를 괴는 틀이 적틀이고 이거는 도저기고{도적이고}. 도적은 적틀 위에다가 생선 따위는 괸 것을 말해. 명태를 하고요

🔲 그 다음에?

🔲 고등어, 상어, 방어, 문어 그리고 제일 위에 닭고기를 해서 이것도 그렇게 흩어지지 않게

問 그러면 엄청 크게 쌓으시는 거네요.

答 도적도 이만치 괴고 떡은 더 노프고{높고}.

問 이것은?

答 축쓴게 축.

問 제관들도 많이 오시네요. 이것은 앵두죠?

答 엥두 엥두 엥두를 또 놓으시네요.

問 엥두는 왜 놓으시는 거예요?

答 철따라 철따라 거하지 오월 초닷 새는 엥두철인데

答 거는 비빔빱. 비빔빱은 제사지내고 비빔빱 밥 비베가{비며서} 제관들 모
도 탕하고 머.

問 왜 이렇게 하시는 거예요? 너무 많아서 그러는 거예요?

答 멀 마나서 사람이 많다 보니까? 본레 본레 비빔밥을

問 비빔밥을 하는 의미가 있나요?

答 머 전에는 머 덮은밥나물을 머 양진당에서 그랬다 카는데 우리는 옛날부
터 머 이레 비비{비벼} 비베써{비볐어}. 탕하고 떡하고

問 국수도 비비나요?

答 국수는 국수대로 미우고 다른 곳은 국수도 위에 없는다고 하는데.

問 신지밥은 뭐예요?

答 신지밥이 머로{무엇이냐}?

問 제사 때 먹는 밥을 신지밥이라 그러던데요?

答 병산서원 만대루 이 만대루 마루가 200명이나 여 앉을 수 있다
거기는 정말 좋더라고요. 이거는 옛날에 학교라, 대학교라 서원이. 요는
인제 세베하는 거 여 우리 어머이 걸 때는 안 펜찮으싰어{안 편찮으셨
어}, 여거 주인이고 시동생, 시동생, 질녀, 둘째 메너리{며느리} 손녀, 큰
메너리{큰며느리}, 이거는 인제 소머리 소머리 꽈서{소머리 고아서} 인
제 제사 저거

문 여기는 소를 한마리 잡으시는가 봐요?

답 소머리 하나 사가지고 하면 돼. 이거는 만두라꼬 초만두라꼬 이레 제사 때 이래 해가지고

문 초만두는 어떻게 만든 거예요?

답 메밀까루{메루가루}로 했어. 돼지고기하고 소고기하고 두부하고 무 쌀머가{삶아서} 했어. 이레 반죽 했어. 요레 똥글똥글하이~ 쪄서 거 위에다 김 놓고 해가 한 접시썩{접시씩} 제사 때 설 제사 때. 그라고 제사 때는 모도 인제 해가주고 다섯 편대.

문 여기가 할머니에요?

답 내래. 내.

문 그런데 너무 고우셔서

답 그때는 더 젊을 때레서{젊을 때여서} 젊을 때래. 빨간치마에 이레가 다섯 우린 다섯블{다섯 번}을 거 한다고 요는 우리 손녀, 용인외고 댕긴다커는{다닌다고 하는} 손녀 요는 시집 깐 우리 질녀

문 와서 모두 도와주네요. 여기 서애 선생님 제사는 언제지요?

답 오월 오일 음력으로 오월 오일 단오날. 단오날이 옛날에는 안동대학 민속학과 학생들이 왔어. 거들어주기도 하고 거들어주고 머 거 참 날랐지. 상도 나르고 여는 인제 세배하고 나오는 거 우리 둘째 아덜{아들}, 손여{손녀}, 메너리{며느리} 손자 여도 할베{할아버지}, 할메헌테{할머니한테} 인제 고대 법대 댕긴 아래. 이거는 보름에 인제 당제 지내는 거.

문 할머니 사진을 전문으로 하시는 분이 사진을 찍으러 오실 거예요. 그러면 이것 내어주시고 할머니 찍고

답 이거는 이희호 여사 왔을 때 찍었는 거래. 이건 징비록이고

문 이거는 여왕 상차림을 여기서 하셨나요?

답 여는 우리 손자, 인제 꽃 화환 여왕 왔을 때 여는 저서 인제 방병하는 거고 김치하고 고추장 보고싶어 보고싶다캤어 집에서 저 마당에서 여는 아

무도 못들어와. 이사람은 뱆에{밖에} 나가 아무도 못들어 왔어. 콤퓨터로 찍는 사지니 저 이는 저 전외무장관 안방에서 여서 인제 나가시는 나가는 거 여는 안방에 앉아서 모두 한복 손자들 전부서 한복 해입히가지고 이는 항공기에서 하회 사진 이거는 인제 거서 고맙다고 펜지가{편지} 왔는거라 주인이 답 했는기고 이거 인제 태국 갔을 때 이레 비교를 해가 찍었어. 이거는 큰상 거 탈렌트하는 시원이 지베서.

☐ 그러면 유시원은 여기와 어떻게 관련이 있어요?

☐ 내한테 아제뻘 데{돼} 내 갈린는 거레.

☐ 이거는 유시민도 여기라 그러시던데요?

☐ 어 유시민도 요번에 저 경선에 지끔{지금} 나오고 이찌러{있지}. 유 머로 서울대학 교수가 이거 시를 짓어. 거 나라 국화가. 유안진이 시를 짓고, 김종률 씨가 그림을 그렸어요 장미가 국화이~께 거거를 기레가지고{그려가지고} 이거는 우리 주인이 여왕한테 부체선물 했는기고{했는 것이고} 이거는 방명록이고 요거는 대반상 손님이 오먼{오면} 대반하는 손님 있을 때 여게 우리 시어머이 그다음 양가 종부 우리 어머이 사라게실{살아계실 때} 때 인제 우리 어머이하고

☐ 상 요런 거를 대반이라 그래요?

☐ 대반상. 상 하나에 오십만원씩 주고 우리딸이 맞차가지고{맞추어서}

☐ 그러면 대반상은 손님을 위한 상이에요?

☐ 손님을 대접하는 상이라, 손님만 땅 덩그랗게 주는 게 아이거던{아니거든}

☐ 그러면 여기에 음식은? 주로 손님 대접을 하려면 그냥 뭐 기본적인 것만 하나요?

☐ 이거는 떡이고, 이거는 과일이고, 이거는 과고, 약과하고 유과하고, 요거는 송구송편, 각색떡이고 요는 약식이고, 여는 점주고, 거래 했어

☐ 점주는 뭐예요?

탭 식혜, 안동식혜 말고, 뻘거이 뻘거이{벌겋게} 하는 거 말고, 찹쌀로 하는 기 점주고, 멥쌀로 하는 건 감주고 그래. 그 다음 이게 인제 내 결혼사지이라{결혼사진이라}. 이는 우리 아덜{아들} 돌때라. 인제 가족사진이야

문 이것은 나중에 필요한 사진을 사진기자가 말하실거예요.

탭 이거는 부시 아버지가 왔어. 아버지 부시 이거신 식모 첨 식수 거고 여 참 사진 잘 찍었어. 잘 멘들었어. 이거 아주 기술적으로 바바리여사가 얼메나 널근지{늙었는지} 몰라 이건 병산서워이레{병산서원이야}. 참 좋다고, 언덕불고언덕뿔고 그라는 거세. 빨간 옷을 입고 이제 식수하는 기레{것이야} 이거는 인제 풍산금속에 가서, 거는 저녁노을, 물안개 병산에 물안개제{물안개지}. 이거는 요번 사백주년에. 인제 거 사랑에서 고유제 지내는 거 거 때 머 수백

8) 시집살이, 누가 부자유친이라 카는데 우리는 고부유친이지

문 시어른, 시어머니에 대해서 이야기를 좀 해주세요. 며느리 입장에서의 시어머니의 모습은?

탭 우리는 시집이라케도 시집살이도 안해봤고, 인품이그래 아주.

문 평상시의 생활같은 것은 어떠하였어요?

탭 걸 때 내 여 있을 때는 난 서울가 살았고, 여 있을 때는 농사를 대대적으로 졌어.

문 여게 할머니가 다 지으셨어요?

탭 소로 시어머니가 나는 안 짓꼬 그러이게네 집에 게신 날도 벼베로 들에 나가시고 일꾼델고{일꾼 데리고}. 풍산깨 풍산깨{풍산들}에 가서, 그라고 할아버지는 우리 시아버지는 일 년에 한달텍도{한 달 정도도} 집에 안 계셔. 메 그래 출타하시고 계신께네 안밖 살림을 우리 시어머니가 다 맡아서 그레가 국회어원{국회의원} 출마하신다고 찬조강연도 하셨어 시

어머니가.

문 할머니는 영덕 영해에서 오셨죠? 영덕 영해 거기 무슨 박씨죠?

답 무안 박씨 거기서 오셔서 살림을 다하시고 어렵게 사셨어. 국회어원 출마해서 떨어지고, 국회어원을 두 번이나 나가가주고 떨어졌지. 됐시만{됐으면} 다행이지마는 차점에 떨어지고 그러이께네 얼메나 어려워, 거 다 견디고 이겨내싰어 참 시어머이가 훌륭했지.

문 여기는 양자 들이는 그런 것은 없었나요?

답 웨 몇 분 썩이 있었지. 있어도 조카이외는 안 돼. 조카 북곽 할메라꼬 당신이 청춘에 혼차{혼자} 되셨어. 아릿대{아랫대도} 몯 거한데, 시아부지를 그레 인제 동네서 모도 남초이{남촌이} 우리 젤 가차이께네{가까우니까} 거서 양자하라 한께이 절대 우리 북곽 할메가 안된다꼬, 대감에 자손 바다이된다꼬 시아버지를 당신이 장개{장가}를 보내시 가지고 시아버지가 장개 가셔가주고 조카를 얻어가{얻어서} 거 조카가 장게{장가} 가서 거 아들을 당신이 받았는거라. 거 우리 다 참 사랑주인이 다 거 자소이야{자손이야}.

문 그정도로요?

답 응 그레 구십 몇까지 향수를 하셨는데, 절대 양자 안 하고 조카 그러이께네 시아버지가 장게{장가} 가서 장게 보내서 보냈어. 거 아들을 조카를 난는 시동생 난는 걸 또 장게를 갔어. 거 조카를 받았으이께네 시아버지 장게 보냈코 또 시동생 받아서 그 시동생 장게 보냈어. 거 아들을 받아서 여 양자를 하셨어. 대를 이케 하싰다고

문 참 손의 중요성을 알겠네요.

답 그러이 조카는 머 자식이나 마찬가지거던.

문 그렇죠 같은 핏줄이니까요. 너무 완강하셨던 것은 아닌가요?

답 옛날에 거캐 거래 동네서 동네 종가 종손을 참 거 세워야 된다고 거케도 전부 뿌리치고 절대 안 된다고 당신이 그래서 걸 때 연세도 거쿠 안 많

은데 절문{젊은} 저 참 거웨 대단하셨지. 거 문중에서 거쿠{그렇게} 거래도 뿌리치고 시아버지를 장게보내시{장가를 보내서} 가지고 시동생 나아서 시동생 장게 보내가 거 아들을 받았으이께네 대단한 어르이라{어른이라}.

📑 안 그래도 할머니 시어머니 글을 읽다가 보니까 절에 열심히 다니셨더라고요

📑 마음이 거의 하늘에 닿으셨으니. 그러이{그러니까} 우리 영감하고 또 부산계시는 우리 형님하고 남매분을 당신이 키았거던. 큰어머이 도 우리 주인 나아신 우리 시어머니는 일찍 돌아가시고 처음에 시집오실 때 두 형제가 있으신데, 아 남메 남메. 남매가 여기 지금 유영하 어른하고 누님하고인데. 아 그러셨구나. 정말 보동 어른이 아니시네요

그래서 거 우리 둘째 아드리{아들이} 요만할 때 "할머이는 시집을 몇 살에 왔어?" "그레 내 수무살에왔다고" 인제 시 시어머이가 수무살에. 그러면 "아버지는 몇 살인데?", 이카이께네. 안만{암만} 해게를{회계를} 쳐 봐도 지가.

📑 할머이가 더 많으신 거예요?

📑 할머이가 더 많지는 안하지 열 살차이라. "그레 그레 열 살에도 애기 놓을 수 있어." 이카이께네 . 그레 그긴 아이라{그래 그것이 아니라}, 아빠에 할메는 편찮에 일찍 돌아가시고, "아 그러면 그렇지 양할머이구나." 이칸다꼬 요마한기 그칸다꼬 열 살에 우에 애기를 놓나? 열 살 차이거든.

📑 할머니는 시집오셔서 몇 명을 낳으셨어요?

📑 오남메라, 오남메.

📑 다복하시네요

📑 그레도 우리는 머, 배다른 형제라도 우애있고

📑 어머님이 워낙 훌륭하시니까요 무안 박씨도 대단한 성씨 아닙니까?

📑 오늘 인제 안동 볼릴 보러 갔디마는 걸 때 일주일에 한번 썩 우리 시어

머니 모욕 시키러 여 복지과에서 와. 그레 오이께네, 저 나가셔가 우리 메너리도 모욕 시켜주라꼬 정신없는 어른이 "우리 메너리도{며느리도} 모욕 쫌 시커{시켜}." 그러고 우리 메너리는 여거 헤당 안덴다고{안된다고} 그랬대.

❑ 할머니{시어머니}는 지금 연세가 어떻게 되세요?

❒ 구십 하난데 인제 양당 종부하고 두 부이{두 분이} 모욕을 하시거든 양진당 할머니는 구십삼세. 구십세세 거는 두 살 더 많애. 그 말씀 하신다 카이 정신없으신 어른도 아이다, 여 우리 메너리도 모욕 좀 시커주라고

❑ 여 두 분이 그래도 연세에 비해서 건강하시니까요

❒ 저레 안 편찬으실 때는 고부 고부여친이라고 작년까지도 이레 당신이 화토를 하싰거든. 건데 인제는 일라{일어나서} 앉아 있지를 못하시고 기저구 차고 계시이께네, 누가 하나만 오면 하토하자카시이{화투하자고 하시니까}. 심심소이로 그래 내가 우리는 머 부자유친이라 카데 "고부유친이다" 이레 누구 하나만 오머{오면} 하이께네.

❑ 할머니 시집오셨을 때 시어른 연세는요?

❒ 젊었어. 젊었지. 내 보다 두 열두 살 더 먹은 서른 두사리랬어{서른 두 살이였어}.

❑ 비슷한 세대시네요?

❒ 아들하고는 열 살, 메너리하고는 열두 살 차이 나.

❑ 시어머님이 젊으셨는데 어뗘셨어요? 나이가 젊으셔서 오히려 더 어려우셨나요?

❒ 그래도 머 나이 젊은 시어머이라꼬 머 이레 참 내가 거 하지도 안 하고 당신이 또 메너리라꼬 더 이레 머 법을 세우거나 머 이레 그런 거게 없어. 그라고 머 당신 마음에 안차는 거것도 많아. 많으싰겠지만도 절대 잔소리를 안 하시고 머우레 이 이레라 저레라 안 하시고

❑ 그래도 무서울 때가 있잖아요?

답 무서운 기억은 별로 머.

문 그래도 며느리 입장에서 시어머니가 어렵게 느껴졌을 때는요?

답 어려운 것도 모르고 막 그래 그래 살았어 우리는. 이런 이는 절대 이래 헤서는 안 된다 이런 그게 없어 그저 우리 시조모도 걸 때 내가 오이께 네 육십 너이랜나 하이턴{하여튼} 그 어러이{그 어른이} 우리 시어머니 는 살림 안 사시고 거 어러이{그 어른이} 오시이{오시니까} 다 열세{열쇠}를 차고 댕기먼서{다니면서} 당시이{당신이} 시조모님이 거래, 서시조모라. 이제 시조모는 퇴계종년데, 일찍 돌아가시고 오십 여섯 때 돌아가시고 그 담에 인제 서시조모 들어오시가지고 우리 시어머이는 거때까지도 살림을 모르싰어. 내가 시집왔어도 시집살림을 모르셨고 그러니 시집오시니 조모님 계시고 또 시어머님 계시고요. 시조부님 시조모님 시아버님 시어머니 인제 우리 시동생, 시누. 대가족이레 대가족 처메 시집 와써느{시집왔으니} 여 아치메{아침에} 밤머으면{밥먹으면} 여 방으로 하나랬어{하나였어}. 거다가 거레도 나는 부어케는{부엌에는} 안드레가 써이께네{안들어갔으니까는}, 부엌에는 따로 어 이라는{일하는} 사람이 밥 다헤가지고 오머는{오며는} 상은 보지. 이제 당감 상은 보지.

문 그러면 음식 준비할 때는 부엌에 들어가셔서 보신 거예요?

답 머 턱베리{특별히} 거 하는 거는 거거 바바면서도{밥하면서도} 다 저가 다 하고 머 거레 상 놓기만 하면 데는 기레{상놓기만 하면 되는 것이야}.

9) 종부의 삶, 모도 종부야꼬 그래싸코 얼마나 좋은 직업인데

문 일하시는 분이 계셔서 시간이 좀 있으셨을 것 같아요. 일과가 어떠셨어요?

답 아이 일가가 머 그레도 농사 바라지 하며는 거게 인제 일꾼들 마는 참 겉은거 저 풍산께{풍산들} 먼데 거하머 빵 쩌서 참 옌나레는 빵을 쩌 가

주고 참도 마이 헤가 거 인제 거들고

問 빵이라면 무었을요?

答 밀까루, 밀까루빵 쩌서 참으로 육식{六食, 여섯 번의 음식}을 미기거던
{먹이거든},

問 육식?

答 육식, 아침먹고, 또 참하고 고다으메{고다음에} 점심먹고, 참하고,

問 그것을 계속 모두 여기서 내어가져 가셨어요?

答 거레 네가머{그래 내서 가면}, 어 이연드리{이 년들이} 여기 바블{밥을}
이레 이고{이렇게 이고} 가는 거거 거저 거런 시중 머 거거만 하지, 저
가 다 헤가지고

問 빨래는 어떻게 하셨어요?

答 빨레도 내가 아나지{안 하지}. 그러치{그렇지} 거냥 이레 세섹씨 거정
이레 살마노코{삶아 놓고} 어런들{어른들} 오시머{오시면} 머 이레 데
접하는 거거나 덜고 가고 거러치{그렇지}.

問 그렇게 힘 드셨던 것은 아니네요?

答 거는 아이지 거거또 인제 종부로 우에 하헤{하회} 동네 다 거런 게 아이
라. 인제 이 몇 집만{몇 집만} 거레하지, 전부다 세섹시덜{새색시들} 첨
{처음} 오먼{오면} 다 자기가 바베먹고{밥해먹고} 다 거레서 지금도 바
바락고{밥하라꼬} 이라는 거는 서투러써{서툴러서}. 지금도 사람 있으
이께네 하지마는 고 모메{몸에} 안베게있어{안 베여 있어} 거런 거는
못해. 친저~에써도{친정에서도} 거런 거 아나고{안하고} 왔고

問 머 아드님은 이리로 들어와 사시기로 얘기가 다 되신거예요?

答 아덜 메너리{아들, 며느리}는 다 들올{들어올} 작정하고 있지. 거러이~
께네 인제 우리가 안주 가덜이 군에 가서 대학또 안주{아직} 덜했고, 대
학 더갈{들어갈} 놈 있고, 거놈 학교 다 헤서 올케{옳게} 지자리 안차노
코{제자리 앉혀놓고} 저가 스무쓰하게 이레 받아와야 데는데, 나는 마흔

다섯에 거 헤찌만{했지만} 저거는 내보다 나이가 더 많에도 거레도 안 주꺼지는{아직까지는} 멫{몇} 해를 우리가 쫌 이레 건강하게 살아 조서 {줘서} 아덜{아들} 디를{뒤를} 좀 거거를 헤조이데{해줘야 돼}. 지끔 한 창 거러먼{그러면} 저거 주이니{주인이} 도라가신다하먼 이 아더리{아 들이} 와야 데거든. 아덜 오먼{아들 오면} 지끔{지금} 아:덜{아이들} 공 부하는 아들이 거게 지자이{지장이} 있으이께네, 거저 멫 해를 더 사라 조야데{살아줘야 되는데}. 작정을 헤고 들어오기는 들어와야 데지마는 아:덜{아이들} 교육에 문제가 있지.

🔲 그러니 무조건 들어와야 하는거네요?

🔲 걸떼도{그때도} 우리는 아:덜{아이들} 다 키와쓰이께네{키웠으니까},

🔲 생활하시면서 어떤 점이 가장 힘이 드세요?

🔲 힘드는 거는 내가 이레 허리 디스크래서{디스크라서} 올케{옳게} 서지 도 못하고 걷지도 못하고 이레 앉아서 거 하는 거는 헤도 제사 지낼 때 도 서가 제살 거 다 지낼 떼까지, 내가 못 서있어. 신체적으로 이렇고 하 이께네, 거기 제리{제일} 건강하면 참 이런, 자기 실력인는데로 발휘헤 서 조상 대접 잘하고 손님 데접 잘하고 이라면{이러면} 모도{모두} 종 부야꼬{종부라고}, 그레쌓고{그러고} 얼마나 좋은 직업인데, 몸이 안 당 하이께네 그기 참 에더레{애닯어}. 경제는 네뚜고{놔두고} 몸이 가에야 내 몸이 안조으께네{안 좋으니까는} 마 이요기{의욕이} 이레도 이요기 {의욕이} 안생기는 기라{안 생기는 것이야}. 몸마{몸만} 건강하면 한구 {아직} 멀 헤이데지{뭘 해야 되지} 멀 헤이데지{뭘 해야되지}. 이레 일 닥치면{닥치면} 고마{그만} 겁이나거든 인제는.

🔲 그러면 제사에 관련된 시장은 누가 보세요?

🔲 시장은 유사가 다 보지마는. 앉아서 하는 것고 정신 써는 것도, 신경 써 는 것도 건강헤야만 거한데, 거게 인제 내가 쫌 내가 아이고 안주꺼진 {아직까지는} 좀 더 건강해서, 어제도 누가 싸 아이고! 종부 쫌 오레 사

라야{살아야} 덴다{된다}.

문 그래도 생각이 건강하시잖아요.

답 생각이 거레도 몸이 안당하이께네{당해내지 못하니까}, 그래서 넬 인제 병원에 가서, 내가 혈압이 안 좋아, {혈압이} 노파서{높아서} 약을 먹는데, 자꾸 이제 어지러워. 그런데 혈압약이 과한강{과한지} 거래서 인제 한번 다시 검사를 하고 약을 머 하나 주리던지, 인제 내일 안동이료원에{안동의료원} 11시에 간다꼬 예약을 헤났어{해났어}.

문 살아계신 동안에는 건강하셔야죠.

답 그데로는 건강한거턴데{건강한 것 같은데}, 심장도 거러코{그렇고} 마 한번은 또 막 귀에서 거 머라카노{뭐라카노}

문 소리난다고요?

답 소리나는게 아이라 여 아리빠에서{아래방에서} 우에 오는데도 턱 분드레지고 툭군드레{툭 넘어지고} 죽는 병걸에{병같아}. 거레가 또 저 병원를 가서 삼일동안 병원에 입원해가 있는데 여게 거기 귀에 머가 우에{어떻게} 됐어. 수술하면 된다 이카더라마는. 머 그라다가 한께니 괜찮더라고 거래서 귀가 옹 하던지 하면. 헤 또 거 병 또 도지는{되살아나는것} 거 아닌가 자꾸 마음이 조마조마헤. 인지 죽어 나이는 머 거한데 안주{아직} 할이리{할 일이} 있었어. 네가 좀 더 살아 조야데는데{줘야되는데},

문 종부와 종손과의 관계는 어떠하나요?

답 거 머 모자가네{모자간에} 더 조치{좋지} 오늘 네가 어데 머 차가 이써서 가니라고 어데 간다꼬 소리 아네떠마{안했더니만} 당시니{당신이} 저레{저렇게} 누우씨도{누웠어도} 안빠이~{안방이} 다 비인는지{비었는지} 거걸{그것을} 다 아셔. 거레 우리 서울 네외가 걸때{그때} 셍질레{생질네} 아:{아이} 도리라꼬{돌이라고} 오라케써 갔디마는{오라고 해서 갔더니만} 저거 다 가고 나는 우야라카노고{어떻게 하라고 하느냐}

당신 혼차 외로워서.

답 결혼하시고 남편과의 동침은 허락해 주어야만 가능했나요?

답 그런거또{그런 것도} 없었어.

답 할머니는 신식이셨네요

답 신식, 신씩 아주 게며이~{개명이} 댔어{됐어}.

답 그러면 친청의 어머니와는 어떻게 다른 것 같아요?

답 세대가 세대가 다른데 머{뭐},

답 {친정}어머니 세대의 이야기를 해주세요. 어머니의 성품이랄까. 어머니는 어디에서 시집을 오셨어요?

답 한강 자쏜{자손}. 저 성주, 성주,

답 거기의 할머니가 그 고모님, 그 집에 따님을 제가 칠곡에서 조사할 때 뵈었거든요

답 누구?

답 한강 정구의 따님이. 한강 밑의 손의 따님이 칠곡으로 시집가셨던데요? 광주 이씨로.

답 모르지. 거 딸레{딸네} 포항 제기씨도 가, 메혼{왜관, 매혼}, 메혼 우리 이모가 메혼 가시고, 또 닥께도 가시고, 경주로 오시고 삼형제 분인데, 우리 어무이~가 우리 어머이~ 제리{제일} 맏딸이고, 고다음 메혼 간 이모, 다게 인자 다 돌아가셨어. 삼형제 분이 다 돌아가셨어.

답 그러면 그 한강 집안에서 오셨구나.

답 한강 바로 종가는 아니라도 그 자손이야.

답 그 때 종부로서의 어머니의 모습과 비교 했을 때 어떠하셨어요?

답 그 그러이 일쏙에{일 속에} 무치서{묻히서} 사셨어. 우리 어무이는 일쏙에.

답 거기는 하인들도 많고요?

답 하인들이 하 마네도{많에도} 만석꾼 만가지 거쩡이라꼬, 거 주모로서는

이레 허드렌니른{허드렛일은} 아네도{안 해도} 하이튼{하여튼} 그 두량하고{재고} 머 하는 걸 전부다 주모가 헤이데지{해야 되지} 그러치{그렇지} 어데 차기 얼메주는 거{어디에 얼마 빌려주는 거}, 하이니{하인이} 얼메 와따카먼 거 얼메 주라카는 거{얼마 왔다고하면 거 얼마 주라고 하는 것}, 고기 멘마리{몇 마리} 주라코 하는 걸 이런 걸 다.

문 할아버지는 주로 밖 일을 하시고요? 거의 집안의 모든 일을 독차지하셨네요

답 그레 우리 또 조모가 일찍이 편차느셔서{편찮으셔서} 참 우리 어무이~ 한테 살림을 다 메께써{맡겠어}. 우리 어무이가 참 미이니레써{미인이었어} 인물도 좋고 친정에써도 올 떼 소 한마리 옌나레는{옛날에는} 시넹{신행} 올 떼 산 소를 가저와써{가져왔어}. 산 소에다가 거 너른{넓은} 마루에 마 짐이 한 마루라케써{한 마루라켔어}.

문 할머니는 시집오실 때 많이 안 하셨어요?

답 나도 추럭하나 하고

문 머 트럭에 해 오셨어요?

답 추럭, 추럭에 머 이부자리 거튼거{겉은 거} 머 엄씩{음식}, 거레 오이~{오니} 시집오이께네{시집오니까}, 거 이튿날, 거 사흔나리라{사흘날이라} 인제 종부 왔다고 인제 테상을{퇴상} 전부 온 동네를 미기는거야{믹이기는 거야}. 거라믄{그러면} 우리는 메찌비{몇 집이} 데소가{대소가} 메 찝{몇 집} 안 데서{안 돼서} 멀 조도{뭘 줘도} 젱바네다{쟁반에다} 품하게 이레 거 한데, 요런 반상기 접시 가튼거는{같은거는} 온 방에다 깔아놔요. 내가 왔을 때, 시집오이께네. 그런데 요 경주써 왔는 음식을 전부 다 인제 고로고로고로 다 노나서{나눠서} 다 일주일 동안은 동네로 인제 다 이고 가는 거야 종부 테썽이라고{퇴상이라고}, 테썽왔다고{퇴상왔다고}. 인제 동네 한 삽짝{삽작, 싸리 대문} 달린 집은 다가요 그레 하고는, 인제 삼일만에 현 사당 조상님한테 고하고는, 인제 회가가

도러{돌어} 회갑로 도러. 나도 회가도 한 일주일 돌았어. 이 삼백 데초네
{대촌에}

囝 다돌아요?

固 다돌아. 인제 양진당겉은 컨집{큰집} 이런 메 찌베는{몇 집에는} 가서
점심 데접하믄{대접하면} 점심 먹고 그레 또 오고

囝 소만 가져오셨을 건 아니잖아요?

固 소 머머머, 셍써니고{생선이고} 머머 엄청 데지{되지} 머머{뭐뭐}. 입에
도는 엄씨근{음식은} 전부 다헤가{다해서} 보넨는{보냈는} 거라.

囝 {친정} 어머님은 몇 살에 시집을 오셨대요?

固 우리 어머이~ 열: 여더런가{여덟인가}?

囝 한강 정구 댁 거기 매혼 갔더니 거기 계시는 분도 아버지와 주고받으신
편지가 있더라고요? 종부 종가에 종가가 아니고요. 그 칠곡의 따님이 아
버지와 주고 받은 편지가 있어서 절 보여주시더라고요. 손자가 아니 조
카가 경대 교수거든요.

固 이름이 먼데?

囝 그래서 조카라며 고모의 이야기를 아시더라고요. 그래서 편지와 할아버
지의 이야기를 많이 해주셨어요. 일제시대 때 아주 완고하셨다면서. 그
시집가시는데 많이 장만해 가셨군요.

固 거도 우리 외가도 부자랬어.

囝 한강 정구 댁과는?

固 종가하고 가차운{가까운} 집이지만은 종가집은 아이라{아니야}. 이레이
레 내려온, 종가찜{종가집} 아이고, 거 언제 이레 갈린는{갈렸는} 건데,
우리 외조부가 하이튼, 사돈끼리 우리 할아버지하고도 사돈끼리 거쿠{그
렇게} 조으섰어{좋으셨어} 대구 수성못에서 뱃놀이하다가. 경주 경주 옥
돌이 유명하거든. 거으로{그것으로} 알을 했는 안경을 갖다가 빠잤어{빠
트렸어}. 우리 할아버지가 사돈한테 선물했는데 사돈이 그거 끼고 뱃노

리 하시다가 거 물에 빠졌어. 거레 보제기를{보재기를} 요쎄거트먼{요새 겉으면} 해녀를 어 불러가 그거를 건저완는데{건저왔는데} 사돈끼리 그 쿠{그렇게} 우애 저 사이가 좋으셨어. 니해 내 해 없이 그래, 그래 메느리가 이쁘이께네 사돈도 조은 거야{좋은 것이야}. 우리 어무이가 시아버지한테 사랑도 마이 받았고

문 아주 잘 하셨나봐요?

답 잘하시고 그 때는 몸에 배이게 교육을 받고 시집을 오셔서.

문 따로 어머님께서 할머니께 직접 가르쳐 주신 것은 없나요?

답 머 기억이 거컬{그렇게} 그저 머, 보는기{보는 것이} 교육이고 내가 우리 어무이 숙모, 종숙모

문 왜 보통 고부갈등이 있다고 하잖아요? 할머니의 경우는요?

답 같이 살지도 아네꼬{안 했고}. 자주 네러오쎠가주고는{내려오셔서사주고는} 머 시아버지 백일 탈상하고, 또 시어머니믄 서울로 저래 뎅기시고 {다니시고},

둘째, 세쩨로 뎅기시다가 편차느시고{다니시다가 편찮으시고} 난 뒤에. 여 또 내러오싰어.

문 그전에는 여기에 안 계셨죠?

답 와따가따{왔다갔다} 하싰지{하셨지}, 와따가따{왔다갔다} 하시고

문 시집오셨을 때 시아버님이 계셨잖아요.

답 계시고 마고

문 두 분의 관계는 어떠하셨어요?

답 세이가{사이가} 너무 조우셔써{좋으셨어} 내외분이.

문 구체적으로?

답 하이튼. 마니레를{마누라를} 하이튼 이레 위하셨어. 애처를 하셨어. 그레가 인제 걸떼 우리 죽은 옌나레{옛날에는} 여는 참 이 전신에{전부} 여: 는{여기는} 바치고{밭이고} 하회 사람말, 먹고 시집가기 어렵따케꺼든

{어렵다켔거든} 처녀가. 보리 여름에는 보리고, 가으레는{가을에는} 좁쌀이고, 그레가지고 언제 한 번은 보리밥을 요 사를{쌀을} 쪼메{조금} 나가지고{놓고} 시아버지, 하라버지 진지떠고{뜨고}, 참 시어른 진지떠고하믄 아덜{아이들} 고 전부다 막 보리, 꽁보리밥 테기라{택이라}. 그라믄{그러면} 우리 죽은 우리딸이 이레{이렇게} 체레가{차려가지고} 먹는데, 마 보리밥 먹기 싫다고 이카이께네, 우리 시아버지가 고 또 우리 딸하고 한 해, 상둥이가{쌍둥이가} 났어. 딸쌍둥이 났어. 우리 시아버지가 우리 시어머이가 손여하고 같은데,

🔲 {시어머니 하고} 열 살 차이가 난다고 하셨잖아요?

🔲 내하고는 열두 살 차이고 영감하고는 열 살 차이라도 오 내 오고 난 귀에 고 상두이~{쌍둥이} 또 고레 한 해 손녀하고 서이~가{셋이} 났어{태어났어}. 야는 정월 달에 나고, 거는 구월 달에 났는데, 그런데 막 먹기 싫다고 거카이께네, 당신 옆에 인제 당신 따를 옆에 이따 거면 내밥과 바까서{바꿔서} 우리 시누를 조꺼던{줬거든}, 시누 주이~{주니} 우리 죽은 딸이, 헤 나도 먹기 싫다고 이카이~, 머 손녀 거카는 거는 당신이 몬{못} 더러시고{들으시고} 딸만 조써{줬어}. 거라이께네{그러니까} 거떼{그때} 진짜 나도 가부이~{기분이} 참, 좀 거 하더라꼬 걸떼 그라이께네, 우리 시어머아 참, 참 영리하시거든, 거러이~께네 영감보고 세사~{세상에}. 거 영하{류영하, 종손}가 어떤 영한데, 다썬싸레{다섯 살에} 어머이~ 잃어서 잃어가지고, 거레 커서 거 딸이 얼메나 거 한데 거 상두이를{쌍둥이} 갔다가 주고 자는 옹메이~는{옥명이는} 안 주노 당신이 거레 처신하며는 나는 여{여기} 한테 같이 모싼다{못 산다}, 우리 시어머이가 이 집에 못 산다, 나를 따로 내보냈든지 거레 하라꼬 화를 내셨어 영감님헌테, 그러이께네 걸떼 교장으로 여 병산중학교 교장으로 계시는데, 머 오깜{옷감} 거튼거는{같은 거는} 이런 거는 마이 사와도 먹는 거는 아더리{아이들이} 그케 있어도 사가 오진 안으신데{사가지고

오지는 않으신데}

문 시조부님이?

답 시어마님이, 아 시아바님이,

문 시아버님이 교장 선생님을 하셨고요?

답 거 제단으로 모도 다 학교는 세완는{세웠는}, 그레 거나른{그 날은} 막 가자를{과자} 한보따리 싸가{싸가지고} 데문카네{대문칸에} 더러오시면서{들어오시면서} 막 우리 딸 이름 부르고, 야아 이거 먹어라 이카고 그랬어. 참 남자는 참 여자 하기 하는데로 달리써{달렸어}. 시어머이가 거떼 거리도{그렇게도} 안 사오시고 옥메이도{옥명이, 손녀} 안 부르는데, 당신 딸 나노코{놔두고} 거 옹메이{옥명이} 여 가가{과자} 마이~이따{많이 있다} 머거라고{먹으라고} 이카는,

그러이께네 우리 시어머이가 여여 이만하먼{이만하면} 네 시아바이가 니한테{너한테} 비러는{비는} 거 아이가 마음을 거하라꼬 이카시더라꼬 훌륭하셨어. 걸때 어린 마음에, 아이고 그러면 같이 좀 주던지, 거런데 당신딸은 머 옆에 안차노코는{앉혀 놓고는} 당신 바파고{밥하고} 노나머꼬{나눠 먹고} 이거는 머끼실타고{먹기 싫다고} 거쿠{그렇게} 헹을 해도{떼를 써도}, 듣는 척도 안하시이께네, 거떼{그때} 내마음이 쫌 거하더라꼬, 그라이께네 그 눈치를 아라체씨고{알아 체시고} 우리 시어머이가 그카시더라고{그렇게 말하시더라고}. 거레{그렇게} 처신하며는 자하고{며느리하고} 같이 못 산다. 나를 내 보냈든지

문 혹시 다른 이야기는 없나요?

답 거라고는 머{뭐} 이레 고부간에 난 시어머이하고는 그런 갈등 거 거떼 인제 가가{그 아이가} 하도 안 먹는다고 거레 싸서{그래서} 인제 걸때도{그때도} 시집온 지 얼마 안데고{안 되고} 어린 마으메{마음에} 하이고 저거는 인제 같이 노나조서{나눠 줘서} 같이 머거라카먼{먹으라카면} 델낀데{될 것인데} 저레 쫌 섭섭하더라꼬

문 같이 커서 마음이 많이 쓰이셨겠어요?

답 그레가주고 머.

문 결국 시누이잖아요? 시누, 시누이하고 딸하고 같으니까요.

답 딸하고 그레가주고, 하도 인제 같이 거헤서 가가 외가서도 마이{많이} 컸어. 참 떠났지{떼어났지}.

문 마음이 서운하셨겠어요?

답 아 서운한 거보다도 나도 거 이 커나컨지베{크나큰 집에} 거 일보다도 정신적으로도 거러코{그렇고} 같이 거 헤노이이께네 사후고{싸우고} 이 레한{이렇게 한} 그래서 지. 동세이{동생이} 내 동세이{동생이} 와낄레 {왔길래} 고마 델꼬 가라꼬 거레

문 그러면 얼마동안?

답 한 반년을 거 가 이써서{있었어}.

문 나름의 그런 것이 좀 있었네요?

답 그 같이 커서 시누이들이 시누이 인제 딸거코{딸같고} 거레 시누거코 {시누같고}, 자레{잘해} 또 우리 시누가 거 상두이가{쌍둥이가}

문 이다 참 재미있으셨겠어요?

답 그라고 인제 우리 시조모가 열열하게 교헤를{교회를} 다니셔써{다니셨 어} 시조모님, 서시조모가 그럼 일요일만 데먼{되면} 서이하고 또 우리 종손 종질여하고, 시시촌하고 또 한해 고레, 다섯이서 났어. 하여튼 컨집 {큰집} 작은집에서 그라면 전부 교헬{교회를} 델고 가서{되리고 가서} 인제 음 우리 시조모가 한 부데를{부대를} 델고{데리고} 가는 거야. 델 꼬가서 인제 거 좋은 말 듣고 걸떼는{그때는} 머 어디서 좋은 말이고 머 고 가 데쩨 아 거짜 거레.

문 그때는 교회를 별로 안 다닐 때잖아요?

답 아이고 안다닌뗸데도{안다 닐 때인데도} 여 하헤교구{하회교구} 그레가 칠씸연{칠십 년}. 지금 고희를 너머꺼던{넘었거든}.

問 아 저기에 한 개 있는 것이요?

답 거 역사가 기프다고{깊으다꼬} 하꼬도{학교도} 칠씸연{칠십 년} 너머도 인제 하쎼이{학생이} 업써노이{없어 놓으니까} 학교는 페교데가지고{폐교되어 가지고} 뜯었고 교헤는{교회는} 역사가 깊어.

問 그런데 할머니께서는 불교 믿으시잖아요?

답 불교고 거는 서시조모는 어지{의지}할 때 없어노이까네, 당신 자녀도 없고 어 그래서 하나님 열열하게 믿으싰어. 그레가지고 참 그레 하면 일요일데면 또 우리 시어머이가 밥을 교인들 믹이라고, 밥을 헤가지고 이키{이렇게} 보내. 그라면 거 교인들 다 미기느라꼬{먹이느라고} 이러는 눈이 뻐꿈하도록 아무 것도 안 잡수고 오시는 거야. 집에 오시면 또 다시 점심 헤가 드리고 참 거레 진짜 옳게 믿으신 거 우리 시조모는 거레. 베풀었어 교인들한테. 내 안 먹고 거 불쌍한 배고픈 사람한테 거레 믹이는{먹이는} 거야. 거거또 일요일마다 거카이 휴월는거여 우리 시어머이로 봐서는 자게{자꾸} 헤가써는 안됐거든. 식구가 마느이께네{많으이께네}

問 층층시하내요? 혹시 반발심리 같은 것은 없었나요? 시어머니하고

답 거 우데{어데} 불평을 거래해도 거 어르는 거 어른대로 아주 조대감집이라꼬 유명한 집에서 서로 오싰어. 서녀로 태나서{태어나서} 우리집에 참 서로 오셨으이께네 거 바너질거튼거{바느질같은거} 이런거 손에 대해서 못하는 게 없어. 우리 형님들 두루막 하는거 머 전부다 거 할메한테 왔으이께네 솜씨도 솜씨도 대단하고 인물도 헌하싰고{훤하싰고} 아주 부털이 있었어. 부털이{부티} 이레 아주 참 외모가.

問 그것을 부틀이라고 하나요?

답 그라고 인제 우리 서시조모하고 우리 시어머이 서시조모가 좀 성품이, 내가 자식도 안 낳고 해놓이께네 좀 거런 면도 있어. 거레 막 불평을 거레 헤싸시면 우리 시어머이가 절대 참레{참견} 거 시어머이한테 머 대항한다던지 자리도 다르고 서로 왔으이께네 머 거레 참 거래해도 되는데

절대 거른{그런} 대접은 우리 시아버지도 콕 어머이거치{같이} 참 대접을 하고

문 그런데 서로 오면 대하는 것이 다른가요?

답 서로 오면 다르지. 반드타이{반듯하이} 바로 참 정식으로 온 하고는 암거또{아무 것도} 아이지.

문 그래도 일단 서로 와도 집안에서는 차별을 안 두었죠?

답 안 두는데 거케 우리 시어머니 하이고는 시아버지하고는 다 차별 안 두고 영데로 참 시어머니.

문 시어머님이 마음이 참 대단하셨네요.

답 마음도 그렇고 아주 참 이레 서명하싰어. 거런 처신하는 거도 서명해야 거레 하거든 머 별라게 거레싸머 누가 메너리가 좋다카이 머 그레가{그래서} 좀 머 속상하면 또 저 정자로 또 살림나가시는 게라. 이 어르이{이 어른이} 혼차{혼자}. 우리 서시조모가 집에서 무슨 그분은 성품이 또 그라고 이 거레. 다섯 살 여섯 살에 어머이를 거랬어. 거레가 한번은 머 할메말이라카믄 듣고 복종을 헤이데는데{해야 되는데} 머떼미레{뭐 때문에} 마 하이튼 예수믿는 거 가튼{같은} 동요가 와서 우리 영감을 나무랬대. 그라이께네 참 우리 영감이 울고 그라이께네 우리 시아버지가 거리 집이게실 때 자가 왜저리{왜 저렇게} 우노{우느냐} 카이께네. 포상 할메가 인제 종손을 나무랬다는 게라{것이야}. 머라켔다는기라{꾸중을 했다는 것이야}. 고 내 아들을 누가 내아들을 그레 하느야꼬 울리는야꼬, 고 우리 할아버지 시아버지도 화나시면 머 대단하시거든 그라이께네 거 마 우리 서시조모가 예수 믿는 사람 어 거 거했다꼬 고마 삐죽삐죽 인저 나가실라꼬 그러머 또 시어머이가 빌고 빌고 참 그런 그것도 마이 겪이 싰어.

문 할머니{시어머니} 성함이?

답 박필술.

문 그래도 할머니는 넘어가는 세대라 시어머니보다는 조금 고생을 덜 하신
것 같아요.

답 고생이라허는 주로 정신적인 고생은 없고, 이레또 이거 우리도 고부 사
이에 나뿔라먼{나쁘려고 하면} 얼마던지 나뿔 수 있는 거기 자리가 재
추로 오시고 거하머는 자리가 그레도 거런 우리는 거게{그런 것이} 없
이 이레 원만하게 피차 참 거헤서.

문 그래도 이제 이렇게 큰 집안을 관리하시는데 다시 태어나서 종부가 되라
하면 어쩌시겠어요?

답 그러 우리 영감이 하도 시정이 없었어. 머 종부 나는 종손되고 당신은 종
부 한번 되고 내일을 당신이 한 번 해봐라 거러이까네 거레 안된대. 아
이 거레 바까{바꿔}될 수 있으면은 한번 여자에 거거를 잘 모르거든. 남
자는 이 고충이라 할까 에로라 칼까 그런 걸 보고해도 못 느껴 별로

문 말씀을 하시지 그러셨어요?

답 말씀 머를 말씀.

문 고충을요.

답 여는 당연지사로 하는 긴데 머 고충이 머가 당연지사 이러한 것은 힘이
들다. 그레도 당신이 서애 종부로 왔으이께네 참 대접받고 거기야 그거
그렇지만도

문 그래도 남편께 그런 말씀을 하시는 편인가요?

답 그레 몸이 다고 안다고 거하머는 자기도 알기는 알지

문 소위 바가지는 긁어 보셨어요?

답 바가지는 머 거 긇는다고 머 거사람 잘못해서 바가지 긇른거는 아이거든
일꺼리는 많고 신경쓸 때도 많고하이께네 자여이~{자연히} 인제 거다
가 몸이나 거하머는 그대로 다 이런 자리도 없어요. 자기 영양꺼{역량
껏} 해서 그라머{그러면} 다 대접받고 얼매나 좋은 자리로 누구든지

문 어떤 것이 그렇게 좋으세요?

탭 "모도 하이고 종부님 애먹는다." 참 참 이런 나도 거래 살아보면 참 종부라고 다 이런 서애 종부는 아이거든. 고생 고생대로 해도 대접 못받는 종부들이 얼매나 많은데 거레 나는 거하면 다 거 많은 지손들이 다 알아주고 지손뿐 아이라 머 오는 사람들마다 다 거 하이께네 아이고 여자로서는 마 이 직업도 할만한 직업이지.

문 직업으로 생각하시네요?

탭 응. 난 직업이라 생각해. 할 만한 일이구나 싶어. 그런 생각을 가지고 계시니까 어짜피 머 나므{남의} 집에 시집가서 고생하고 거 하는 기나 고생을 해도 검가락지 낀 손에 맞아도 쫌 거기지. 그래서 긍지로써 내가 거레 버티고 있는 거야. 버티는 거야. 내 책임을 그레. 내가 나는 한다꼬 하는데 제삼자가 볼 때는 내가 종부로써 응 원만하게 처신과 거거를 능력을 다 하는가 누가 볼 때는 날 어떻게 평가하는가

문 그런 것이 염려가 되세요?

탭 염녀서러워. 그래 머 컨{큰}집이라도 저짜게{저 쪽에} 새로운 종부가 머 거라면 지손들이 머 그러싸면 나는 우리 지손들이 날보고 머라고 평하겠나. 나는 힘껏 한다고 하지마는 그레도 제삼자가 볼 때는 내가 거 하는 거만치 또 안 느끼고 안 받아드릴 수도 있으이께네 그게 염여{염녀}스러운거라. 나므{남의} 예기를 그냥 지나들을 게 아이라 한쪽에는 저케쌌는데.

문 그래도 성심을 다해서 하시면 모두 다 아시죠

탭 그래서 나가 메너리한테{며느리한테} 그렌다 니도{너도} 이 자리를 거하며는 어에던지{어떻게 해서든지}. 지손들을 잘 거너리고{거느리고} 지손 없는 종가가 어디 있으며, 거 많은 지손들이 다 받들어 했어. 종부에 위치도 다 알아주고 고생하는 거도 곧 알아주고 하이께네 내몸이 따라도

문 그러면 지손의 경계는요?

탭 지쏜{지손} 다 지손이지머.

문 굉장히 많으시죠?

답 우리 밑에 가지뻗어 나간 거 초법 많지.

문 그러면 큰 행사 때 모두 다 오시나요?

답 요번에 머 몇 백 명 왔는데 제사 때.

문 보통 명절에는?

답 보통 명절날은 저거 명절 시느라고{쉬느라고} 여 오는가 제사 때나 가지 인제 보통 명절 때는 우리집안 동기만 오고 따른 저거 시집에 거 하이께 네 딸도 못오고, 추석에도 인제 다 식구들 다 모이먼{모이면} 동서, 시동 생도 전부 다 소이요{손이요} 내 자식도 소이라{손이라} 집 밖에 사는 다 먹겠끔 머 해놓고 이레 기다려야 마음이 거 하다고 저가 와서 다 하 는 거 시간도 안 되지마는 거레

문 이번 추석에는 뭘 준비하셨어요?

답 그래 내 소머리나 하나 꽁고{고으고} 머머 머 그칸다꼬{그렇게 한다고}

문 추석 때 이 집안에서는 무엇을 가장 큰 음식으로 준비하세요?

답 추석에는 여게는 송편거튼{같은}거는 할 시간이 없어서 못하고 떡은 제 사를 안 지내이~께네 안 하지.

문 추석에 송편하잖아요?

답 송편해도 그거는 다 조상을 위해서 제사 지내고 할라고{하려고} 송편도 사네도 가져가고 우리는 시사도 서애 선생 시사 지내고 난 뒤에래야 시 사 지내이께네 거저 추석에는 가족끼리 모에가{모여서} 먹는 거야. 그래 서 나는 소머리하고 인제 머 도토리 무기던지{먹이든지} 이런 걸 마차 놓고{맞춰놓고} 오면 머꺼러{먹게} 마차야지{맞춰야지} 내가 머 인제.

문 옛날에는요?

답 묵, 묵도 하고 그래도 내가 안 한다 전부다. 묵을 시키도 남을 시키고 머 그렇지. 추석에는 올 사람이 없어. 전부다 저 밥해먹는 아도{아이도} 추 석에는 안온다고 그라고, 저 간병하는 것도 휴가도 조야{줘야} 되고 그

러이께네. 내가 일요일되면 동서들하고 다 오라케나찌{오라고 해놨지}.
간병도 헤이데고{해야 되고} 추석에 아무도 업스이께네{없으이께네}

팀 동서들도 연세가 많으시겠어요?

탑 동서가 지끔{지금} 큰동서는 내년에 환갑이고 올해 육십이고 고 밑에는
오십, 많애도 거보다 많은 나도 하고 첫째 어머니 시어머니 계시이께네
거거를 간병을 헤야되거든 기저구갈고 머 내가 상을 이레 허리가 안 좋
아서 상 이레 하나 더지를{들지를} 못해. 시어머이 식사도 덜고{들고}가
서 잡숫도록 해드리고

팀 음식하는 것은 제사 때에 와야 볼수 있겠네요?

탑 그래 제삿날은 거는 바빠서 못해. 제사 전날 제사 전에 제삿날은 잔떡하
는 거만 해도 복잡하지. 떡하고 괴고 머 이 하는기도 머.

팀 며칠 있다가 법주 만드신다면서요?

탑 그거는 구일차사 구월구일 중구절. 9가 두나 포개지는 게 중구절이거든.
그때 우리는 추석대신 걸 때 차례로 올린다꼬 신고긴 팔월 추석에는 안
돼.

팀 이전날 다 만드실 거잖아요?

탑 구월 구일 전에. 고 전에 만드러이{만들어야} 되지. 술미츰{술밑은} 인
제 팔월 추석 전에 술밑 해놓고 추석지내고 꼬드{고두밥}를 쩌옇고, 머
제주도 또 머레 오라고 간다고 그레싸서{그래서} 미리 수를 해놓고 가
야

팀 언제쯤 그것을 볼 수 있을까요?

탑 추석 전에 술밑하고 추석 지내고 꼬들밥{고두밥}을 쩌옇고{쪄서 넣고}
그레 나는 계산을 하고 있어.

2. 조사된 어휘

본 장에서 조사된 어휘는 경북지역 전통음식 중의 하나인 제례음식을 중심으로 살펴보았다. 특히 안동지역의 특징적인 불천위제사 음식 및 그 절차와 관련된 어휘를 정리하였다.

2.1. 제례음식

제사음식은 일상음식과는 차이를 보인다. 제사음식에서는 밥, 국, 나물, 탕, 편, 도적{육류와 어류}, 포, 편적, 국수, 식혜, 과일, 과자, 술 등으로 구성되며, 집안의 형편과 관습에 따라서 국수, 식혜, 과자, 간장 등과 같은 음식은 가감될 수 있다. 또한 과일이나 탕, 도적에 있어서도 사용된 식품의 종류에 차이가 나거나 수량에 증감이 있을 수 있다. 이 글에서는 하회 충효당{서애 류성룡) 및 양진당{겸암 류운룡)의 불천위제사 음식을 중심으로 살펴보기로 한다.

봉사 대상의 조상은 크게 두 부류로 나누어진다. 봉사자를 기준으로 할 때 부모부터 고조부모까지의 4대 조상과 대수에 무관하게 자손만대로 받드는 불천위 조상으로 대별된다. 전자를 기제사라고 하는데 부모부터 고조부모에 이르는 4대의 조상이 돌아가신 날 즉, 기일에 받들어 모시는 제사로서 가장 일반적인 제사이다. 후자를 불천위제사라고 부르는데 조상의 대수에 무관하게 자손만대로 받드는 제사로서, 기일에 지낸다는 점에서는 역시 기제사와 궤를 같이 한다. 누구에게나 일반적인 봉사 대상은 4대까지의 조상이지만, 불천위 조상은 특정한 가문에 한정되어 모셔지고 있다. 그것은 국가와 사회를 위하여 큰 공적을 쌓은 분에 한해서만 불천위로 인정되었기 때문이다. 따라서 불천위 조상을 모시고 있는 가문은 다른 가문에 비하여 우월적인 위치에 있었다고 해도 과언이 아니다.

그러므로 불천위제사는 일반 기제사에 비하여 많은 자손들이 모인 가운데 훨씬 성대하게 대규모로 치러졌다. 흔히 후손들이 '큰제사' 또는 '불천위 대제'라고 말하는 것은 이런 연유 때문이다. 불천위제사도 불천위 조상의 기일에 지낸다는 점에서 역시 기일제에 해당하지만, 일반 기제사와는 유를 달리하였다. 안동에는 전국 어느 지역보다도 불천위로 인정된 분이 많고, 그래서 지금도 불천위제사가 성대하게 올려지고 있다.

제사음식은 고춧가루와 마늘을 쓰지 않기 때문에 물김치나 백김치로 올라가고, 찌개의 경우에는 탕으로 대신한다. 고춧가루는 붉은 색을 띠어서 조상신이 회피하는 색으로 인식되기 때문에 이를 이용한 음식을 올리지 못했다고 한다.

제사음식은 집집마다 차이가 있으나 안동지역에서 불천위제사의 주된 음식은 다음과 같다(편, 도적, 탕에서 가장 큰 차이가 있다). 밥, 국, 채소(시금치, 배추, 토란, 고사리, 도라지, 무 등), 3탕(어탕魚湯, 우육탕牛肉湯, 계탕鷄湯), 편(시루떡, 부편, 경단, 깨고리(깨구리), 전, 조약 등), **도적都炙**(명태, 고등어, 가오리, 상어, 쇠고기(간혹 돼지고기), 포(대구포, 명태포, 오징어포 중 택일), 편적, 식혜, 편청(즙청, 제사 때 사용하는 꿀), 과일(밤, 대추, 배, 감을 기본으로 하여 사과, 포도, 귤 등을 추가할 수 있음), 과자(유과류 또는 부과), 술 등이 있다. 불천위제사 음식 만들기와 담기로 나누어 살펴보기로 한다.

2.2.1. 제사음식 만들기

1) 메, 흰밥

'흰밥'은 불천위 제사용 밥을 이르는데 '멧밥(메밥), 젯메, 멧진지, 메'라고도 한다. 이와 같이 안동지역 반가에서는 제물의 가장 기본적인 밥을 이르는 말에 '메'가 공통적으로 들어가는데, '젯밥, 제삿밥'이라는 말은 반가에서는 사용하지 않는다. 모두 쌀을 씻어 물에 불린 다음 밥물을 부어 끓이고 한 번 끓어오르면 중하로 조절하여 뜸을 충분히 들인다.

2) 갱(羹)

'갱'은 불천위 제사용 국을 말한다. 냄비에 참기름을 두르고 무가 노릇노릇하게 볶아지면 콩나물과 물을 넣고 뚜껑을 덮어서 충분히 익을 때까지 끓인다. 소금과 국간장(조선간장)으로 간을 한다.

3) 면(麵)

'면'은 불천위 제사용 국수를 이른다. 밀가루에 날콩가루와 소금을 넣고 체에 내린 뒤 물을 넣어 반죽하여 30분 정도 젖은 행주로 덮은 다음, 여러 번 치댄다. 이것을 밀판에 놓고 밀대로 얇게 밀어서 둘둘 말아 칼로 썰어 밀가루를 뿌려 헤쳐 놓는다(밀가루와 날콩가루의 비율은 2 : 1). 안동에서는 이를 '늘인국시, 누른국시(안동), 너른국시, 칼국시(예천)'라고 부르는데, 현재는 시중에 파는 '건국시(안동), 틀국시(예천)'를 사용한다.

4) 탕(湯) : 오탕(五湯)

닭, 명태, 소고기를 무와 같은 크기(가로, 세로, 두께 3㎝)로 썰며, 오징어는 가로 5㎝, 세로 3㎝, 다시마는 사방 7㎝ 크기로 썬다. 커다란 냄비에 오징어를 제외한 내용물을 끓인 뒤 나중에 오징어를 넣고 국간장이나 소금으로 간을 한다.

'계탕(鷄湯)'은 무만 건져 탕기에 담고 맨 위에 닭고기를 건져 담는 것을 말하고, '소탕(素湯)'은 무만 건져 탕기에 담고 맨 위에 다시마를 건져 담는 것을 말한다. '어탕(魚湯)'은 무만을 건져 탕시에 담고 맨 위에 명태를 건져 담는다. 하회류씨 충효당에서는 원래는 어탕 대신에 낙동강의 '민물고기탕'으로 하였으나 임하댐 완공 이후 낙동강 물이 탁수가 되어 흐르면서 민물고기탕은 올리지 않는다. 육탕(肉湯)은 무만을 건져 탕기에 담고 맨 위에 소고기를 건져 담는 것이며, 해물탕(海物湯)은 무만을 건져 탕기에 담고 맨 위에 오징어를 건져 담는 것을 말한다. 특히 양진당 겸암종택의 계탕은 담는 방식이 충효당과 차이를 보인다. 즉 양진당에서는 닭을 거꾸로 세워 진설하는데, 이는 어두봉미(魚頭鳳尾)라 하여 맛있는 부위를 조상님께 드린다는 의미를 담고 있다.

5) 청채

청채는 '고사리나물, 가지나물, 오이나물, 참나물, 시금치나물'을 말하는데, 접시에 돌려가며 소복이 담는다. '고사리나물'은 고사리를 불린 뒤 연해질 때까지 푹 삶아 냄비에 식용유를 두르고 볶다가 간장을 넣고 간을 한 뒤 뚜껑을 덮고 익힌다. '가지나물'은 가지를 찜통에 쪄낸 뒤 가늘게 갈라 간장, 참기름으로 양념을 한다. 특히 고사리나물과 가지나물을 '흑채'로 분류하는 집안도 있으나 충효당에서는 청채와 함께 담는다.

'오이나물'은 오이를 어슷썰기한 후에 소금에 절인 뒤에 식용유를 두르고 센 불에 볶은 다음 참기름을 넣어 무친다. '참나물'은 참나물을 데친 후에 찬물에 헹구어 국간장과 참기름에 무치고, 시금치나물은 시금치를 데친 후 국간장, 참기름을 넣어 무친다.

6) 백채

백채는 '도라지나물, 무나물, 콩나물'을 말하는데, 접시에 소복이 담는다. '도라지나물'은 통도라지의 껍질을 벗긴 다음 소금물에 넣어 주물러서 쓴맛을 빼고 여러 번 헹구어 건져 식용유를 두르고 볶은 뒤 참기름을 넣어 마무리한다.

‘무나물’은 냄비에 참기름을 두르고 무채를 넣어 뚜껑을 덮고 볶다가 국간장, 소금으로 간을 한 후에 약한 불로 익힌다.

‘콩나물’은 뿌리를 제거한 콩나물을 소금을 넣어 삶은 뒤에 건지만 건져 참기름으로 양념을 한다.

7) 찜채

‘찜채’는 호박이나 가지에 콩가루를 묻혀 찌는 것을 말한다. 하회 충효당에서는 ‘찜채’를 하지 않는다. 그러나 안동김씨(묵계)에서는 ‘청채’, ‘백채’, ‘찜채’의 3채 나물을 하기도 한다.

8) 두부채

두부를 통째로 냄비에 담아 물을 많이 붓고 소금을 약간 넣어 삶아내어 ‘침채기’에 담는다.

9) 침채(沈菜, 장김치)

납작하게 썬 무, 배추속대, 배, 사과, 무를 납작하게 썬 뒤 간장에 버무려 절인 뒤 잎을 떼 낸 미나리와 저민 생강, 설탕물을 부어 항아리에 넣어 익힌다.

10) 백김치

배추를 반을 갈라 소금물(물10 : 소금1)에 담가두었다가 켜켜이 소금을 뿌려 가며서 8시간 정도 절이며, 중간에 한 번 정도 뒤집는다. 무, 밤, 석이버섯을 채로 썰고, 조기는 소금을 뿌려 절인 뒤 24시간 지난 후에 살만 적당 크기로 저민다. 황석어젓은 끓여 체에 밭쳐 놓고, 생강을 채 썬다. 썰어 놓은 재료를 넣고 잣과 멸치젓을 더하여 버무린다. 배추 사이사이에 버무린 내용물을 넣은 후 항아리에 담고 3%의 소금을 만들어 자박자박하게 붓는다. 익으면 꺼내어 썰어 침채기에 담는다.

11) 쌈

날김(생김)을 '쌈'이라고 하는데 '침채기'에 담는다. 안동 권씨(봉화 닭실, 유곡의충재 권벌의 종가)의 불천위제사에서는 '천엽'을 '쌈'으로 올린다.

12) 편육

돼지를 덩어리째 씻어서 냄새를 없애기 위해 소금, 대나무잎, 생강, 대차, 양파, 소주를 넣고 삶아 익힌다.

13) 자반(佐飯)

껍질 벗긴 북어, 주둥이와 꼬리를 자른 간고등어, 깨끗이 씻은 뒤에 소금을 뿌려 채반에 널어 햇볕에 하루 이틀 정도 말린 민어, 조기, 도미, 두텁고 넓게 저민 소고기를 말한다. 자반에는 '사지'를 끼우는데 이는 잡기운이 범접치 못하게 하기 위함이다. '사지'는 한지를 가로 13㎝, 세로 19㎝ 되게 잘라서 15㎝ 깊이로 7가닥으로 균등하게 잘라 놓는다.

14) 도적(都炙)

'도적'은 '북어, 간고등어, 방어, 상어, 홍어, 소고기, 문어, 닭, 소를 적대(적틀)에 담은 것'을 말한다. 즉 도적은 계적, 육적, 어적을 적틀에 함께 담는 것을 말하는데, 불천위제사 등의 큰제사에 차려지는 제물이다.

도적과 탕의 구성은 '우모린(羽毛鱗)'이라 하여 '깃털 있는 날짐승 고기'(羽), '털이 난 네 발 짐승 고기'(毛), '어류 즉 생선'(鱗)을 기본으로 한다. 우모린의 구성에 대해서는 하늘, 육지, 바다에서 나는 모든 고기를 상징적으로 집약한 결과로 인식하고 있다. 도적을 쌓을 때에도 하단에는 바다에서 나는 어류를, 중간에는 뭍에서 나는 고기, 상단에는 날짐승을 순차적으로 올려서 그러한 상징성을 수직적으로도 잘 표현하고 있다. 간혹 어떤 가문에서는 아래와 같이 '우모린개(羽毛鱗蚧)'라 하여, 맨 아래층을 하나 더 설정하고 여기에 바다의 맨 밑바닥에 사는 패각류(蚧)를 추가하기도 한다. 이 경우에도 역시 우주적 수직구도를 적용하였다.

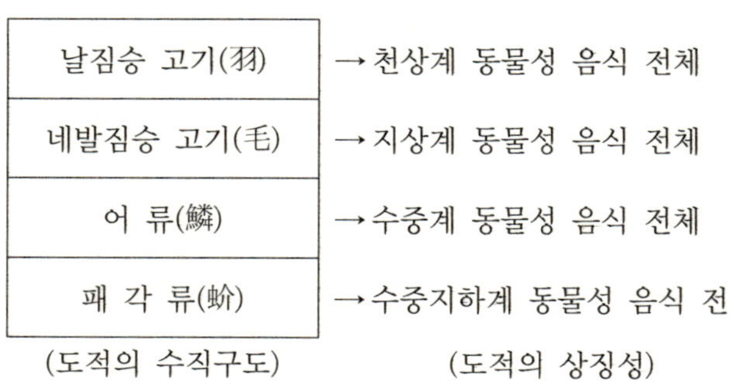

(도적의 수직구도)   (도적의 상징성)

안동지역 도적의 특징은 관적(串炙), 곧 꼬치의 형태를 들 수 있다. 다른 지역에서도 도적을 쌓을 때 꼬치를 이용하지만 쇠고기는 기다랗게 잘라 꿰고(바디 산적) 생선은 온마리를 '설아적'으로 꿰는 것이 보통이다. 이에 비해 안동 일대에서는 쇠고기와 생선을 직사각형으로 짤막하게 토막내어 꿰는(이를 '돔배기'라고 함) 것이 다른데, 이는 생육이든 숙육이든 모두 동일하다. 다만 방어, 상어와는 달리 조기와 청어는 온마리로 꿰는 경우가 있는데, 이는 조기와 청어는 크기가 작은 탓이 있겠으나 속살이 단단하지 않아 꼬치로 사용하기에 적절하지 않기 때문이다.

15) 포

제물의 가장 기본요소는 주과포(酒果脯)라고 한다. 형편이 여의치 않을 경우 "주과포라도 차려서 제사를 지낸다"는 말은 술, 과일, 포가 제물의 가장 기본요소임을 말해준다. 포는 육포와 어포로 분류된다. 『의례』와 『예기』에 의하면 전자는 소, 사슴, 노루, 토끼, 꿩 등의 포를 사용하였다고 한다. 그러나 오늘날은 대구포, 북어포, 오징어포 등 어포를 사용하는 경우가 많다. 안동지역 불천위제사에서는 대구포, 북어포를 주로 사용한다.

충효당에서 포는 건대구를 사용한다. 길이 60㎝, 넓이 25㎝ 1마리를 깨끗이 손질해 둔다.

16) 식혜(食醯)

식혜는 '감주, 단술'을 말한다. 엿기름가루에 물을 붓고 고루 푼다. 물이 맑아 질 때까지 3~4시간 그대로 둔다. 쌀을 깨끗이 씻어 30분 이상 불린 뒤에 찜통에 쪄낸 뒤에 양푼에 담아 김을 내보낸 다음 맑은 엿기름물을 부어 고루 섞는다. 보온밥통에 4~5시간 정도 두고, 삭은 밥알이 4~5개 떠올라 가면 밥알을 건져 냉수에 깨끗이 헹군다. 이를 건져 물기를 찌우고 제기에 소복이 담고 맨 위에 고사리를 1~2가닥 얹는다.

17) 과일

과일은 '사과, 귤, 배, 참외, 밤, 대추, 앵두, 수박, 곶감, 은행, 호두, 땅콩' 등을 말한다. 한편 과일에도 상징적 의미를 부여하였다. "대추는 씨가 하나이므로 임금, 밤은 한 송이에 세 톨이 들어있으니 삼정승, 배는 씨가 6개니까 육판서, 감은 씨가 8개이므로 팔도를 뜻한다"는 속설은 제사상의 과일을 나라의 통치구조와 그대로 연결짓고 있음을 뜻한다. 과일에 국가의 통치구조를 적용함으로써, 제사상의 과일은 위계질서가 엄격하게 잡히고 가치의 경중이 고려된 모든 과일로서 상징적 비약을 하고 있는 셈이다.

사과와 배는 위, 아래의 면을 잘라낸다. 참외는 껍질을 벗겨서 위, 아래 면을 잘라내고 반으로 가른다. 밤은 껍질을 벗겨 모지게 쳐 놓으며, 대추와 앵두는 깨끗이 씻어 놓는다. 수박은 사면의 위, 아래를 잘라내고 다만 윗부분만은 잘라낸 것으로 뚜껑을 덮는다. 곶감은 손질을 해두고, 은행은 팬에 기름을 두르고 볶아서 껍질을 벗겨 놓는다. 땅콩은 속껍질을 벗겨놓고, 귤은 윗부분의 껍질을 십자 형태로 잘라, 껍질을 벗겨 놓는다. 호두는 겉껍질은 벗기고 속부분은 분리하여 절반으로 가른 다음 속껍질은 벗기지 않는다.

18) 다식

'다식'은 흑임자(검정깨)다식, 송화다식, 찹쌀다식을 한다. '흑임자다식'은 흑임자(검정깨)를 씻어 건져 팬에서 볶아 절구에 곱게 빻은 뒤, 꿀을 넣고 반죽하여 찜통에 쪄낸다. 이를 절구에 넣고 윤이 날 때까지 친 다음에 다식판에 박아낸다.

'송화다식'은 송화에 꿀을 넣고 반죽을 한 다음 다식판에 박아낸다. '찹쌀다식'은 찹쌀을 물에 충분히 불려서, 찜통에서 찐 다음 찬물에 한 번 씻어서 베보자기를 간 채반에 널어 말린다. 바싹 건조해지면 팬에서 한 번 살짝 볶은 뒤 이를 가루로 만들어서 꿀을 섞어 반죽한 뒤 다식판에 박아낸다.

19) 중계(中桂)

'중계(中桂)'는 밀가루로 만든 과자 즉 유밀과의 하나로 '중박기, 중배끼(中朴桂)'(손정규, 『우리음식』, 삼중당, 1947), (윤서석, 민음사, 1991 재인용), '박계(朴桂)'(윤숙경, 『우리말조리어사전』, 신광출판사, 1996) 등으로 불린다.

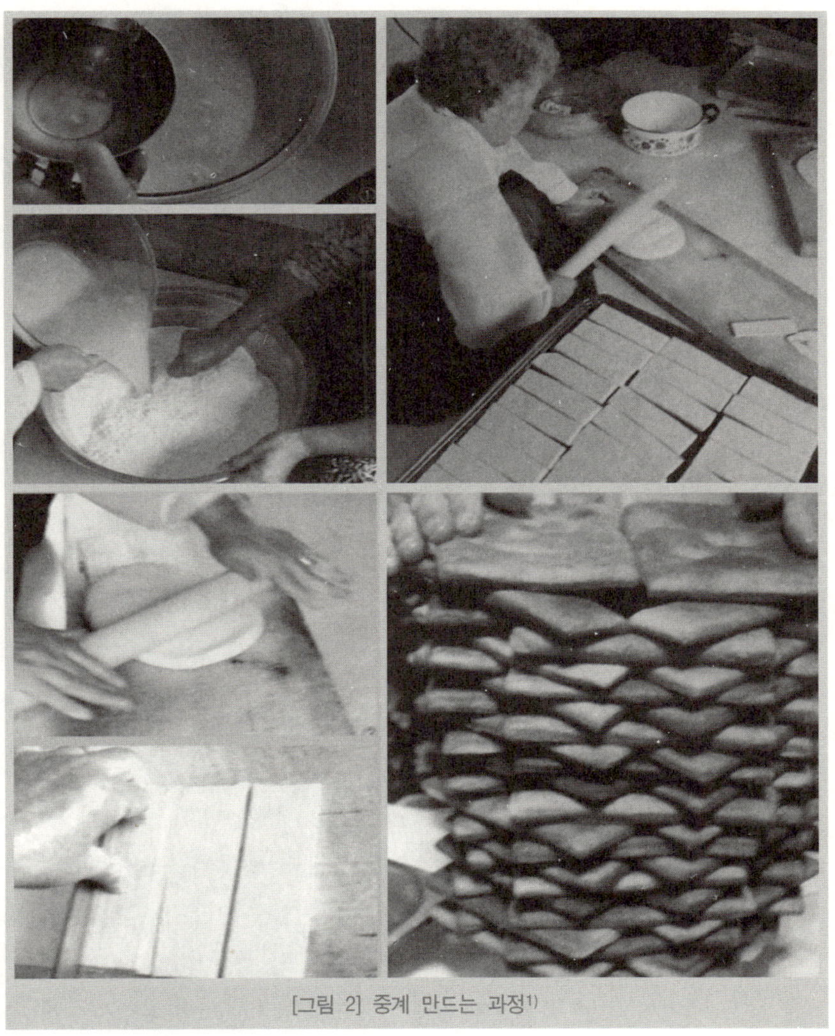

[그림 2] 중계 만드는 과정1)

　조상께 바치는 음식의 준비 과정은 산 사람이 먹을 음식의 그것에 비하여 여러모로 달랐다. 집안의 어른이 즐겨 드시는 음식이 있으면, 그 집에

____

1) 이상해·정승모 저, 황헌만 사진, 『하회마을』, 솔출판사, 2007, 381면 참조.

서는 그 음식을 자주 만들어 먹는 것과 마찬가지로 조상의 제사에는 생시에 즐겨 드시던 음식을 잊지 않고 올린다. 이 과자는 궁중음식으로 서애 선생이 즐겨 드시던 것으로 유밀과보다 꿀과 기름을 훨씬 적게 쓴다. 하회 류씨 서애 종가(忠孝堂)에서는 서애 류성룡 선생의 불천위제사 때 하회 류씨 충효당에 전승된 비법에 따라 현재까지 충효당의 종부가 직접 만들어 서애 선생의 제상에 올리는 제물의 중요한 물목 중의 하나이다.

중계를 만드는 과정2)은 [그림 2]와 같다. 먼저 대접에 꿀과 설탕을 섞은 다음 밀가루에 넣어 반죽한다. 국수 가락 뽑을 때처럼 반죽을 밀어 넓힌 후에 칼로 반죽을 일정한 두께의 크기로 잘라낸다. 80개의 잘라낸 조각들을 기름에 튀기면 중계가 된다. 약과보다 꿀이나 기름을 조금 넣고 색깔도 엷게 지진다. 볶은 밀가루를 꿀로 반죽하여 썰어 지지기도 한다.

충효당 소장의 고문서 중에는 장사(葬事) 때 강릉부에서 상식제물(上食祭物)로 중계 77개 中桂 七十七立를 보내왔다는 기록이 있다. 중계는 크기에 따라 '중배끼'와 '소배끼'가 있다.

20) 편(餠)

제사음식의 떡을 '편'이라고 부른다. 편에는 '본편'이라 불린 시루떡을 가장 많이 쌓고, 그 위에 웃기떡(웃깨이)으로 여러 종류의 떡을 층층이 괴어서 높게 한다. 시루떡 위에 올라가는 갖가지 웃기떡은 외형상 본편을 장식하는 형상으로써, 모양과 색, 재료, 만드는 법 등이 다양하다. 이러한 떡을 높게 괴어서 올린 것은, "제사에 떡을 안 올리면 조상이 섭섭하게 여긴다."고 하는 기본적 필요조건을 훨씬 상회하고 있어 떡은 제사의 기본적이고도 필수적임을 알 수 있다. 제사상에 올라간 떡의 종류와 양은 비록 가문마다 차이가 있고 경제사정에 따라서 편차가 있다고 할지라도, 모

---

2) 이상해, 정승모(글), 황허만(사진), 2007, 381면 참조.

든 떡을 의미한다.

떡은 제례나 혼례 등에서 사용하는 경우와 일상의 경우로 나누어 볼 수 있으나, 이 글에서는 안동지역 불천위제사에서 사용되는 떡을 중심으로 살펴보기로 한다.

(1) 본편

본편의 대표적인 떡은 시루떡이다. '시리떡(예천)'은 시루떡의 방언형이다. 시루떡(甑餅)은 '찐떡'을 총칭하는 말이다. 쌀가루에 물을 내려 그대로 찌거나 또는 견과류, 콩, 쑥을 섞어 버무려서 찐 설기떡 등을 뜻하며, 시루떡에는 켜를 두껍게 하는 것, 얇게 하는 것 등이 있는데, 그 중에서 얇게 한 것을 '편'이라고 한다. 하회 류씨(충효당)에서는 본편으로 '백편, 진주고물편, 팥고물편, 대두콩고물편, 나물편'을 한다. 이와 같이 시루떡의 이름은 고물의 종류에 따른 것으로 보인다. 메주콩(노란콩, 흰콩, 백태)을 계피한 고물을 이용한 시루떡을 '노란떡, 노란시루떡, 대두콩고물본편', 녹두를 계피한 고물을 사용한 '진주고물시루떡', 팥을 계피한 '팥고물본편(팥계피시루떡)'이 있다. 그 다음에는 백편과 '나물떡'을 올린다.

고물과 본편을 만드는 방법을 살펴보면 다음과 같다.

'대두콩고물'은 대두콩을 씻어서 끓는 물에 삶아서 찬물에 씻은 다음 콩 껍질을 벗겨낸 후 물에 9시간 이상 불려서 충분히 찐다. 찐 콩은 양푼에 덜어내어 소금을 섞어서 으깨어 콩고물을 만들어 어레미(얼기미 : 안동)에 내리면 된다. '대두콩'은 메주콩을 말하는데, '노란콩(안동, 예천), 흰콩(원주), 백태' 등으로 불리기도 한다. 대두콩고물편은 대두콩의 방언형에 따라 '노란떡, 노란시루떡, 대두콩고물본편(안동)'이라고도 부른다.

'진주고물'은 '녹두고물'을 말하는데, 거피한 녹두를 9시간 정도 충분히 물에 불려서 찜통에 무르게 쪄서 소금을 넣고 으깬 것을 말한다.

'팥고물'은 팥을 9시간 충분히 불려서 찜통에 무르도록 쪄서 소금을 섞어서 으깬 다음 체에 내려 고물을 만든다. 이때 '팥고물'은 팥으로 떡 위에 얹거나 묻히거나 소로 넣기 위해 만든 것을 말한다. 붉은 팥을 통째로 삶아 으깬 것은 '붉은팥고물'이라고 하며, 거피용 팥을 거피하여 쪄서 체에 내리면 '거피팥고물'이 된다. '거피팥고물'에 계피가루, 설탕, 소금을 넣고 볶으면 '계피팥고물'이 된다. '팥계피시루떡'은 멥쌀에 '계피팥고물'을 켜켜로 뿌려 시루에 찐 떡이다.

'대두콩고물편'의 쌀가루는 멥쌀을 3시간 이상 충분히 불려서 소금을 넣고 가루를 빻아서 체에 내린 다음 다시 물을 내리는 데 손으로 쥐었을 때 뭉쳐질 정도로 물을 섞어서 체에서 다시 한 번 내린다. 준비된 쌀가루와 고물을 가지고 편을 만드는데, 찜통에 베보자기를 깔고 콩고물을 골고루 뿌리고 쌀가루를 2㎝ 두께로 반복하여 안친 다음 맨 위가 콩고물이 되게 한 다음 베보자기로 덮어서 뚜껑을 덮고 충분히 찌면 '대두콩고물편'이 된다. '대두콩고물'과 같은 방식으로 '진주고물편, 팥고물편'을 만든다.

'백편'은 찜통에 기름종이를 깔고 쌀가루를 2㎝ 두께로 안친 다음 그 위에 10㎝ 폭의 일정한 간격으로 잘게 썰어 놓은 대추와 석이버섯을 대추, 석이 순으로 교대로 박아서 베보자기를 깔고 충분히 찐다.

'나물편'은 찜통에 베보자기를 깔고 대두콩고물을 골고루 뿌린 후 쌀가루를 2㎝ 두께로 앉힌 위에 야채(상추와 팥잎을 잘 씻어서 물기를 제거하여 잘게 썰고, 무는 채로 썰어 섞어 놓은 것)를 골고루 뿌리고 쌀가루, 콩고물을 뿌린 뒤에 찐다.

(2) 웃깨이, 웃깨

'웃깨이, 웃깨'는 '웃기떡'의 안동 방언형이다. 웃기떡은 편틀에 편을 높이 고여 올릴 때 본편(부편 포함)위에 장식으로 얹는 떡을 말한다. 안동에서는 웃기떡을 본편에 대하여 '잔떡, 잔편'이라고도 부르며, 예천에서는 '웃찌시(본편 위에 얹는 경단)'라고도 한다. 안동지역 불천위제사에 올리는 웃기떡의 종류는 보통 7~9가지이다. 하회 류씨 충효당의 '웃기떡'은 '모시잎송편, 송기송편, 송편, 증편, 잡과편, 조약, 화전, 경단, 깨꾸리' 등으로 한다. 떡의 종류와 그에 따른 명칭은 다양하며, 괼 때의 색깔을 고려하여 만든다. 하회 류씨 충효당의 불천위제사에 사용되는 웃기떡을 중심으로 살펴본다.

① 조약 : '조약은 '조악의 안동 방언형이다. 조악은 찹쌀가루를 청홍황백 네 가지로 익반죽하여 송편처럼 소(대두콩고물)를 넣고 오무려 조개 모양으로 빚은 후 기름에 노릇노릇하게 지져 내어 식으면 설탕을 뿌리거나 꿀에 재웠다가(화전과 조약은 원래 완성된 다음 즙청<汁淸, 특히 제사에 올리는 꿀은 '편청'이라고 함>으로 하였음), 편의 웃기로 쓰는 지진 떡이다. 재료에 따라 석이주악, 대추주악, 밤주악 등 여러 가지가 있다(閨閤叢書, 夫人必知, 是議全書).

대추조약은 찹쌀가루에 대추 다진 것을 섞어 꿀을 넣고 덩어리 한 개를 만들어서 끓는 물에 삶아서 남은 가루와 반죽하여 깨소를 넣고 송편같이 빚어서 기름에 지져 설탕에 재우는 떡이다. 큰 잔치를 하거나 불천위제사 때는 반드시 해야 하는 편의 웃기로 사용되는 떡이다.

② 송구떡, 송기송편 : '송구떡'은 '송기떡'의 안동 방언형이다. 송기떡은 송기를 멥쌀가루에 섞어 반죽하여 만든 떡이다. 소나무 속껍질인 송기를 하룻밤 정도 물에 담가 두었다가 물러 질 때까지 잿물에 삶아 우려낸다. 이것을 건져서 물기를 짠 후 도마에 올려놓고 방망이로 찧은 뒤 칼로 곱게 다져 놓는다. 멥쌀가루와 섞어서 절구에 찧은 다음, 익반죽하여 솥에 쪄 내어 식기 전에 떡메로 쳐서 절편, 송편, 개피떡 따위로 만든다. 이러한 반죽에 콩고물 소를 넣어 만든 떡을 '송기송편'이라고 하는데, 색깔은 짙은 밤색 혹은 자주색이다.

③ 모시(잎)송편 : '모시송편'은 멥쌀가루에 모시 잎 찧은 것을 섞어 반죽한 것에 밤, 대추, 깨 등으로 소를 넣고 송편으로 빚어 찐 떡이다. 모시잎은 뜯어 끓는 물에 데쳐 찧어 쓰기 때문에 색깔이 고운 녹색의 송편이 된

다. 모시송편은 송기송편과 같이 '콩고물' 소를 넣는다. 콩고물 소 만드는 법은 절반으로 탄 거피팥을 9시간 이상 물에 불려 여러 번 씻어 껍질을 제거한 후 베보자기를 간 찜통에서 무르게 쪄내어 소금을 섞에 그릇에 옮겨 담아 으깬다. 어레미에 내려 고물을 만든다. 대두콩고물을 거피팥고물에 1 : 1로 합하여 여기에 설탕을 넣어 소를 만든다.

짙은 밤색이 나는 송기송편(송구송편)과 잡과편 사이에 놓는데, 이는 시각적인 효과를 고려한 것이다(하회 류씨, 충효당).

④ 잡과편(雜果片) : 체에 내린 찹쌀가루를 익반죽하여 작은 전병 비슷하게 얇은 반대기를 지어 삶은 뒤에 건져 방망이로 매우 저어서 덩어리가 다 풀리게 하여 밤, 대추를 삶아서 체로 거르고 호두, 잣, 계핏가루를 섞어 만든 소를 넣고 반을 접어 붙여서 경단 크기로 둥글게 빚어서 만든 떡으로 꿀을 바르고 준비한 고명을 고루 묻힌 떡이다. 또는 콩가루, 깨소금, 밤고물을 꿀로 버무려서 쓰기도 한다. 그릇에 담을 때에 썰어 말린 대추와 곶감을 채 쳐 잣가루와 한데 섞어 뿌리기도 한다. 고명은 석이채, 대추채, 청매채, 밤채 등이 이용된다.

하회 류씨 충효당에서는 쌀가루를 반죽하여 커다란 밤톨 크기로 떼어 둥글려 홈을 파서 소를 넣고 둥글게 빚은 다음 대추채에 떡을 굴려 손으로 꼭꼭 눌려 묻힌다. 찜통에 빚은 떡을 놓고 베보자기를 덮어 찐 다음 익으면 꺼내어 참기름을 바른다. '대두콩고물'과 '거피팥고물'을 1 : 1로 합하여 설탕을 넣어 소를 만든다.

'대두콩고물'은 대두콩을 씻어서 물에 불려 베보자기를 간 찜통에 찐 다음 소금을 넣어 으깨어 어레미를 내려서 만든다. '거피팥고물'은 절반으로 탄 거피팥을 물에 불려 여러 번 씻어 껍질을 제거한 후 찜통에 쪄 소금을 섞어 으깬 후 어레미에 내려 만든다.

⑤ 청절편 : '청절편'은 쑥절편의 안동 방언형이다. '쌀가루를 찐 뒤에 삶은 쑥을 넣어 절편 고에 넣어 뺀 떡이다. '청절편'은 절편을 만들 때 쑥을

삶아서 넣기 때문에 색깔이 녹색으로 아주 곱다. 반면 '쑥떡'은 쌀가루에 삶은 쑥을 버무려 찐 뒤에 고에 넣어 뺀 뒤에 콩가루를 묻힌 떡으로 구분된다.

⑥ 징편, 기지떡 : '징편', '기지떡'은 증편의 안동, 예천 방언형이다. 증편은 멥쌀가루를 술로 반죽하여 더운 곳에 두어 부풀어 오르면 증편틀에 보자기를 펴고 반죽을 국자로 떠 담아 한 켜 갈고 맨드라미꽃이나 맨드라미 이파리(예천), 소엽이파리(안동), 채를 썬 대추를 뿌려서 만든 떡이다.

멥쌀은 물에 불린 다음 소금을 넣고 가루로 빻아서 고운체에 내린 다음 이에 설탕을 넣고 손으로 비벼 고루 섞어서 체에 다시 한 번 내린 다음 따뜻한 물을 넣어 송편반죽 같이 반죽한 후 막걸리를 넣어 질척한 죽의 형태로 반죽하여 25도 정도의 실온에 8시간 정도 발효를 시킨다. 2배로 부풀어서 표면에 송알송알 올라오면 완전히 발효된 것이다. 부풀어 오른 반죽은 모아서 주걱으로 풀어주듯이 저어주면 기포가 없어지고 줄어든다. 이것을 실온에서 1시간 정도 2차 발효를 시킨다.

베보자기를 간 찜통에 참기름을 바른 작은 종지를 올려 놓고 종지에 증편 반죽을 수저로 떠서 담는다. 맨 위에 대추채를 썬 것과 석이버섯 채 친 것, 소엽이파리, 잣을 박아 장식하여 베보자기를 덮어 찐다. 한 김이 나간 다음 종지에서 떼어 감잎을 밑에 깔고 꺼낸다.

이와 같이 증편은 술로 반죽한 것에 연유하여 '술떡'이라고도 하며, '기주떡(기지떡 : 안동, 예천)'은 술을 넣고 반죽을 한 뒤, 뚜껑을 덮어 더운 곳에 덮어 두고 괴어오른 것에 연유한 것으로 보인다. '기지떡'은 '기주떡', '징편'은 '증편(蒸片)'에서 각각 고모음화한 방언형으로 보인다. 또한 '기증병'이라고 부르기도 하는데, 이는 '기주떡'과 '증편'의 혼성어로 보이며, '기정떡(원주)' 역시 '기증병'에서 연유한 어형으로 보인다.

이러한 '기주떡(기지떡), 기증편, 술떡'은 대개 시루떡처럼 넓적하게 찌는 것이 일반적이지만 충효당 하회류씨 종가에서는 특별히 불천위제사에 편으로 된 증편을 사용하는 것이 아니라 송편모양의 '낱징편'을 사용한다.

'증편'의 어휘는 『동국세시기』, 『夫人必知』, 『규합총서』에 등장하며, 『조선요리법』에서는 '기증병(起蒸餅)'으로 나타나고 있다. 이렇게 볼 때 '기지떡'이라는 용어는 술을 넣어 기어오른 술이라는 '기주(起酒)'의 방언형으로 보이며, '증편, 기증병'은 한자어 표기이다.

⑦ 경단 : '경단은 찹쌀가루나 찰수수 따위의 가루를 반죽하여 밤톨만한 크기로 동글동글하게 빚어 끓는 물에 삶아 낸 후 고물(노란콩가루)을 묻히거나 꿀이나 엿물을 바른 떡이다. 또는 그런 모양의 떡을 말한다. 그러나 하회 류씨 충효당에서는 만드는 방법에서 약간 차이를 보인다. 즉 체에 내린 찹쌀가루를 익반죽하여 소(대두콩고물과 거피팥고물에 설탕을 넣어 버무린다)를 넣어 빚은 뒤에 찜통에 담아 대두콩고물 및 거피팥고물을 묻힌다. 안동지역에서는 '찹쌀경단'을 '차단지'라고도 부른다.

⑧ 깨꾸리 : '깨구리, 깨꾸리'는 '깨굴리'의 안동 방언형이다. 'OO구리'는 고명에 따라 이름이 달라지는데, 찹쌀가루를 반죽하여 소(거피팥고물)를 넣어 둥글게 빚은 다음 찜통에 쪄내어 '흑임자고물'(흑임자를 씻은 다음 물기를 빼고 팬에 볶은 뒤에 절구에 담아 빻아서 고운체로 내린 것)을 묻힌 떡은 '깨구리', 찹쌀을 반죽하여 삶아 건진 뒤 대추를 섞어 버무린 것은 '대추구리(대추굴리)', 잣가루를 묻힌 떡은 '잣구리'라고 한다.

『한국민속종합조사보고서』의 '잣구리'를 만드는 방법은 안동지역과는 약간의 차이를 보인다. 즉 찹쌀가루를 따뜻한 물로 반죽하여 소를 넣어 특이한 모양을 만들고 끓는 물에 삶아 건져서 잣가루를 묻힌 삶은 떡이다. 소는 콩가루, 깨소금, 밤고물을 꿀로 버무려서 쓴다.

⑨ 단자 : '단자(團子)'는 찹쌀가루만을 익반죽하거나 찹쌀가루에 석이가루나 대추 다진 것, 은행 다진 것 등을 섞어서 쪄서 치댄 후 빚어 고물을 묻힌 떡이다. 고물로는 잣가루, 밤고물, 채 썬 밤, 대추, 석이 등이 있다. 고물의 종류나 찹쌀에 섞는 재료에 따라 이름을 붙여 부르기도 한다.

‘대추단자’는 대추를 곱게 다져서 찹쌀가루와 섞어 찬물로 되직하게 반죽하여 둥글납작하게 빚어 쪄서 이것을 다시 꽈리가 일도록 쳐 1. 5㎝ 가량의 두께로 펴서 썰어 잣가루를 묻힌 떡이다. 그 밖에도 석이단자, 밤단자 등이 있다.

⑩화전 : ‘전’은 찹쌀가루를 이용해서 부치기 때문에 ‘찹쌀전’이라고 하는데, 국화잎이나 진달래꽃으로 장식하기도 한다. 특히 진달래꽃으로 장식하는 것을 ‘화전’이라고 한다. 그러나 하회 류씨 충효당에서는 체에 내린 찹쌀가루에 잘 씻어 물리를 닦아 낸 진달래꽃잎을 넣어 버무려서 끓는 물로 익반죽으로 하여 밤톨 크기로 떼어서 둥글납작하게 번철에서 노릇노릇하게 지져 낸 뒤에 식으면 설탕을 뿌린다.

⑪부편 : ‘부편’은 경단처럼 만들어 콩을 거피한 하얀콩가루를 묻히고 그 위에 대추를 박은 것을 말하는데, 웃기떡에 속한다.

⑫송편 : 쌀가루에 적량의 물을 넣고 반죽하여 커다른 밤톨 크기로 떼어 청태콩(속파레이콩 : 안동방언) 소를 넣고 송편을 빚는다. 청태콩 소는 청태콩을 9시간 이상 충분히 물에 불려 건져서 물기를 없앤 후 설탕에 버무린 것이다.

21) 술

하회 류씨 충효당에서 제주(祭酒)는 교동법주를 사용한다. 교동법주는 최소희(하회 류씨 충효당 14대 종부) 씨가 가양주로 만든 술이다. 충효당의 가양주는 음력 5월 6일 서애 선생 불천위제사에 대비하고 접빈객에 사용할 목적으로 담근 술이다.

찹쌀을 물에 충분히 담갔다가 찹쌀 양의 6배 정도로 물을 붓고 뻑뻑한 죽을 쑤어서 싸늘하게 식힌다. 이것에 누룩가루를 섞어 5일 동안 두어 밑술을 만든다. 찹쌀가루와 누룩으로 1차 발표하여 만든 밑술을 ‘모주’라고 하는데, 충효당에서는 '어머니술'이라고도 한다. 찹쌀로 고두밥(꼬두밥 : 안동 방언) (지에밥, 찹쌀 불린 것을 찜통에 보자기를 깔고 충분히 익힌 것)을 지어, 1주일 정도 숙성시킨 밑술과 꼬두밥, 누룩 빻은 것을 섞은 '덧술'을 다시 단지에 넣는다. 20여 일이 지난 후에 용수를 박아 술을 뜬다. 뜬 술을 병에 담아 술찌꺼기가 가라앉으면 3~4회 정도 다시 다른 병에 옮겨 담으면서 계속 발효과정을 거친다.

2.2.2. 제사음식 담기

1) 편만들기, 편고임

  불천위 제사에서 음식을 만드는 것도 중요하지만 제사음식을 담는 것도 중요한 부분이다. 제물 중에서 고임 형태로 차려지는 것은 도적과 떡이 대표적이다. 제사떡으로 준비한 편을 편틀에 쌓는 것을 '편만들기' 혹은 '편을 괸다', '편고임'이라고 한다. 하회 류씨(양진당 : 류윤룡, 충효당 : 류성룡)의 '편만들기(편고임)'를 살펴보기로 한다. [그림 3]은 편고임 과정3)을 잘 보여준다.

  본편은 17켜의 시루떡과 백편, 나물떡을 쌓은 상태에서 웃깨이(웃기떡)을 쌓는다. 맨 밑에 놓는 본편은 나무로 만든 '편틀'(편대, 가로, 세로 29. 8㎝, 높이 9. 1㎝)에 쌓는다(괸다). 먼저 '콩고물시루떡'을 쌓고 그 위에 '팥계피시루떡'을 올리고, 그 다음에 '진주고물시루떡'을 올린다. 그 다음에는 백편과 나물떡을 올린다. 백편(백설기) 마구설기, 백설기에 콩을 놓은 떡이 이에 해당된다. 하회 류씨 양진당에서는 백편과 나물떡을 올린다.

  본편 위에는 '웃깨이, 웃깨, 웃기, 잔편, 잔떡(안동)'이라고 불리는 웃기떡

---

3) 이상해, 정승모(글), 황허만(사진), 2007, 387면 참조.

을 올린다. 웃기떡은 제일 먼저 경단을 쌓는다. 그 다음에 송편, 낱징편(기지떡: 증편)을 올리고 송기송편(송구송편), 모시송편을 올려 색깔을 맞추고, 이어 잡과편, 찹쌀전을 올린 위에 조약(조악), 깨꾸리(깨경단과 유사한 것으로 찹쌀가루로 경단을 만들어 깨를 고물로 묻힌 떡)를 제일 위에 올리면 편이 완성되고 허물어지지 않게 한지를 두르고 짚메기로 맨다. 웃기떡은 증편부터 위로 갈수록 폭이 좁아지게 쌓는다.

① 콩고물시루떡	② 팥계피시루떡	③ 진주고물시루떡
④ 백편과 나물떡	⑤ 경단(미색)	⑥ 송편(흰색)
⑦ 증편(흰색)	⑧ 송기송편(자주색, 짙은밤색)	⑨ 모시송편(녹색)
⑩ 잡과편(밤색)	⑪ 찹쌀전	⑫ 조약
⑬ 깨꾸리	⑭ 한지를 두른다	⑮ 짚으로 묶어 봉한다.

5단의 나물편까지 높이는 28cm이고, 14단까지 쌓으면 총고임 높이는 41cm가 된다. ①~④를 '본편'이라 하고, ⑤~⑬을 '웃깨이 혹은 잔편'이라고 한다. 본편은 편대에 맞추어 편을 잘라 고인다. 고임이 완성되면 한지로 봉하고 짚으로 맨다. 총 25켜인 홀수로 고이는 것은 홀수는 길한 숫자로 여기기 때문이다.

1단 : 대두 콩고물본편 : 7켜

2단 : 팥고물본편 : 4켜

3단 : 진주고물본편 : 2켜

4단 : 백편 : 1켜

5단 : 나물편 : 1켜

6단 : 대두콩고물과 거피팥고물경단 : 1켜

7단 : 낱증편 : 1켜

8단 : 송편 : 1켜

9단 : 송기송편 : 1켜

10단 : 모시(잎)송편 : 1켜
11단 : 잡과편 : 1켜
12단 : 화전(혹은 찹쌀전) : 1켜
13단 : 조약 : 1켜
14단 : 깨구리 : 2켜

[그림 3] 편고임 과정

[그림 4] 편고임 만들기

[그림 5] 완성된 편고임

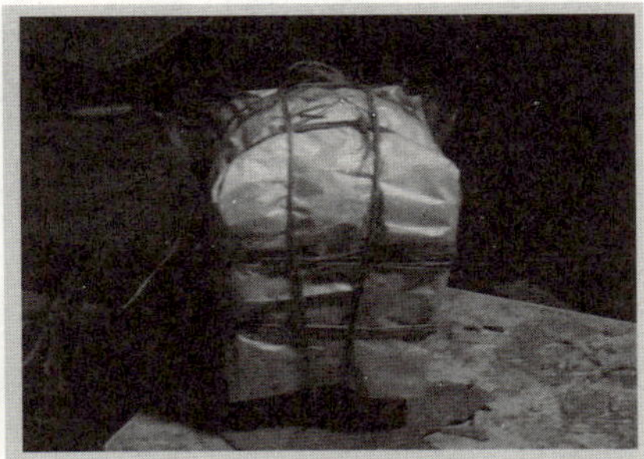

[그림 6] 완성된 편고임

2) 중계 쌓기

중계를 쌓는 방법은 4개의 중계로 사각형을 만든 것을 한 층으로 하여 20층을 만드는데, 사각형은 층마다 엇갈리게 즉 한 번은 ㅁ자로, 다음은 ◇로 쌓는다. 맨 위는 두 개를 크고 넓적하게 만들어 덮는다.

[그림 7] 중계

3) 도적 만들기

　'도적(都積)'은 삼적 즉 '어적, 육적, 계적'을 말한다. 적틀(적대, 목기, 가로 39, 세로 28㎝, 높이 15㎝)에 육적(쇠고기), 어적(명태, 고등어, 상어, 홍어, 문어), 계적(생닭) 등을 쌓은 것을 말한다. 도적은 오른편 바닥에 놓았다가 강신례 후 제상에 올린다. 편적은 여자들의 소관이지만 도적은 남자들이 맡아서 준비한다.

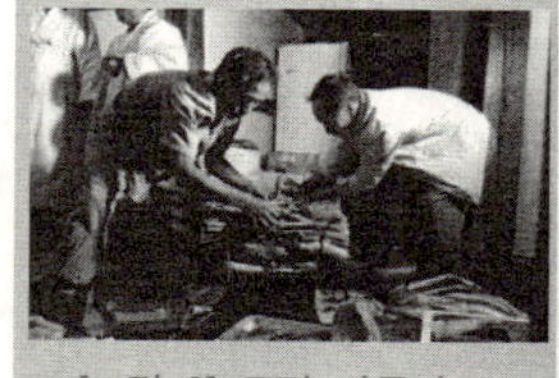

[그림 8] 도적 만들기 1

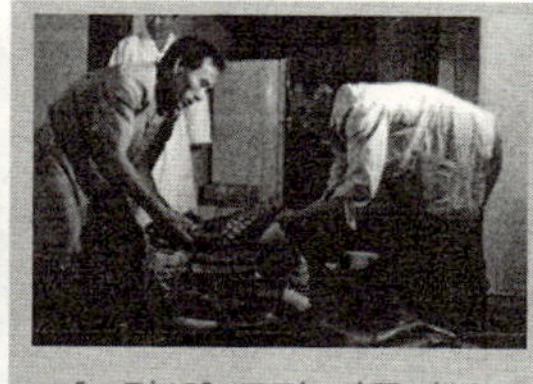

[그림 9] 도적 만들기 2

[그림 10] 완성된 도적

　적대(炙臺) 위에 물목을 갖춘 도적을 완성하면 짚 매끼로 묶고, 일곱 가닥을 낸 사지를 문어와 닭 사이에 끼워 넣어 봉한다. 닭은 잦혀 놓는다(하회 류씨, 충효당). 그러나 양진당 겸암 종택에서는 닭의 등이 위쪽을 향하게 한다.

　[그림 11]을 통해 도적을 만드는 과정4)을 확인할 수 있는데, 도적을 담는 방법과 순서는 다음과 같다.

---

4) 이상해, 정승모(글), 황헌만(사진), 2007. 389면 참조.

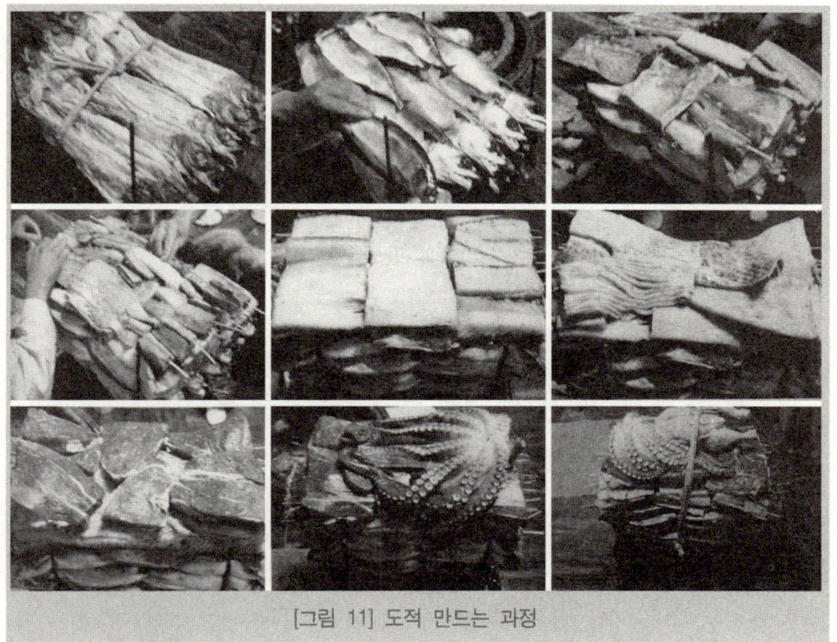

[그림 11] 도적 만드는 과정

1단과 2단: 북어의 머리가 동서로 향하도록 엇갈리게 5마리씩 놓는다. (총 20마리)

3단과 4단: 간고등어의 머리가 동서로 향하도록 엇갈리게 4마리씩 놓는다. (총 8
마리)

5단: 방어를 엇갈리게 놓는다.

6단: 상어를 엇갈리게 놓는다.

7단: 홍어를 엇갈리게 놓는다.

8단: 소고기를 저민 것을 올려놓는다.

9단: 문어 삶은 것 5마리를 올려놓는다.

10단: 생닭을 등이 밑으로 배가 위로 가도록 올려놓은 다음 대꼬챙이를 꽂아 고
정시킨다. 사지를 닭머리 쪽에 붙인다.

8단까지 쌓은 후에 끈으로 묶고 그 위에 10단까지 쌓는다. 닭을 엎어
놓지 않는 이유는 복을 안고 날아가지 못하도록 하기 위한 것이고, 사지

를 올려놓는 것은 잡스러운 기운이 범접치 말라는 뜻이다. 10단까지 쌓으면 도적의 높이는 40㎝가 된다.

4) 자반 담기

'자반'을 담는 자반기도 적틀을 사용하는데, 다만 높이는 9. 5㎝, 가로 24㎝, 세로 34㎝로 도적용 적틀보다는 약간 작다.

> 1단 : 북어의 머리가 동서로 향하도록 엇갈리게 4마리씩 놓는다. (총 8마리)
> 2단 : 간고등어의 머리가 동서로 향하도록 엇갈리게 2마리씩 놓는다. (총 4마리)
> 3단 : 민어의 머리가 동서로 향하도록 엇갈리게 1마리씩 놓는다.
> 4단 : 도미의 머리가 동서로 향하도록 엇갈리게 1마리씩 놓는다.
> 5단 : 조기 1마리를 놓는다.
> 6단 : 소고기 저민 것을 올려놓는다. 사지를 조기 머리 쪽으로 붙인다.

5) 편적 담기

'편적'은 지름 15.5㎝ 굽다리 5㎝의 유기접시인 편접(餠楪)에 담는다. 편적은 집안마다 차이를 보이는데 서애 선생 불천위제사에는 '두부'를 담는다. 그런데 양진당(류중영)에서는 여름에는 상한다고 해서 두부를 얇게 썰어서 지지며, 겨울에는 청포를 사용한다. 학봉 김성일 댁에서는 도토리묵, 청포묵, 명태전 3접시를 올리고 3헌에 올리는 '미수'라 한다.

6) 흰밥 담기

제사에 사용하는 흰쌀밥을 '메'라고 한다. '메'는 입직경 16㎝, 그릇 높이 10. 5㎝(굽다리 2㎝)의 뚜껑을 갖춘 유기반기에 담는다. 일명 '메기'라고 한다.

7) 갱 담기

‘갱’은 국을 말하는데, 입직경 14. 3㎝, 그릇 높이 9. 5㎝(굽다리 1㎝)의 ‘유기갱기(羹器)’에 담는다. 일명 ‘메탕기’라고 한다.

8) 면 담기

‘면’은 입직경 13㎝ 그릇 높이 8㎝(굽다리 1㎝)의 ‘유기면기(麵器)’에 담는다.

9) 숙수(熟水) 담기

‘숙수’는 ‘숭늉’을 말하는데, 숭늉은 입직경 18㎝ 그릇 높이 18㎝(굽다리 2㎝)의 숙수기(熟水器)에 담는다. 일명 ‘숭늉기’라고도 한다.

10) 오탕 담기

‘탕’은 입직경 11㎝, 그릇 높이 11㎝(굽다리 5㎝)의 ‘탕기(湯器)’에 담는다. 다섯 개의 탕을 담기 때문에 ‘오탕’이라고 한다.

11) 편청, 간장 담기

편청(조청), 간장은 입직경 6㎝ 그릇 높이 14㎝의 유기종지에 각각 담는다.

12) 두부채, 침채, 백침채 담기

두부채, 침채, 백침채는 탕기(입직경 11㎝, 그릇높이 11, 굽다리 5㎝)에 담는다.

13) 청채, 백채, 쌈, 포, 식혜, 편육 담기

청채(푸른나물), 백채(흰색나물) 등 나물류는 15. 5㎝, 굽다리 높이 5㎝의 유기접시인 '채접(菜楪)'에 담고, 포는 포를 담는 접시인 '포접(脯楪)'에 담고, 식혜는 '혜접(醯楪)'에 담고, 편육은 '편육접(片肉楪)'에 각각 담는다.

14) 중계, 사과, 귤, 배, 참외, 밤, 대추, 앵두, 수박, 곶감, 은행, 호두, 땅콩, 다식 담기

중계 등 과일은 지름 15. 5㎝ 굽다리 5㎝의 유기접시인 '과접(果楪)'에 각각 담는다. 중계는 한 단에 4개씩 20단을 고이고, 총 고임 높이는 40㎝, 중개의 개수는 80개이다.

사과, 배, 귤은 1단에 4개 2단에 3개, 참외는 길이를 반으로 가르고 자른 참외를 1단에 2쪽씩 4단으로 쌓는다. 다식은 송화다식, 쌀다식, 흑임자다식 순서로 줄을 맞춰 한 접시에 20㎝ 높이로 담는다. 수박 1개, 나머지 견과류는 소복이 담는다.

15) 잔반, 시저, 시접 놓기

'잔반은 술잔을 받치는 굽다리 달린 받침 접시를 말하는 것으로 입직경 8. 5㎝, 그릇 높이 4㎝의 그릇을 말한다. 시저는 숟가락과 젓가락을 말한다. '시(匙)'는 총 27. 5㎝의 숟가락, 저(箸)는 총 24㎝의 젓가락 한 벌, '시접'은 지름 15㎝, 굽다리 6㎝의 '수저받침접시'를 말하는데, 각각 1기씩 놓는다.

16) 퇴주기

'퇴주기'는 퇴주(退酒)를 담는 그릇'으로 입직경 25㎝, 그릇 높이 16㎝(굽다리 2㎝)의 그릇이다.

2.2.3. 준비된 제물

[그림 12]는 간고등어를 손질해 놓은 것이며, [그림 13]은 삶은 돼지고기, [그림 14]는 과일 및 청채, 백채, 편고임 등 준비된 제물의 일부이다.

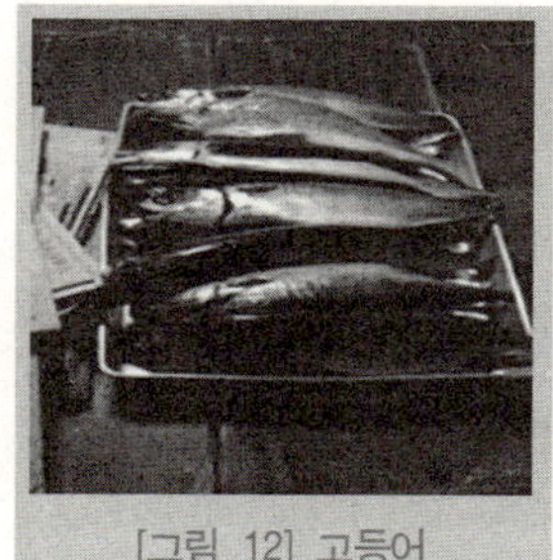

[그림 12] 고등어

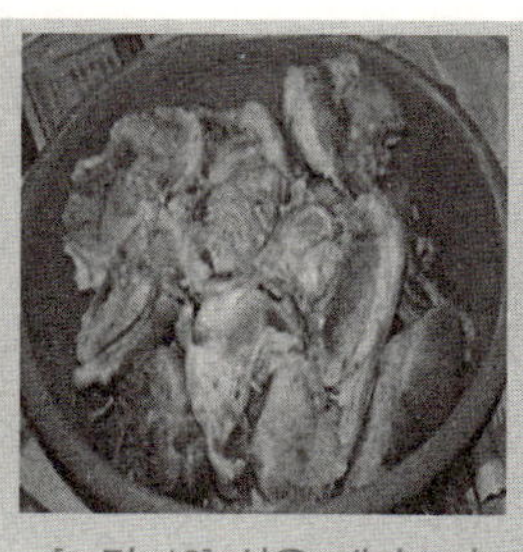

[그림 13] 삶은 돼지고기

[그림 14] 완성된 제물모습

2.2.4. 불천위 기제사

조상의 신주를 사당 또는 벽감(壁龕)에 모시고 있는 양반가에서 행해지는 불천위 기제사의 절차는 다음과 같다. ① 출주(出主 : 신주 모시기), ② 참신(參神 : 조상신에게 인사드리기), ③ 강신(降神 : 조상신 내리기), ④ 진찬(進饌 : 음식 올리기), ⑤ 초헌(初獻 : 첫 번째 술잔 올리기), ⑥ 독축(讀祝 : 축문 읽기), ⑦ 아헌(亞獻 : 두 번째 술잔 올리기), ⑧ 종헌(終獻 : 세 번째 술잔 올리기), ⑨ 유식(侑食 : 식사 권하기), ⑩ 합문(闔門 : 식사하시도록 문닫고 기다리기), ⑪ 개문진다(開門進茶 : 문 열고 숭늉 드리기), ⑫ 사신(辭神 : 조상신 보내드리기), ⑬ 납주(納主 : 신주를 원위치로 모시기), ⑭ 철상(撤床 : 제사상 치우기), ⑮ 음복(飮福 : 제사음식 나눠 먹기).

이러한 제사절차 가운데서 조상이 음식을 응감(應感)하는, 즉 먹는 단계는 일부이다. 술을 마시는 과정까지 포함해서 보면 ⑤, ⑦, ⑧, ⑨ ⑩, ⑪이 그에 해당한다. 여기서 전반부의 헌주(초헌, 아헌, 종헌) 단계는 바로 일상음식에서 반주를 마시는 과정과 같으며, 그 다음 유식에서부터 합문까지는 밥을 먹는 과정이며, 마지막의 개문진다는 곧 숭늉을 마시는 과정으로 구조화되어 있다. 즉 일상음식을 먹을 때처럼 "반주 마시기 → 밥 먹기 → 숭늉 마시기"의 방식을 그대로 적용하고 있다. 그렇다면 죽은 조상도 산 사람과 똑같은 방식으로 음식을 응감한다는 것이다. 이점으로 볼 때, 조상신도 살아 있는 사람과 그 속성이 같다는 인식을 드러낸다. 따라서 제사음식의 식음순서는 전적으로 신인동성관에 기초하고 있다.

1) 제사 준비

(1) 재계(齋戒)

불천위 기제사일이 되면 그 전날부터 기제사에 참석할 모든 사람은 몸을 깨끗이 하고 마음을 근신한다.

(2) 쇄소정침(灑掃正寢)

기제사 지낼 장소인 안채 대청을 깨끗하게 쓸고 닦는다.

(3) 설위진기(設位陳器)

종손이 제의 기구를 배설한다. 병풍, 교의(의자), 제상, 향로, 향합, 향안, 주가, 소탁, 자리, 촛대, 주전자. 퇴주기, 모사기, 축판, 쟁반 등을 깨끗이 닦아 각각 놓을 위치에 벌여 놓는다.

(4) 변복서립(變服序立)

제사 지낼 시간이 되면 모든 참례자는 깨끗한 예복으로 갈아입고 손을 깨끗이 씻은 다음 공손한 자세로 각각의 정한 자리에 선다.

(5) 설소과주찬(設蔬果酒饌) 〈1차 진설〉

제사에 올리는 음식을 제수(祭需)라고 하고 제수를 격식을 갖춰 제기에

[그림 15] 제관이 모이는 모습

[그림 16] 세수(洗手)하는 모습

담아 제상에 배열하는 것을 진설(陳設)이라고 한다.

종손은 집사(진설)의 협조를 받아 5행의 과일 전부, 4행의 과일 및 숙채, 침채, 간장 등의 전부, 3행의 자반, 쌈(김), 식혜, 1행의 잔반, 시접을 놓고 향로, 향합, 술병, 강신뇌주 잔반 모사기를 차린다.

2) 본절차

1차 진설이 끝나면 홀(笏)의 창홀(唱笏)로 출주의식을 행한다. 홀은 의례의 순서를 적은 홀기를 읽는 사람으로 집례라고도 하며, 의식을 진행하는 사회자의 역할을 한다.

(1) 봉주취위(奉主就位)

1차진설이 완료되면 모든 참례자가 사당(가묘) 앞에 서고, 종손은 촛불, 행로, 향합을 들고 서당으로 간다. 종손은 불천위 신주를 받들어 정침(대청)으로 돌아와 독개(櫝蓋, 위패함덮개)를 열어 신주 덮개를 벗긴 다음 교의(의자) 위에 모신다.

(2) 출주(出主)

제사를 모시기 위하여 사당에 가서 신주를 모셔 제청으로 인도하는 것을 말한다. 주인(종손)은 촛불을 든 봉촉 집사를 앞세우고 제청에서 나와 사당으로 향하면 축관과 향로를 든 봉로 집사가 그 뒤를 따른다. 봉로집사는 사당 안의 감실 앞에 향안을 설치하고 축관이 감실의 문을 연다. 주인은 그 앞에 꿇어앉아 향을 세 번 피우고 출주

[그림 17] 신주 출주하여 개독하는 모습

고사를 한다. 오늘 기일을 맞아 불천위 선조의 신주를 정침으로 모셔내어 제향을 올리게 됨을 고하는 내용이 출주고사이다. 출주고사는 축관이 읽기도 하나 이 종가에서는 종손이 직접 고한다.

(3) 참신재배(參神再拜)

[그림 18] 참신례(하회류씨 양진당)

출주가 끝나면 참신례를 행한다. 집례자의 창홀에 따라 주인 이하 참사자 모두가 국궁 자세에서 재배를 한 뒤 평신을 한다. 제사 지낼 때에, 강신한 다음 신주에 대해 두 번 절하는 의식. 또는 그런 절의 의식을 '참신례'라고 한다.

(4) 강신분향(降神焚香)

'강신분향'은 신을 맞이하는 예절을 말한다. 초헌관은 강신례로 삼제를 마치고 부복했다가 일어선 후에 조금 물러서서 재배하는 강신례 이후에 향불을 붙이는 것을 '강신분향'이라고 한다.

(5) 강신뇌주(降神酹酒)

'강신뇌주'는 신을 맞이하는 예절로 술을 땅에 부어 강신(降神)을 비는 일, 또는 그 술을 말한다. 초헌관이 뇌주 즉 술을 땅에 세 번 나누어 붓는 것을 '강신뇌주'라고 한다.

[그림 19] 강신(하회류씨 양진당)

(6) 진찬(進饌) 〈2차 진설〉

1차 진설인 '설소과(設蔬果)'에 더하여 종손과 집사가 메(밥), 갱(국), 도적, 오탕, 메, 갱, 돼지고기, 편육, 면, 포, 편적, 편청(제사의 편 앞에 쓰는 조청)5), 편의 순서로 더운 음식을 제상에 차려 올린다.

[그림 20] 진설(하회 류씨 양진당)

[그림 21] 진설(하회 류씨 충효당)

진설하는 방식은 집안마다 차이를 보이는데, 왼쪽의 [그림 20]은 하회 류씨 양진당, 오른쪽의 [그림 21]는 하회 류씨 충효당의 진설이다. 하회 류씨 내의 형제간에도 진설은 차이를 보인다. 즉 과일의 배치나 과일의 모

---

5) 제사 이외의 조청을 '집청'이라고 부르는데, 안동에서는 '조청'을 제사 음식과 일상 음식의 이름에서 구별한다.

양, 음식 등에서 차이를 보인다.

(7) 초헌(初獻)

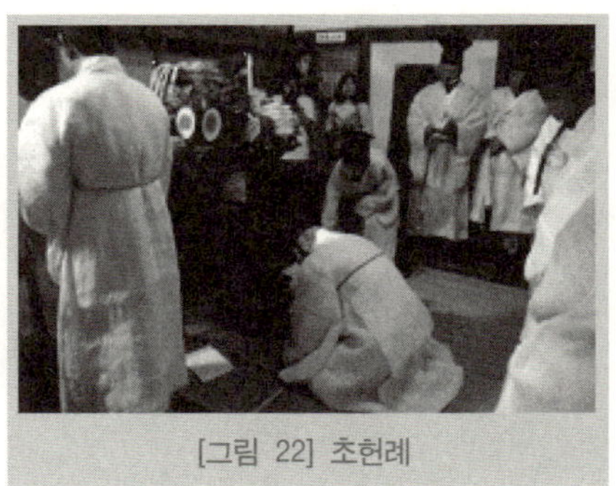

[그림 22] 초헌례

'초헌'은 제사 지낼 때에 첫 번째로 술잔을 신위에 올리는 것으로, 종손은 집사가 잔반(술잔)에 술을 따르면 술을 불천위(신위) 앞에 받들어 올리는 것을 말한다. 초헌하는 의식을 '초헌례'라고 한다.

(8) 계반개(啓飯蓋)

'계반개'는 밥그릇과 국그릇의 뚜껑을 벗겨 놓는 것을 말한다. 집사는 반(飯, 메)과 갱(羹)의 뚜껑을 벗겨, 각 그릇의 남쪽 앞에 놓고 오탕과 면(국수)의 뚜껑을 벗겨 빈자리에 놓는다.

(9) 독축(讀祝)

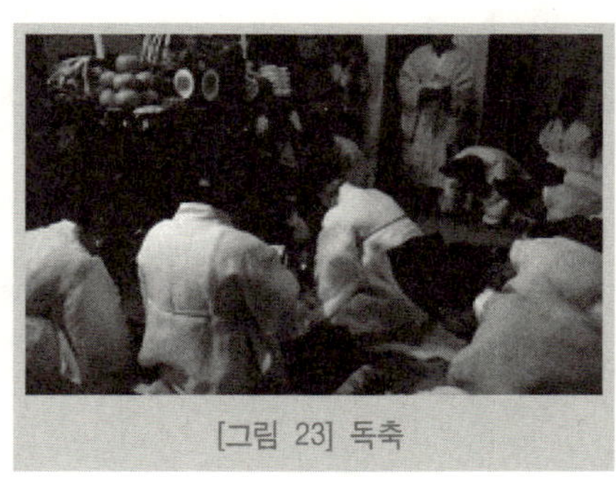

[그림 23] 독축

'독축'은 헌관이 무릎을 꿇은 가운데 축관이 동쪽을 바라보고 역시 무릎을 꿇은 자세로 축문을 읽는 것을 말한다. 독축을 마치면 부, 복, 흥, 평신의 절차를 밟는다.

(10) 퇴주(退酒)

집사가 초헌의 잔반(술잔)을 제상에서 가져와 퇴주기에 술을 비우고 원래의 자리에 잔반을 놓는다.

(11) 아헌(亞獻)

'아헌'은 제사 지낼 때에 두 번째로 술잔을 신위에 올리는 것을 말한다. 아헌은 주부가 하지 않고 대개 멀리서 온 일가의 방손이 한다. 아헌하는 사람이 향안 앞에 가서 신위를 향하여 읍하고 끓어앉으면, 집사가 제상 위의 잔반을 아

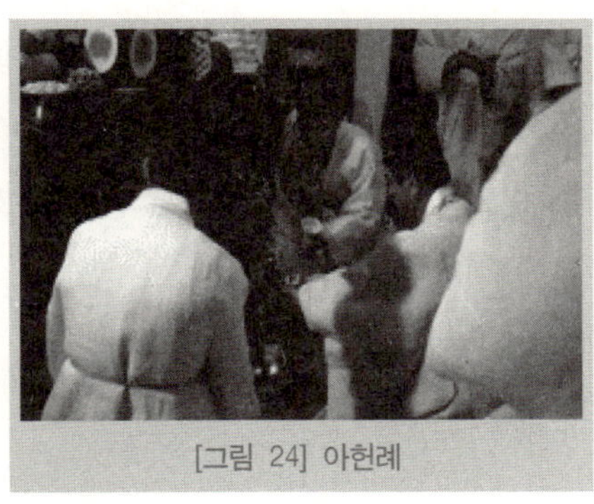

[그림 24] 아헌례

헌하는 사람에 주고 술을 따르면 아헌관은 왼손으로 잔대를 잡고 오른손으로 잔을 들어 3번을 조금씩 모사에 지우고 남은 잔을 잔대에 올린 다음 잔반을 집사에게 주면 집사는 잔반을 불천위 앞에 올린다. 아헌하는 의식을 '아헌례'라고 한다.

(12) 퇴주(退酒)

'퇴주'는 '제사를 지낼 때에, 초헌(初獻)과 아헌(亞獻)으로 올린 술을 물리는 행위이다. 또는 그 술'을 말한다.

집사가 아헌의 잔반을 제상에 가져와 퇴주기에 술을 비우고 원래의 자리에 잔반을 놓는다.

(13) 종헌(終獻)

'종헌'은 '제사를 지낼 때 올리는 세 번의 잔 가운데 마지막 잔을 올리는 것을 말한다. 종헌하는 사람이 향안 앞에 가서 신위를 향해 읍하고 끓어앉으면, 집사가 제상 위의 잔반을 받들어 종헌하는

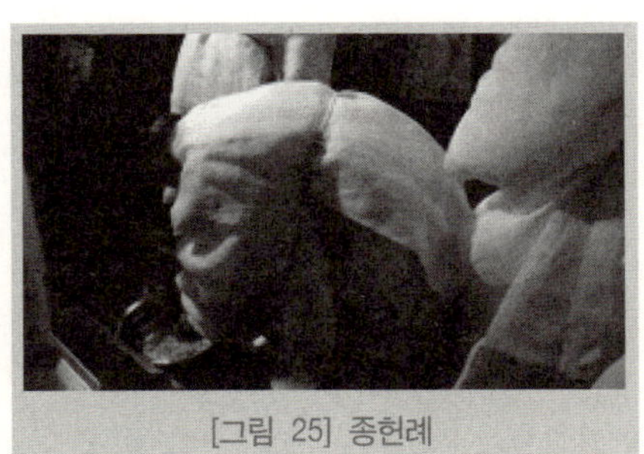

[그림 25] 종헌례

사람에게 주고 술을 따른다. 종헌하는 사람은 왼손으로 잔대를 잡고 오른
손으로 잔을 들어 3번을 조금씩 모사에 지우고 남은 잔을 잔대에 올려놓
은 다음 잔반을 집사에 주면 집사는 잔반을 불천위 앞에 올리고 재배한
다. 이때의 의식이나 절차를 '종헌례'라고 한다.

(14) 퇴주

집사가 종헌의 잔반을 제상에서 가져와 퇴주기에 술을 비우고 원래의
자리에 잔반을 놓는다.

(15) 유식(侑食)

'유식'은 불천위께서 많이 잡수
시기를 권하는 것이다. 종손인 제
주(祭主)가 잔에 술을 따른 후(添酌),
젯밥에 숟가락을 꽂고 젓가락을
대접 위에 올려놓고(揷匙正箸) 재배
하고 물러난다. 그다음에 제관들
이 문밖에 나와 문을 닫고 잠시

[그림 26] 헌작과 삽시정저

기다린다. 이와 같이 종손은 헌작 후 솔가지를 넣은 모사기에 술을 붓고,
초헌관이 메뚜껑에다 술을 받아 잔을 채우는 첨잔 의식을 한 다음 삽시정
저를 하면, 합문의 절차로 제상 앞부분을 병풍으로 가리고 유식을 위해
주인 이하 모두가 잠시 부복하고 기다린다. 이러한 의식이나 절차를 '유식
례'라고 한다.

(16) 합문(闔門)

불천위께서 편안한 마음으로 잡수시도록 자리를 비운다. '합문'은 제사
를 지낼 때에, 제사 음식을 물리기 전에 조상이 식사하도록 모두 밖에 나
가고 잠시 문을 닫거나 병풍으로 가리어 막는 것(독축하는 사람이 한다), 또

는 그런 절차를 말한다. 제관들은 밖에서 꿇어앉는 것을 말하는데, 불천위제사에서는 병풍 앞에서 3~5분(밥 9숟가락 먹는 시간) 정도 꿇어앉는다.

(17) 계문(啓門)

'계문'은 독축하는 사람이 세 번

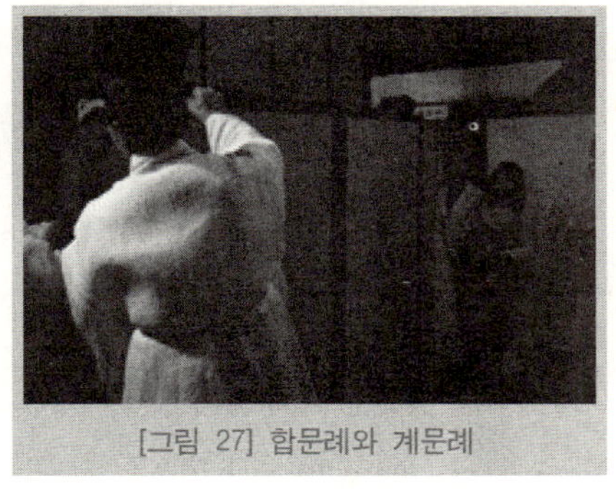

[그림 27] 합문례와 계문례

인기척을 낸 후 병풍을 걷거나 닫았던 방문을 여는 행위를 말한다. 종손 이하 모든 참례자는 제자리 선다.

(18) 진다, 진숙수(進茶, 進熟水)

'진다'는 신위에게 차를 올린다는 뜻이지만 여기서는 축관은 유식례 때 쳤던 병풍을 걷고, 종손은 집사의 협력을 받아 갱을 내리고, 그 자리에 숭늉(熟水, 숭늉)을 신위 앞에 올리는 것을 말한다. 이때 올리는 숭늉을 '갱물, 산물, 熟冷, 熟水, 淸水'라고 한다. 『의례』나 『예기』에는 진다의 절차가 없었으나 『가례』에서 주인과 주부가 고위와 비위 앞에 각각 차를 올리도록 되어 있다. 그러나 『사례편람』에는 민간의 풍습에서 물 즉 숙수로 대신하는 것으로 기록하고 있다.

숭늉은 음복에서 중요한 위치를 차지한다. "갱물을 마시면 무서움을 타지 않는다", "갱물을 마시면 병에 걸리지 않는다"고 하여 제사를 지낸 후 숭늉을 나눠마시는데, 갱물의 음복 대상은 가족에게만 한정된다.

숟가락은 숭늉그릇에 올려놓고, 주인 이하 모두가 숭늉을 드시는 동안 북향한 참례자 전원은 국궁 자세로 잠시 묵념을 하고 있다가 평신 자세로 돌아간다. 혹은 메에 꽂았던 숟가락으로 세 번 밥을 떠서 물을 담은 그릇에 마는 것을 말한다.

(19) 하시저(下匙箸)

집사는 제상의 서쪽으로 가서 반(飯, 메)에 꽂혔던 숟가락을 뽑아 시접(수 저받침접시)에 젓가락과 함께 담는다. 이러한 행위를 '하시저'라고 한다.

(20) 합반개(闔飯蓋)

'합반개'는 집사가 뚜껑을 갖춘 모든 제수의 뚜껑을 덮는 것을 말한다.

(21) 고이성(告利成)

'고이성'은 흠향 예를 다 마쳤음을 고하는 것을 말한다.

(22) 사신(辭神)

'사신'은 제사 절차의 일부로 참 사자가 모두 재배하고 신을 보내 는 제사의 의식을 말한다. 이러한 의식이나 절차를 '사신례'라고 한 다. 진다례를 마치고 나서 축관이 이성(흠향 예를 다 마쳤음)을 고한 뒤 에 사신을 마치고 재배를 한 뒤에

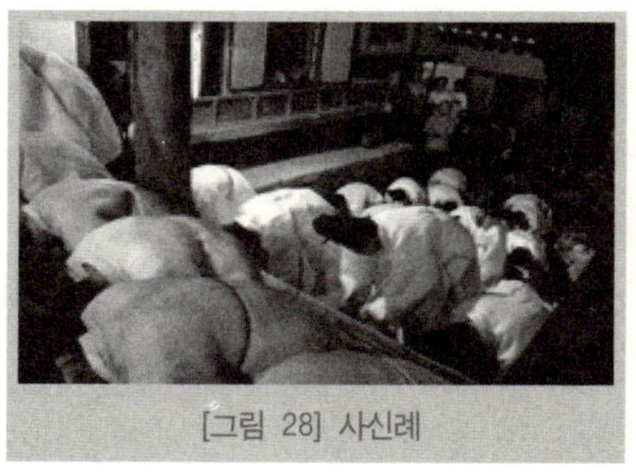

[그림 28] 사신례

지방과 축문을 불사른다. 축관이 이성이라고 고하면 참사자가 모두 재배 로 사신하고 철찬하면 예가 모두 끝난다. 집사가 메뚜껑을 덮고 시저를 내려놓으면 주인 이하 모두가 재배한다. 이어서 철상을 한다.

(23) 폐독(閉櫝)

'폐독'은 신주에 덮개를 씌우고 독개를 닫는 것을 말한다.

(24) 납주(納主)

'납주'는 종손이 신주를 다시 사당으로 모시는 것을 말한다.

(25) 분축(焚祝)

'분축'은 독축하는 사람이 축문과 사지를 태우고 남은 재를 향로에 담는 것을 말한다.

[그림 29] 분축(하회류씨 양진당)

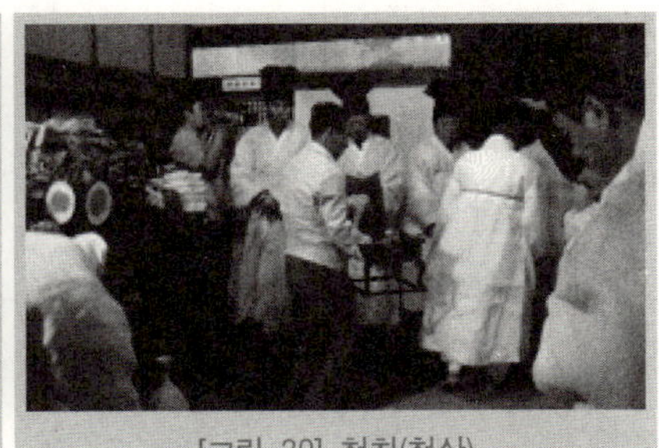

[그림 30] 철찬(철상)

(26) 철찬(撤饌)

'철찬'은 제사가 끝난 뒤에 집사가 제사 음식을 거두어 치우는 것을 말한다. 이를 '철상'이라고도 하는데 '철상'은 주제자 이하 종손 배례 후에 제사상을 치우는 것을 말한다.

(27) 음복(飮福)

'음복'은 모든 제사 의식이 끝나면 참사자들 모두가 충효당 대청마루에서 제사 술과 장만한 음식을 먹는 것을 말한다.

제수 중에서 반(飯, 메)과 청채, 백채 등을 고루 섞어 비빔밥을 만들고 여기에 오탕(五湯)을 곁들여 복주(福酒)와 함께 참례자 전원이 골고루 음복한다. 아래 [그림 31]는 비빔밥을 준비하는 모습이다. 큰 함지에 밥과 나물을 모두 섞어서 개별 그릇에 담아낸다. 현재 안동지역의 민속음식인 '헛제사밥'은 이에 연유한 것으로 보이는데, 제사를 지내지 않은 비빔밥으로 갖은 나물을 밥 위에 얹어서 내는 것이 다른 점이다. 초헌관, 아헌관, 종헌관, 축관, 찬자(홀기를 읽는 사람)는 별도로 자리를 마련하여 제사음식을 먹는다.

[그림 31] 비빔밥 준비 　　[그림 32] 음복상 준비

[그림 33] 음복상 차림 　　[그림 34] 음복하는 모습

(28) 야화

'야화'는 '밤참'을 말한다. [그림 35]는 제사를 지낸 후 야화를 즐기는 모습이다.

[그림 35] 야화 즐기는 모습 　　[그림 36] 분정판

(29) 분정판 작성

분정을 마치면 분정판에 적힌 제관 명칭 아래에 백지를 붙이고 해당 역

할에 따라 분정된 자의 이름을 써서 방을 만든다. 작성된 분정판은 강당
벽에 붙인다.

(29) 진설도(상차림도)

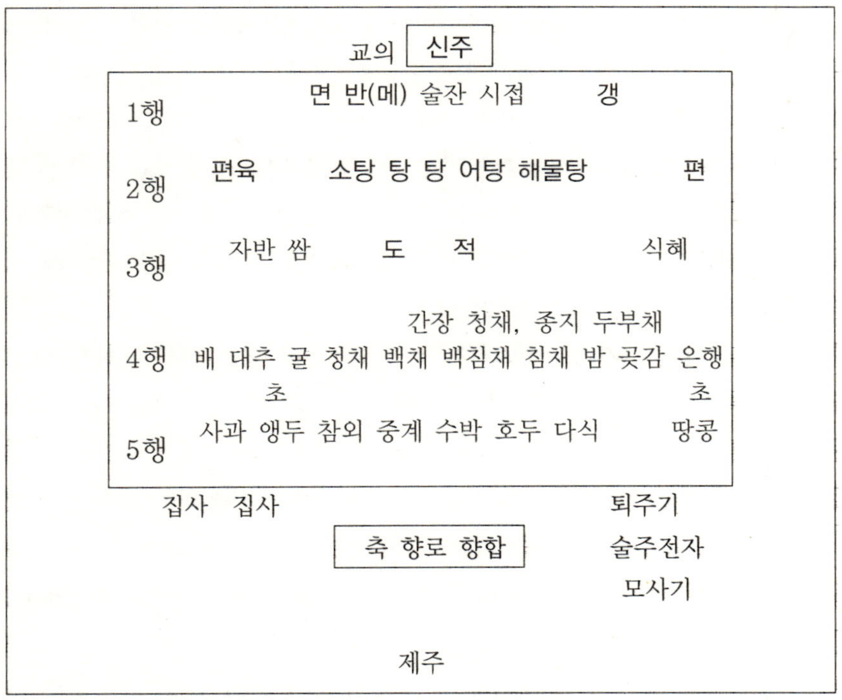

[그림 37] 서애 류성룡 불천위제사 진설도

하회 류씨(충효당)의 진설도는 두 유형으로 설명할 수 있다. 1차 진설에
는 4행, 5행, 3행의 자반, 쌈, 식혜, 1행의 술잔을 놓고 2차 진설에는 1행과
2행, 3행의 중심 빈자리에 도적을 놓는다. 자반의 사지는 서쪽으로 향하게
한다.

기제사의 절차는 일상음식의 식음 절차와 같다. 그러나 기제사의 상차림
은 일상 반상차림과 반대되는 상차림법을 채택하고 있다. 먼저 밥과 국의

위치가 제사상에서는 일상 반상차림과 반대이다. 신위의 입장에서 보면 왼쪽에 국, 오른쪽에 밥이 놓인다. 조상신은 왼손으로 밥을 드시라는 배치이기 때문에 안동에서는 이것을 '좌설'(左設)이라고 한다. 『국조오례의』, 『제의초』, 『가례집람』, 『사례편람』 등에서 한결같이 그와 같은 진설법을 소개하고 있다. [6] 안동에서도 집안에 따라 차이가 있으나 대부분 이런 형식의 진설을 한다. 이것은 필시 돌아가신 조상을 산 사람과 반대로 인식한다는 뜻으로 신인이성관(神人異性觀)의 입장을 보인다.

그러나 밥과 국의 위치는 바뀌어도 시접(匙楪)에 올린 수저의 자루 방향을 보면 역시 오른손을 사용하여 밥을 드시게 되어 있다. [7] 오른손으로 드시되, 밥과 국의 위치를 바꿔 놓고 먹는 것만으로도 조상과 산 사람이 반대라고 인식할 수 있었던 모양이다.

신인이성관을 드러내는 또 다른 예는 도적으로 생고기를 올리는 데 있다. 안동지역 불천위제사에서는 대부분의 가문에서 날고기를 올렸으며, 최근에 와서 일부 가문에서 익혀서 올리고 있다. [8] 생고기를 올리는 것에 대해서는 『예기(禮記)』에서 말한 '혈식군자'(血食君子)라는 데 근거한다고 설명한다. 본디 군자는 날 것을 먹는다 하여 어물과 고기는 익히지 않고 그대로 쓰는 것이 원칙이라고 한다. 이는 유교이념을 추구하는 남성들의 설명이다.

---

6) 김득중 외, 1988, 296~298면 참조.
7) 기호지방에서는 제사상의 시접에 수저를 올릴 때 안동 지역처럼 횡렬로 놓지 않고, 종렬로 올리는 예가 많다.
8) 윤숙경이 조사한 14가문의 사례 가운데서 날고기를 쓰는 예가 8, 최근에 와서 익혀서 쓰는 예가 5, 반쯤 익혀서 쓰는 경우가 1사례이다(윤숙경, 1996).

제4장 향토음식

1. 구술발화

1.1. 제보자(1)

1.1.1. 민속주 안동소주 기능보유자 조옥화 소개

조옥화 씨는 경북 무형문화재 제12호 민속주 안동소주 기능보유자이며 전통식품 명인 제20호다. 1922년 안동시 신안동에서 태어난 그녀는 부유한 환경에서 안동공립 보통학교를 거쳐 서울 근화 여학교를 졸업했다. 명절 때마다 친정에서는 농주를 해 일꾼들에게 나

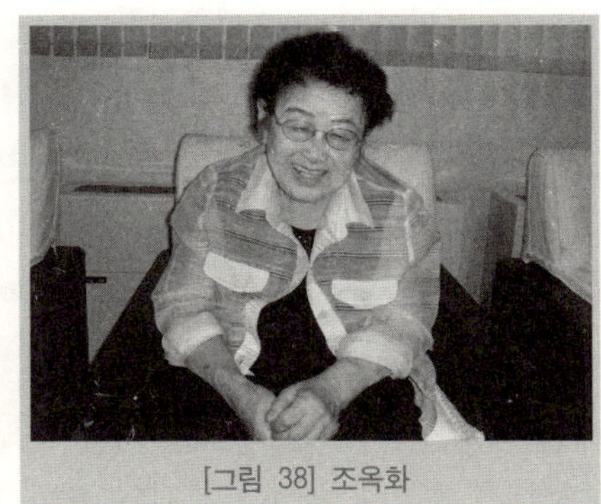

[그림 38] 조옥화

뉘 주었을 뿐만 아니라 부농이었기에 안동소주 만드는 것을 보고 자랐다. 여학교 졸업 후 안동으로 돌아와, 1943년 9월 열아홉의 나이로 안동김씨 김재림(당시 23세)과 결혼했다. 시댁에서 8년을 살다가 사정상 분가를 했고, 그 후 몇 년 후 발발한 한국전쟁으로 피난을 가기도 했다. 분가한 후 어려운 가게를 돕기 위해 시작한 술 만드는 일이 그녀를 경북을 대표하는 안동소주 제조자로 만들었다.

조옥화 씨는 1980년대 안동 지역에서 새마을 부녀회 활동을 하면서 부녀회 회원들과 함께 음식과 동동주를 빚어 팔기도 했다. 그러다 86아시안게임과 88올림픽을 앞두고 전통민속주 개발의 필요성이 대두되면서 담당 공무원의 제안으로 안동 민속주를 만들게 되었다. 할머니가 택한 안동의 민속주는 그간 만들어오던 동동주가 아닌 사람들의 기억에서 잊혀진 안동소주였다. 1965년 정부의 양곡 정책에 의해 쌀을 주원료로 술을 만드는 것이 금지되었고 그 후 안동소주는 제 맛을 잃고 사람들에게서 멀어졌다. 할머니는 그동안 명맥이 끊겼던 안동 소주를 재현하기 위해 안동지방병가에서 전수되던 비법과 친정과 시집에서 배운 제조법의 장점만을 골라 지금의 안동소주를 만들었다. 예로부터 안동지역에서 내려오던 전통 제조법을 바탕으로 만들어진 안동소주는 이제 안동을 대표하는 민속주가 되었다. 또한 할머니는 1988년 궁중요리사 자격증을 취득해 경북지역을 중심으로 우리의 전통요리를 연구하고, 그것을 전수하기도 했다. 잊혀져가는 우리 고유의 음식을 발굴해 지난 1999년 4월에는 안동을 방문한 엘리자베스 영국 여왕의 생일상을 손수 차리기도 했다.

2000년 전통식품 명인 제20호에 지정된 할머니는, 현재 일주일에 두 번씩 전통 음식 강연을 하기도 한다. 술에 대한 체계적인 교육 없이 우리 것에 대한 열정과 줄기찬 연구로 완벽하게 안동 소주를 재현해 낸 조옥화 씨는 안동지역의 살아 있는 역사라 할 수 있다. 그녀의 손끝에서 재현되는 술과 음식의 맛에는 그녀의 삶이 들어있다. 또한 그녀의 삶에는 그녀가 만들어 내는 전통의 맛이 녹아 있을 것이다.

　85세의 적지 않은 나이에도 불구하고 할머니는 일을 하지 않으면 몸이 찌끈찌근 쑤시고 아플 정도란다. 할머니로부터 떠오르는 이미지는 '부지 런함'이다. 하루라도 책을 읽지 않으면 혀에 가시가 돋는다고 했지만 하루 라도 음식에 대한 연구를 하지 않으면 병이 난다는 조옥화 할머니의 말이 실감난다. 결국 안동소주는 할머니의 전통 음식에 대한 열정과 쉼없는 노 력과 부지런함이 만들어낸 결정체이다. 일하는 여성은 아름답다. 그러나 일하는 할머니는 더욱 아름답다.

1.1.2. 제보자의 생애 구술

1) 어릴 때부터 '아무개 일 마이 하고 온다' 이카는 소리 듣고 싶어

문 친정은 어디인가요?

답 안동시 우난동{운안동}. 우난동인데, 지금은 시낸 줄 알고 가깝게 지페 지마는{여겨지지만, 집히지만} 우리가 클 때는 너무 시내하고 떨어져 있기 때문에 면부자나카는 생각도 해봤어. 근데 나중에 보이 올케{옳 게} 알고 보이 그게 아인데. 옛날에는 클 때 그클{그렇게} 시네하고 거 리가 멀었어.

문 자라실 때 형제분이 몇 분이시고 몇 째이신가요? 남자 형제 여자 형제는 몇 명인가요?

답 육남메, 나는 두째래. 아들 넷이고 딸이 둘이고 그레요

문 친정에 아버님은 어떤 일을 하셨나요?

답 아부지는 우리 클 때 보이께네 법원에 다니시다가 또 맏이시고, 그래 거 서 퇴임을 하고 오새{요사이} 거 사법서사. 그 일을 보시더라꼬요

문 그러면 어릴 때 명절에 안동 소주 만드시는 걸 집에서 보셨나요?

답 설날뿐만 아이고 부농가고 그래요. 신구식을 겸했는 집이렜다고{집이었다고} 지금 생각해요. 우리 할아부지, 조모님도 고풍이시고 우리 아부지는 지금과 같이 현대로 저거 하시고 그랬는데. 그래 그 일을 하고 계시이께네 부친이라도 참 높이 받코{받들고} 집에는 너무 완고하고 너무 대가였어요. 요즈믄 이레 농사짓고 그클{그렇게} 안 저그 하지마는 집에서도 머슴이 아주 방이 있어요. 마굿깐 있고 사랑방이 있고 요래 기윽으로{기억으로} 덴 일자 방에는 일꾼이라 그럴까 머슴이 네다섯 있었어요. 네다섯 있어도 모를 찐다든강 나락 갉거둠 한다든가 중가네 풀맨다든가 할 때는 한 이십명 이십 및{몇} 명 아니믄 열 몇 명 열쑥 그레 하드라고요. 그래하는데 우리 집만 그릏게 참 저거하이 모두 다 그른줄 아랐는데 나중에 보이 마 그게 아니고 그르케{그렇게} 저카면서{저렇게하면서} 소도 미기고 말도 미기고 개는 물론이지마는 기우{거위}, 기우라카나 머 그거 또 있꼬 이레가지고 컸는데, 크멘서도{크면서도} 지금 생각카이께네 먼가 지나보고 다소고시 다소곳하게 안 있고요, 머든지 집에 일하는 그때도 요즘말하믄 파출부지마는 식모도 있고 애보는 처녀 아이도 있꼬 그렜는데도 먼가 끼여 들어 하고 싶꼬 보고 그랬어요. 남사람들하고 아줌마들하고 들에 꼬추 따러가고 머 이래해도 그게 다 가치 가가주고 멩{역시} 놀멘서 하지마는 놀고 꼬치밭{고추밭} 맬 때도 메{메어} 가주이 밭바닥 호미로 그려가{베어서} 피 철철나고, 명을{목화} 따러가도 그게 어리석지 바보지요. 올 때는 겔{제일} 큰 보자{보자기} 이고 올라고 그래요. 왜냐? 할머니 하라버지 엄마 모다 "아이고 아무게가 일마이 하고 온다" 이카는 어릴 때 맘이 그랬고 어쨌든 부엌{부엌} 일이라고 그럴까. 그거가 이래 거치장시럽고 손시럽잖고 그런 거를 자꾸 하게 데드라꼬요. 그르고 인제 명절 때만 술을 빚고 저거하는 게 아이고, 농가다 보이까네 요즘 말하만 막걸리 탁주요, 그건 농주라꼬 아주 해가주고 아침 저녁 일꾼들 그렇게 사다 안 주고 집에 꺼 해다 주고 그랬어요. 머 약주도 하고 약술도 하고 소주도 하고 예 그랬는데 그거를 머 보는게라꼬 보멘서도 끼어들어 거들고 그랬어요.

2) 학창시절, 할아부지 할머이가 무서 공부하는데도 가만 가마이 했어

🈷 시청 공무원으로 계셨네요? 크게 어려운 생활은 안하셨겠네요. 근데 보통학교를 나오셨네요? 근하 여학교면 어디에 있나요?

🈵 보통학교 졸업하고 근화 여학교는 서울인데, 우리 조부 조모는 여자들은 아주 고마{그만} 이렇게 하고 남자 자식이든지 손자든지는 남자애들은 이만춤 올리고 가정이 그렇대요. 근데 그 공부하는데도 가만가마이 했어. 여 보통학교할 때는 뭐 참 시내이께네 그대로 했지마는 그래도 클 때는 먹는 것도 멩 부유하지마는 요즘 생각카만 이복{의복}도 최고로 입은거 같애요. 옛날에는 메린스, 세루, 이게 제일이랬거든요. 그라고 또 그런걸 내복이나 이른 것도 사주시고 클 때에는 그렇게 컸는데, 시집을 오이께네 네째래요. 네짼데 팔 년을 시부모님들하고 같이 살았어요.

🈷 할머니 고등학교는 서울에 다니셨는데 어떻게 가셨어요?

🈵 내가요? 대구에도 경북 여고 중학교 옛날에는 여학교가 그랬는데 도저히 공부를 우리 하라부지{할아버지} 할머이가 무서{무서워서} 모하고 편지 마오마{편지만 오면} 그거가지고 야단을 하시고 이랬는데 그래가{그래서} 또 한 해 얼메끔{얼만큼} 있었어요. 열세 살에 졸업맞고 열일곱에 드갔으이께네{들어갔으니까} 그래 있으만서 한 번 두 번 한 해 두 해 가고 이랬는데, 늘 머리에 공부가 돌고 또 해야 되지 또 여게{여기에} 모야 집에는 같은 지금은 동창생이지마는 그 때는 머 가치 다녔다라는 저거만 생각이 되지 그래 대구로 가서 저 하고 이러는데 그래 모르게 아부지는 알아도 하라부지{할아버지} 할머니 모르게 갔는데, 고 이듬해 방학

때 오이~께네 막 야단을 하시고 막 시집가라 그러고 그러이 시집 안갈라꼬{안 가려고} 안가든 어예든{어떻게든} 지팽이를 들고 쫓아오이~{쫓아오니까} 앞에 돌고 당신은 막 따라오고

문 고등학교는 서울에 어떻게 다니셨나요?

답 거는 고등도 엄꼬{없고} 그냥 중학교 여학교지 그러이께네. 열세살적 하고 한 해 두 해 있다가 열여섯 열일곱 요래 됐어. 친구들이 미리 가 있는 애들이 있었어요

문 서울에서 몰래 공부를 하니까 어떠셨나요? 졸업하고는 내려 오셨나요?

답 졸업하고 내려왔을 때가 열여섯 열일곱이래요

문 졸업하고 바로 내려오셔서 결혼을 하셨네요?

답 머라 그르까{뭐라 그럴까} 저거 하는 머슥이지마는 나는 지금도 어룹꼬{어렵고} 혼자 다니는 거는 지금도 성미에 싫그든요. 누하고 같이 다녀야 되고 이른데 같이 갈라 그르다가 나는 못 가고 애들은 미리 서이가 갔어요 근데 인제 말하자만 지금 보다가 그 옛날이께네. 학교 드가는 것도 십꼬요{쉽고요}. 그래 가가주고 연락은 접선이 데 연락이 오고 가고 그래.

문 서울 가서는 친구들이랑 같이 생활을 하신 건가요?

답 예. 가마이{가만히} 그랬는데. 그꾸 무섭게 그르시고 또 칭찬은 하멘서 애들 있고 저카만{저렇게 하면} 아무개 뻔봐라{본을 보아라} 아무개 같이 저래 해라 이러시는데, 고마{그만} 학교 한다는 거는 고마 비상이래요

3) 시집을 오이 어리둥절하고 또 법도가 무섭다 근께네

문 결혼은 언제 하셨나요? 몇 살 때?

답 열아홉 구월에 해가주고 우리는 클 때 거 가정이 꼭 일 년석{씩} 묵어가

지고 우리 고모네도 다 그랬고 우리도 클 때 일 년석 있따가 고 이듬해 구월 달에 신행을 했어요

문 1953년 이네요? 전쟁이 끝날 무렵에 하신거네요? 전쟁 때는 피난을 가셨나요?

답 피난 갔어요 피난도 가고 산에도 비행기 소리에 폭격소리에 거 뒷산에도 올라가고 그는 시집 와가주고 피난갔어요

문 결혼은 중매 결혼을 하셨나요?

답 근데 인제 예. 그래 아부지가 사법대서 일을 하시이까네, 혼자는 모하시고 환경대서라고 하는데 조부님의 친구 분이 같이 아부지와 {일을} 하시기데이{하시게 된}, 늘 "어르신네요, 어르신" 그르시드라꼬 근데 어예 그집으로 시집을 갔어요

문 조부님의 친구 분 댁으로 가셨군요?

답 그레 아부지하고 가치 보이께네 옛날에는 아래 웃채가 있고, 인제 대문채 있는데 두 칸 이레 있고 멩{역시} 유리창 마도가라쓰 이런 저게 있꼬 거게서 사무실을 채려놓고{차려놓고} 두 분이 하시이께네 늘 안에도 들어오시고 거진 한 집 그치 어른은 드나들었어요

문 할아버지랑 나이 차이는 얼마나 나셨나요?

답 몰래 그때는 얼만지도 모르고요 스물세 살인가 내보다 세 살 많이래요

문 할아버지의 본관은 어떻게 되나요?

답 안동 김씨. 예 그때 말은 그러카고 법도도 어렵고 무섭고 인심은 조와도 법도 지키야되고 법이 무섭다꼬……

문 시집와서 시댁에서 생활하셨나요?

답 아니요 남편은 인제 첨에는 한국에 없고, 일번{일본}에 가 있다가 불러냈는지 오고 가고 할 땐지 그레 가주고 결혼을 했고요 우리 영감의 동생은 저 나{나이} 하고 같고요 유기니안동{유기니아인지} 뭐 거게 전쟁에 갔다가 전사를 했고, 그레 일본 이따가 나와 가주고, 결혼한 뒤에 한

일 년 더 있다가 그래 나왔어요 나와가주고 거 옛날인데 참 오새{요사이} 말하만 빽이 좋든지 옌날이래서 그런지 시청에 취직이 호적계로 있디마는 나중에는 병사계로 있고 그랬어요

문 시댁은 어디인가요?

답 안동시내. 지금 우리 사는 집 옆에 그 땅 사는 사람들이 지선생네라고 사는데, 요새는 벽돌로 짓고 했지마는 옛날에는 기와집으로 첨에 질{지을} 때는 초가로 했지마는 나중에는 기와집으로……

문 같은 운안동인가요?

답 아이, 거는 신안동.

문 며느리로 오서가지고 그래도 신식교육 받으시고 그랬는데 생활은 어떠했나요?

답 내가 오이께네, 네짼지 어쨴지, 시집을 오이 어리둥절하고 또 법도가 무섭다 근께네 속으로 겁만내고 맘으로 저거하고 이랬는데, 맏시숙은 군에 다니시고 어른은 사랑채 게시고 안어른 큰방 계시고 우리는 좋고 시숙 옆방에 살고 그래 사고 그랬는데 어쩬지 팔 년을 살았는 걸애요. 살고 생활을 할 때는 몰랐어요. 팔 년인지 머 얼멘지 우리는 시집을 가서 지차이. 요즘 긑으믄{같으면} "지차이께네{지차니까, 둘째니까} 따로 살아야 돼, 머 살림 난 다음부터는 따로 살아야 되지" 이런 맘도 없고 그래 같이 지냈어. 근데 인제 그때도 둘째 시숙 어른은 으성{의성} 세무서 다니시이께네 나가시고 또 셋째 분은 큰집 옆에 거게 인제 계시고 그랬어요.

문 시댁에 형제들은 몇 분이세요? 시누이들은 있어요?

답 예, 거도 시누이가 한 분 두 분이 있꼬요, 남자가 다섯 여섯신지 육형제지. 우리가 넷째고 우리 밑에 두 사람이 있으이께네 그랬는데 인제 옛날에는 동서부로 액씨들이 오시고 봄이고 삼월, 사월, 놀러 오시믄 인제 국수를 밀아가즈고{밀어가지고} 상을 가주 뎅기고{다니고} 참 옛날 그대로 요즈믄 얼메나 쉬워요. 그레 이레 상을 드고{들고} 뎅기고{다니고}

이러다 보만 어른들이 "아무게네는 숟까락 하나이라도 몫해 따로 보내지 왜 안 내보내노" 그카시믄 말이 이렇게 귀에 들어오고 그래도 그거는 머 천치 바본지 아무런 그게 무슨 마린가 또 그래야 되는가 이런 감각도 없었어요 없었는데 있니라꼬 있다보이 그것또 모르겠데. 딸아가 일학년 여덟에 드가서 일학년이고 그 무렵페{무렵에} 말엽에 전쟁이 나고 피란을 가게 됐고 그랬어요

문 자제 분은 어떻게 되나요?

답 딸이 누나고 야가 동생이고

문 첫째 딸을 낳으신 게 언제 인가요?

답 하나 아이를 일곱 달마넨가{일곱 달만인가} 시집을 사면서 없앴어요. 그때는 어쨌는지 몰랐는데. 그다음에 딸애가 있었어요

문 지금 큰 딸이 나이가 어떻게 되나요? 전쟁 끝날 무렵 그 때 놓으셨군요

답 그때래요 우리가 피란 갈 때 야가{둘째 아들} 일학년 다녔을 땐데. 그 때 둘째 시숙어른들 집에 질녀가 야{둘째 아들} 하고 거진{거의} 같은 나이래노이께네{나이니까} 그때 거기 놀러를 가고 여게는 머 비행기가 왔다 갔다 그래 폭격을 놓고, 이르께네 뒷산에 가고 뒷산에 갈 때는 머 틀릴{재봉틀일}하다 움짐달아 무거워 틀은 못 가주가고 하얀 반 고무신 그거 남자 고무신을 들고 갔는데, 애가 놀러 나가고 없어요. 그디만{그렇게 하더니만} 그 소리를 어예{어떻게} 듣고 야가 누가 델따{데려다} 줬는지 산에 올라 와가즈고 이레 마주 엎어가즈고 지리 막아 주이께네{주니까} "내 기{귀} 내가 막으께네 어무이 기{귀}는 어무이 막으소, 내 기는 내가 막음씨더{막겠습니다}" 그랬는데, 나는 막 아가시아 있는데 파고 드가고 막 이레 노이께네 여기가 막 끌체고 그랬는데 미칠 이따가 피란을 나갔어요 피란 나가가즈고{나가가지고} 저 자인이라 그러는데 그랬고 그때는 영감이 실랑이 시청에 있다가 안동중학교 창설 당시에 어째 또 서무로 보라꼬 어예 글튼지{그렇든지} 요즘 같으믄{같으면} 쫌

알던지 모르지마는 몰랬어요 그래대가즈고{그렇게 되어} 우리 피란 갔을 때에는 그 때는 자기는 온데 선생들 월급주로 다니고 그러고 우리는 또 피란 가가지고 그래 만내고 그랬어요

☐ 시집 오셔서 특별히 어려운 점은 없었겠네요?

☐ 아니요 시어른 계시고 그거를 천직으로 알고 아무 요즘 애들겉이 요즘 에들은 릴 깼다 그럴까 머 모르지마는 그거를 천직으로 아고 고만 엄한 가정에서 컸고 또 식구도 많은 대식구에 형제들이나 고모하고 다 남사람 하고 보만 멩 고모들은 갔따 왔다 그르고 그 고모들은 친정에 마이 있다 가 가고 옛날에는 그랬지요 이랬는데 시집을 와가주고 사이께네 겔{제일} 힘드는 게 물뜨는 게 힘드고요 또 그거는 시집은 멩 밥헤먹고 빨래 씻고 바느질 하고 멩 그른거 한다는 거 아주 기본으로 그래 돼 있기 때문에 그래 하멘서…… 지금 생각하만 많은 노력을 누가 씨게가{시켜서} 했는게 아이고 내 자청에 우러나는 마음으로 해가지고 그래 살아 나왔는데. 신랑이 그 때는 신랑이지마는 시에 있으멘서도 무슨 먼지 몰래요 군엔진 먼지{무언지} 또 가기 되고요 군에 말고요 먼지요 그래됐는데. 그래 가게 데이께네{되니까} 월급도 안 주고 안 나오고 그르면 어떻게 생활을 하나? 이런 맘이 들었어요 근데 이제 시집을 올 때 옛날에 비{삼베}두루마리도 있고, 돈도 쫌 가주 왔어요 그래 가주 갈 때 틀{재봉틀}을 사줬어요 그 돈을 가즈고{가지고} 틀을 사조가주고 밥해먹고 물길르고 물은 지금도 이짝 밑에, 거 멀어요 근데 우리가 클 떼는 안에도 물 펌쁘물있고, 베께{밖에}는 뚜르박{뜨레박} 우물이 있고 사람들리 있고 하이 물도 안 길러 보고 머 일은 좋와가지고 하지마는 그래는 아했는데 여게는 오이까는 맏동새분이 어른이고 이르이{이러니} 물을 두 바게쓰를 들어야데이 거게 들어서 몸살이 나요 근데 이제 그것도 한두 바게쓰만 드는 게 아이고 부엌에는 열 말 넘게 한 스무나말 드는 큰 독이 구석에 묻헤 있어요 쎄멘에 묻혀 있고, 장깡{장독대}에는 이런 너리게{너르

기}가 한게{한가득} 부야 되고 또 가마솥에도 한 솥 버야{부어야} 되고 이러이께네 하루에 물뜨는게 고마 일이랬어요 이고는 안 다녀도 바게쓰를 들고 근데 시어먼님이 옛날에 무슨 병이라 그러든가, 늘 물가즈고 여쩡베기{정수리} 얹고 세수하고 씻는게 일이랬어요

문 지금 말하면 족탕 이런걸 하시니까?

답 머 그거야 어옛는지{어떻게 했는지}. 그 물가주{물을} 마이 쓰시고 물놀음을 하시고 이러이께네, 이러이께네 글코 또 머든지 그륵을{그릇을} 채와야{채워야} 되지 안 채우면 또 찝찝해요 이 마음이. 그러멘서도{그러면서도} 또 물 뜨러가면 이 가슴에 손을 넣고 내가 숨을 시나{쉬나} 안 시나{안 쉬나} 이래도 만저봤고 생각을 헤보이 이랬는데 그르다가 시숙이 군{군청}에 다니셨는데 또 머 어옌가{어떻가 했는가} 실직이 데드라꼬요{되더라고요}. 그르이께네 그 식구가 누가 살아요. 그른데 맏조카는 지금 생각하만 장조카지마는 인제 그때 국민학교 사학년 오학년이러고 육학년 올라가서 이제 중학교 시험을 칠라꼬 그러고 대구로 나가가주 할라그러이까네 할아부지가 조상이 마 어예든동 하그러 씨기고{시키고} 모하그러{못하게} 하지는 안 하시는데 그래 말하자믄 우리 형펜에 애비는 놀고 이르이{이러니} 어떻게 학비를 대나 이 해석을 해보믄 그른 말씀이랬어요. 그래도 기여꼬 대구 둘째 시숙어른이 세무서 다니시께네 그래서그런가 거서 그래 인제 경북 중고등 했어. 하고 시집을 사이께네 지금 생각카이 나갈 수도 없지마는 그런 생각은 전혀 없고, 끝에 하나는 군에 전사했고 하나 시동상이 있어요 있는데 장개{장가} 갈 나이되고 장개를 보네야 되는데, 방을 비워줘야 하기 때문에 살림을 났어요

문 살림을 날 때 자제분도 나신거예요?

답 네 살인강 다섯 살인강 글적 네 살이겠다. 그런게 업고 나갔지. 그때 살림을 났지. 그랬는데 인제 살림을 났는데도 그양 밥먹고 생활만 했지. 거게서 머 먼가 살림을 나는데도 머를 내주고 사주고 이른 거는 전혀 할

형펴이{형편이} 안 돼 그른지 안 하시드라꼬요. 맏동새 분도 글코{그렇고} 시어른도 고마 아주 시할마님 겉이 아무 살림에 대해서는 모르시고 영으로만 아시고 그래 계시고 그랬어요.

4) 저거 닭은 집이 있는데, 나는 왜 집이 없노

問 그렇게 살림이 나셔서 어려우셨겠네요?

答 그래 살림을 났는데도 셋집을 갔어요. 비케는 방을 비와조야 데고 어데 그래 화성동이라 갔는데, 말했는데 가보이께네. 초가로는 짓는데 거 드 가이께네 비가 새가지고 막 마레고{마루고} 어데고 마 흙이 줄줄줄 내 리가주 있꼬, 그걸 도저이 그냥 모이쓰이께네{못있으니까} 내가 뎅기메 {다니면서} 도배를 해야 돼요. 그레 남사람을 할 줄을 모르고 그런 겉고 전혀 머 형편이라는 것도 안 생각고 내손으로 막 한다는 것만 그래 생각 이나고, 그 옛날에는 청년 아들일까{?} 그럴까? 여식아도 대여섯에 났는 아도 그래 공부도 모하고 불쌍한 아들{아아들}이 있었어요. 그 이우제 {이웃에} 하나 내가 같이 내힘이 되고 이용하기 위해가주고 하나 이레 디루고, 게하고 가가 열여섯에 밥을 싸가즈고 거 가가주 인제 도배를 하 고 저녀게끔 또 집에 와가주 저녁해먹고 그래 살았어요. 그래가주 인제 살림을 났는데 요즘같이 이레 비가와요 근데 아를{아이를} 업꼬 가고 그때 인제 시집을 와가주 내가 멀멀 하든지 이레가지고 논도 쫌 밀 마지 기 사고 이랬는데, 논 부치는 사람이 거서 인제 버지기에 밥하고 구르마 다{구루마에다가} 중학교 소사네다{소사네 집에서} 구르마 얻어 살림실 고{싣고} 가고 이레 나는 아를 업고 지게 가는 디에{뒤에} 따라 가멘서 생각을 하이께네, 왜 우리는 부모 떨어져 이래 나가야데나? 그래 눈물이 미케매{막히면서} 갔어요. 아를 업꼬 그래 갔는데 그래 가가주 거서 인 제 또 살멘서 큰집에 시집을 어예 그러케 그걸 했던지. 화성동에서 명륜

동 오세 거 산타고 뎅기는 산을 넘어 오는 길이 꼬불꼬불 쪼그매{조그마
한 산} 있었는데 거를 한 일주일 아침을 뎅겠어요. 거 시어른들 계신 큰
집을. 그레 와가 형님 밥하만 밥상 채려가지고 밥상을 어른 앞에 올리고,
시숙 밥상 또 시동상 밥상은 어머님하고 같이, 아버니믄 딴상, 그래 인제
옛날에는 이 마리{마루} 끝에다 상을 났어. 그래 채려 놓고는 가고 가고
이랬는데. 그때 내 생각에 한 일쭈일쯤 됐을텐데. 어머님이 "야야 연박에
마, 고마 다녀라, 고마 다녀도 된다". 우리 큰형님은 아무 말씀 안하셨는
데, 그레 그 또 어른 말씀이라꼬 그레 안왔어요. 그레 아직매동{아침마
다} 살림 첨{처음} 나고 거 밥상 채리고 거들어 준다꼬, 그리 그게 지금
생각. 오늘 이레 이야기를 하고 해보만 천치가 아이래 바보, 너무 순진했
는거 같애요. 누나와 동상은 두 살 차이 세살 차이

5) 살림나서 쌀 두말을 받고 하숙을 쳤지

📖 살림 나왔을 때 바깥어른은 어디 계셨나요?

📕 우리 영감요. 근데 인제 그때 시청에 있다마는{있더니만} 안동중학교 서
무로 드가 됐다 이랬는데, 그 창립당시가 어데로 그만 정창근인지 요요
있었는데 옛날에 거 자리가 화산 학원인지 학곤지 그랬어요. 그랬는데
거기를 어예 터를 어예 해가지고 거서 안동중학교 설립이 됐어요. 설립
이 됐는데. 차춤 보이께네 지금 안동중학교 자리에 하이꼬{학교}를 짓고
거서 서무를 하고 서무 주임, 서무 과장이 되고 그래요.

📖 살림나서 바깥어른이 월급을 가지고 오니까 사시는데 별로 어려움은 없
으셨나요?

📕 아이래요. 그랬는데, 그래 하멘서 안동중학교가 설립. 창립돼노이께네.
면부고 어데고 사람이 학생들 또 와가주고 하숙을 할라 그르고, 또 선생
들도 또 인제 서무를 보다 보이께네 그런지 "하숙 구해달라" 그르고 그

랬는데, 하숙을 칠라꼬 친게 아이고 그 집을 살림을 나이께네 방이 다섯
겐강 그레되드라꼬요. 그래 우리는 머 안방에만 있으믄 되고 하이께네
방이 노고{놀고} 하이 고마 갔다 있고 있고 그래되이 열둘도 되고 열일
곱도 되고 그래가지고 {하숙을} 쳤는데, 그때는 쌀 두 말을 받고 했어요
찬값같은 거는 뭐 아주……. 그래도 그걸 먼가 같이 팥이 퍼져도 솥안에
있다꼬, 먼가 요 떨어지는게 있고, 남는게 있지 뭐 그카면서도 그른 걸
여겨보지고 안하고 실랑은 월급을 타 주이께네, 그걸 가지고 찬으로 찬
값을 하든지 어애든지 바쁘게만 살았꺼덩요. 떡카이 일년있다가 저거하
이께네. 집을 비야{비워 }달라 그래요. 집을 비아{비워} 달라그르이. 하
도 귀{기}가 차서 저거 한데. 그라믄 집을 비워주만 사랑채가 있으이 글
로 오고 그 사람들이 안방에 들오고 그라면 되긴데. 빨리나가라고 그러
는지{?}. 큰바마{방만} 두고 그래가즈고 아를 업꼬 다니멘서 다녀도 딴
데 다닐 줄을 모르고 거기서 큰집만 보고 저녁때는 큰집 가가{가서} 또
선생 학생 밥을 헤조야 되고 그래 다니다 보이 아를 업고 이레 보만, 그
때는 마 돼지를 저 사장뚝에요 마이 미겠어요{먹였어요}. 마이 미게고
그랬는데. 저 돼지 울만, 저거 내집만 끝에도 싶으고 이 실랑이 손재주가
있어가지고 닥장{닭장}을 사주 이레 이런거 그레가 집을 막 이마한 게
잘 졌어. 에게 저거 달집이{닭집}라도 닭은 집이 있는데 나는 왜 집이
업노카고 그래 그러고 있음에 딴 데도 갈 줄은 모고 친정도 갈주를{갈
줄을} 모르고, 큰집에만 갔다가 저녁때 되만 집에 가고 그랬어요

문 집을 비워 달라고 했는데 다른 곳으로 이사를 가셨나요?

답 이사 안 갔어요 그집에 있으면서 아를 고만 늘 그래 뎅기고 시아반님은
지금 말하자믄 동장을 하셨는데, 우리 시아바님은 훌륭하세요 풍체도
좋고하지마는 그 옛날에 일본말도 잘 하시고 마당에 이래 계시고 나만
아를 업꼬 저녁을 하러 가야 되고, 이 골에 이래 나오다 두 청녀이{청년
이} 이래 가마 "형님 저게는 집을 지믄 두 채를 짓겠다." "지을시더." 그

래 내 한 채는 지가주 있고 파레는지 그것도 모르고 디에{뒤에} 드르이 {들으니} 그릏고{그렇고}. 아반님이 동장을 하시이께네 동마을 주민들에 얼굴들이란가 이름들 이레 듣게는데{듣기는데} 알기{알게} 되고 그래. 그 사람들이 함석만드는 집 아들 형제랬는데, 아무게가 나가믄 아바님 그케요. 그르믄 "지금 우리 거 사는데거든요" 그이. "저 터를 밭을 아바님 우리를 사주시믄요 샀으믄 좋을시더." 카이께네. "너어가 돈 그래 있나?" "돈 있든 없든 샀으면 싶어요" "야야, 니가 집을 짓고 터를 사가주 집을 질라면{지으려면} 집을 사라." 지블 질라고{지으려고} 보면 요도{여기도} 더하고 싶고 저도 더하고 싶고 돈이 마이 드니께네. 그 돈이 있그들랑 사라. 산다는 거는 옆집이고 길가에 요 나와 보고 하만 너무 너무 비싸요 그때 십만원인지 백만원인지 십 몇만원인지 모르지마는 이랬는데. 세모난 함석집이 요런게 마당에 메란도 없어요. 네 생각에 집을 지믄{지으면} 흘러 드가고 또 빚져도 푼돈으로 떠주만{갚아주면} 되기 때문에 나는 지야될다. 근데 이제 그때 틀일을 해가믄서 이랬는데. 우리 친정에 사장뚝에 대형 목재소라고 있는데, 그때 돈으로 얼만지 돈을 빌러 좄어요. 그레 내 속으로 그 돈 받고 누구 또 삼십만원인지 삼만원인지 머 꺼좄는거{빌려줬는 것} 우리 동창생 해좄는거 그것또 받고 이래 가주 하만 되지 이래 마음이 들었그든요. 그 시아바님이 나는 터임재가 밭임재를 모른다. 옛날에 애비는 백상네 거 저거를 같이 저걸 하이께네 알겠다. 오거든 물어봐라. "그름 오믄 물어봐 노이소" 이랬띠 그래 그 이튿날 요 아버님요 "산너메 백상네 턴데 팔라 그드라." 그레가 "그르믄 저거 사야될씨더" 카고 샀그든요

문 그럼 그거 몇 살 때 사신건가요?

답 살림나고 일년만에. 일년됐는데 시큰 도배하고 다했는데 나가라 그이게네 어째요 또 딴 데 어느 집을 가요. 그래서 그래 했는데 그 집을 얼만지 머 샀어요. 그레 사고 나이께네 가만 생각하이. 실랑은 학교 있으이,

그때 학도병인동 디루고 대구로 나갔어요. 요즈음 대구 거리가 가깝게 생각나지만 그 때는 멀었는가 봐요. 근데 학도병 디루고 갔는데. 연락이 오기를 대구는 호열자가 심으이{심하니} 호열자때문에 일주일을 집{안동}에 못 간다 그래요.

문 호열자?

답 호열자라 그래요. 병 이름. 그게 멩 절렴{전염}될까봐. 학생들한테 어예 따 그렌지 모르고 그 말로 그랬다 그래요. 거기가 있을 순간에 집을 고마 아래 웃밭을 계약을 걸었그든요. 계약을 걸고 그걸 고마 샀어요. 친정가 저 목재소 돈을 꺼줬으이{빌려줬으니}. 내가 이래 이러하이 이래야 된다 그이께네 그거를 받고 샀는데. 그러만 인제 실랑이 일주일 돼가{되어 가지고} 학교 정창근 그 자리로 인제 왔지요. 왔는 모양인데, 사를{사흘을} 집에 안드러와요. 살을. 근데 그럴때 내가 행동을 어떻게 했나며는 남으{남의} 집에서 지체그러 업신여기고 진물이되는 거보다 그럴 때 우리 막내이 시동상을 장개를 보냈뜨이 멫 달만에 대구 취직이 돼 갔으이 그 방이 또 빘어요. 빘으이께네 내 마음에 내가 화성동에서 산너머 뎅기메 그 집짓는 바레지를 하니이. 큰 지베 들어가가지고 했으믄 좋겠다 시퍼서 어머님한테 "어먼님요!, 어먼님요!, 저 방도 빘고{비었고} 저 터를 샀으이께네. 우리가 요즘은 {집짓는 일을} 띠네주고{떼어주고} 이르지마는 그때는 직접 다 해주고 참 해주고 이른 시대래요. 그래 가주 그래아(?) 되는데, "저 방으로 바로 들오까요?" 그이. 옛날에 담뱃대 이마 한거{이만한 것} 무고 뻑뻑 이래 피우시며, "그래, 그 방 비았으이~{비 웠으니까} 들오기는 들와가주고 해라" 그카시드라꼬 "그러나 밥은 너가 따로 해먹어라" 그르셔요. 저 무슨 말씀인고 그래만 싶으고 나갈 때는 딘장도{된장도} 얻어가즈고 갔꼬 딘장도 언니라꼬 얻짤네. 그 옆에 집에서 장물 한 말 딘장 한말 조요. 살림 날 때. 머 그 옛날에는 담붙여 살았으이 알든지. 또 실랑이 안동중학교 다니고 그 집 아들이 안동중학교

드잤꼬 이래 그른지 그래요. 거 내가 이 이야기 다 하만 부끄라{부끄러워} 모해요. 내겉이 그래 산 사람이 있으까 챙피해요

그래 그래가 살았는데. 어머님이 그카시메, "너어 밥은 너어 해먹꼬 그레라." 카지. 그래 참 아무것도 없이 또 실랑이 중학교 있으이께 그릏든동. 이송천에서 쌀을 한 말 우리 살림 난다그이 가져가라꼬 좄는지 몰래요. 큰집이 살기 저거 해노이근동{해놓으니 그런지} 쌀을 안 조요. 안주고 버지기에도 밥만해가{밥만 해가지고} 조요. 너는 월급타이께네 안 살겠나. 나는 너 시숙이 실직하고 노이께네 저거 하다 이랬는데. 그럴 때 내가 술을 했어요. 살림 나잖 전에 술을 했어요

6) '아픈 아 눈 줍는 겉이'[9] 마 그렇더라꼬요

문 그때요.

답 어옙니까. 고 살림 나잖{살림 나기} 전에 술을 했어요. 시숙은 실직했지요. "아버님 어머님 하고 저 공부하는 조카하고 또 시동상 어데 다니지만 시동상하고 머 신랑만 혼자 벌어가즈 어째사노 그게 아이고 이렇게 사람들이 이레가즈고 어떻게 사까{살까}?" 이런 맘이 들어서 형님한테, "형님, 형님요, 내 집에 가가주고 누룩을 가주오게이께네. 누룩 가주 오 그들랑 우리 술하시데이." 카이께네. 그래 술을 하는 거는 아마 좋지마는 아부님 아시마는 너으 시숙은 괜찮겠지마는 아바님 아시만 크일나는데{큰일나는데} 하마{하면서} 걱정을 해요 "그래요 그래도 내가 말씀 디림씨더." 그랬어요 나는 시집 와가주고 바로 지금도 그 집이지만 채다보는 산에도요 겁도 없지. 도끼 가주 가가지고 이 낭글{나무를} 팼어요 부억{부엌}은 우리방 시숙방 어머님방 두 개 사랑방 부엌은 다섯겐데. 만날 여도 부억 입은 벌리고 있고 인제 아래채 방깐 한 칸이고 나머지에

---

9) 마파람에 게 눈 감추듯, 금방 없어진다는 의미로 쓰임.

는 한카이 있는데. 옛날에는 구루마로 장작 한 구르마 소깝 한 그루마
{달구지} 사나도{사놓아도} 밥도 소깝 여{넣어} 해먹지요 군불 지파야
지요 "아픈 아 눈 줍는 긑이 마 그렇더라꼬요" 근데 그거는 인제 실랑
이 월급 탄는 돈가지고 사오든지 그래 사오거덩요. "그르이께네 어떤 마
음이 드는지 내가 그랬어요. 그래 산에 올라 나무 하러 가가주{가서} 탁
탁 치이께네, 아분님이 저 골에 서서 보시다 산에 웬 사람이 저러노 보
시이까네 누기로?{누구니} 젊은이라 젊은이 저 가가주 {나무를} 하이께
네. 아바님이 우리 형님한테 "헹자이미라{행자에미라}" 그랬드이, "저 가
가주고 남글{나무를} 저래 패이께네 가가주 내리 온나 그레라." 그래, 형
님 와가주 "내리 온나" 나무는 놓고 오고 그랬그든요. 그랬는데.

7) 친정 가가주고 누룩을 이 짦에 한 자리 넣어가지고

답 그르면서 친정가가주고 누룩을 이 짦에다{자루에다가} 한 자리{자루}
넣어가주고{넣어가지고} 일본아 업는 긑이 아 띠가지{띠게미} 여 이레
가{이렇게 해가지고} 메고 어머님 천이 쫌 주소 그레가 쓰고 그게 어느
해 이월이래요 그집에가이 시퍼런 금기가 칠했고요 우리는 대문에요
이래 금색을 이월달에는 그래해요. 영동할매 내리오고 이런다꼬 부정 방
페 한다꼬 그래하지. 근데 안에도 안 드가고 기우는 낔낔기는데요 밤이
짚어노이{깊으니까} 아무도 안 내다 보그든요 그이 사랑방 마루 밑에
누룩을 꺼네가 짦에 여가{자루에 넣어가지고} 이래 짜메가 무명 그 띠
를 해가 엎고 천이 덮어씨고 왔그든요 근데 요즘은 차를 타고 뎅기는
데요. 내가요 그때는 거게서 신안동 그쯤 걸어 다녔어요 그래가주 옥동
파출소가 있는데. 거를 힐금힐금 걷다 보메{보면서} 왔어요 저 사람들
은 그게 머로? 제국시대 때는 술단속이 심했어요 힐끔힐끔 걷다 보메
와가즈고 하마 저녁할 때 됐어요 그래 형님하고 둘이 집에 방깐이 있으

이께네. 디딜 방깐으로(방앗간으로) 누룩을 찧었어요. 누룩을 쩌가지고 형님한테 찹쌀을 한 말 담아라 그래놓고 갔그든요. 그래가주 거 누룩을 빠아가주{빻아 가지고} 술을 해옇는데{해서 넣었는데} 우리 형님이가 마음이 바쁘신지. 솥에 물을 뜨사가{뜨겁게 해사} 하는 거래요. 그래서 "형님요 술은 찬물에 해야 되지, 뜨순 물에 하믄 안 돼요. 시에저요{시어 저요}." 안 그레 이레 하자 카며 하이께네 우쩨. 그래 인제 약주를 해 옇어요. 약주를 해옇는데. 우리 방에 갓방 있으이께네. 아분님도 쪼메 안오시고 이르이께네. 거다가 구석에 이레 노코 이불 덮어 {놓았어요} 아가 잤는 아가 아침에 밥하러 나오고, 잤는 아가 우이께네 참, 손자 손녀를 겡장히 기하게{귀하게} 하셨어요. 그 드가이 아가 우이께네 아를{아기 나} 데리 올라꼬{데리고 오려고} 드가시이께네 술냄새가 나고 이불을 덮어 났으이 이게 먼 일이로? 이게 머로 술자시는 어른이 대반{한 번에} 아시는가봐요 그래 나오시드이만 마루에서 걱정을 하세요 "연박임아{연박어미야}, 저방 저게 머로? 너어가{녀희가} 먼{무슨} 짓을 하노?" 그래 난 정지에 소깝{솔가지} 너{넣어} 밥을 하다보이께네, 아분님 앞에 무릅을{무릎을} 꿇고 "아분님, 아주반님도 실직하고 노고{놀고} 우리가 어데 가가주고 배곯는 소리하고 굶주리는거보다 안 날리꺼{났겠습니까}." 그래 가주 제가 그 생각을 연구를 냈습니다. "아버님, 그저 널리 생각을 하시고 용서를 하이소"{눈물을 흘리시면서} 그랬다고

그랬더니 아분님이 암무 말씀 안하세요 글고{그리고} 그 어른이 또 술을 참 좋아하세요 그레 그걸 다 누룩 그거를 다 짤프고{짜버리고} 물만 가지고 찹쌀 밥찌고 그레 해옇기 때문에. 막 쌀이 둥둥 이틀 사흘 일주일 만에 뜨만 그거를 건지고 옥대접 대접에다 이래 한 대접씩 담아 드리만 잡숳고 그라셨어요. 그레 했는데. 첨에는 팔로가기는 우리는 머 대문 밖에도{밖에도} 못 나가고 실랑이 나갔는데. 옛날에는 저 조흥은행 앞에요. 이 사과기짝{궤짝} 이래{이렇게} 엎어놓고 과일도 이래 무데기 놓고

파고 소주도 옛날에 유리 댓병으로 놓고 약주도 정종도 파고 그른 시대래요. 근데 술을 가주 가이께네. "아무게야, 이 술이 시다." 시애가 못먹을따고 그르이께네. 그래도 원전을 줄르는겔레더요 그래도 원전 백원은 조요. 그래 받아 와가 주는 걸 그걸 또 찹쌀을 받아와가 이제는 찬물에 했그든요. 두 말쓱 두 말 아이래 서 말쓱 해가지고 팔고 넘기고 넘기고 그래 해가즈고 돈이 엄청 생기드라꼬요. 그래가{그래서} 살았어요 나가게 데이께네 큰형님도 걱정이 되고 걱정이 되시나봐요 그래 니 저 가며는 멀 어예노 이래서 이래 저래 하면 되지요 이랬는데. 우리 셋째 동새분 시숙네도 굉장이 어려워요. 11남매, 9남매나 되고 하이께네 그래가주 가이께네. 우리 이제 살림나고 이사가니더 카이. 동새야. 나도 여 독 써났다{씻어놓았다}. 술 해여{해서 넣어} 주고 갈체주고{가르쳐주고} 해여 주고 가그라. 그래요 "그라면 형님 그 술 어예 팔라꼬요" 그이. 네사 어예 팔던지 해여라. 그래 인제 거도 해주고 그래가주 그르멘서 밥상 채리로도{차리로도} 댕기고도{다니고도} 바보 그치 천치긑이{천치같이} 다녔어요

문 그때 만든 술이 지금 안동소주랑 같은가요?

답 그때는 약주로 했어요 약주로 했는데 클 때는 집에서 참, 길사라든강 어느 잔체라든강{잔치라든가} 머 또 어떻게 저거 할 때는 이 소주를 고리에 거러가지고 니룽고{내리고} 이래하는데 그거는 기{귀}하게 하고 약주 탁주를 마이 했어요 그런데 그때 소주 할 주로는 모르고, 몰래 모자네{모르자네} 안 한게 아이고 약주를 했어요 그래 가주고 인제 이집 저집 그래 하고 우리가 나가이 뭐 시숙들이 당신네 그거를 팔로를 하셨겠지. 나는 나가가주 살림나가 하숙치니라고 그꾸{그렇게} 그르멘서{그러면서} 정지도{부엌도} 지푸고{짚으고} 이르이께네{이러니까} 소주를 깠어요{고았어요}. 소주 할라꼬{하려고} 마음을 먹으이께네{먹으니까}, 인제 영감이 실랑이{신랑이} 그때는 스데이{스텐그릇} 없고 요른 요만한

동솥에 맞차가주고{마추어서} 인제 소주 고리끝이 해주드라꼬 고 우로 요래 술이 나오고로 요래 해가주 그래 해주거덩요{해주거든요} 그러이께네 그랄 때 거서 소주를 해가주고 인제 팔았어요. 파고 하이께네 실랑이 인제 전에 보다는 좀 바쁘고 하이께네. 사촌 시숙이 일본 대판에서 사다가 한국을 나왔고, 이레 거도 어른이 시숙이 쫌 어지중간케 직장이 없고 이르이께네{이러니까}, 그 어른을 데리가주{들여서} 인제 술을 파고, 거 동창생한테도 술을 파고 그르이~{그러니까} 인제 그게 계기가 됐어요.

문 시댁에서 나와서 술을 만드신거예요?

답 아니요, 살림나가주고 살림집에 가가주고 했어요. 소주를 했어요. 그르면서 {남편이} 학교 있으이께네, 호열자가 갇쳇다 그르고, 고 일주일 동안에 집터를 사가주고 저러이께네. 형제 일이고 집안 당신네 일이레 그른동{그런지} 이렇고 저렇고 신랑이 자기네 일이래서 그랜는지 이얘기를 안 해요. 이얘기는 안하는데. 사를{사흘을} {집에} 안 들어 왔거든요. 안 왔는데. 시어른은 옛날에는 집에 이래 이런 걸 가주고 땅을 다지고 하는데, 나는 그래 고 와가주고 또 바레지할라꼬 돈 덜 드리고 할라꼬 탁주 담고 미까루{밀가루} 가주고는 막 빵{을} 그리고{빵을 만들어} 부풀어가 그래가주 쓱쓱 써라가주고{썰어서} 참 대주고{아침과 점심 또는 점심과 저녁 사이의 끼니때를 대주고} 이랬는데, 소문 들으이께네 왔긴 왔는데 아온다 그고 사흘째 아와요. 그래 내가 있다, 이상하다. 저녁을 해 먹고 학교를 화성동 여를 갔거든요. 가이 요세끝으믄{요사이같으면} 뿌르르 해저물고 아무도 없는데, 쫓아 드가지만 나는 옛날부터 부끄럼이 많은동 안 드가고 대문 백에{밖에} 길까짜게{길가까이에} 이래 있음에 배서방 불러가주고 “그래 왜 날 좀 보고 내가 왔다 그래 주소” 카고 카이께네. 몰래요 화가 쫌 나셨는 걸에요. 그이. 안 나오이께네 몯 보고 왔고요. 세 번째 가이께네 그래가주 들왔어요. “저 집에 어른이 집터 다지고 이제 남사름 디루고{데리고} 한다꼬 이얘기 해주소" 그랬디 오세쯤 되만 한 일곱신가 이래 돼 들왔어요. 칠월 달이래요 더워요. 그래 들와 가주고 창고바아서{창고방에서} 가서 머리를 감고 찔근 묶으고 머리를 둘룰라꼬{들러 누우려고} 시작을 하고 시어마님은 담배를 이래하고 계시고 저짜는{저쪽에는} 인제 집터 다지느라꼬 막 그 소리도 하고 이제 참 먹고 때가 됐는데 이놈에 실랑이 안 가네요. 그디이만{그렇게 하더니만} 내한테 머라 그나면{그러나면}, "여보 당신이 아버지 우사 씨기고{시키고} 내 우사 씨길라꼬" 그래요. 형편도 안되는데 집을 질라그이{지으려고 하니}. 그래 내가 있다가 "보소 당신이 저 집에 대주래요. 대주래 이께네 아버님이 남 사람 데리고 저렇게 수고를 하고 하는데 대주든 어쨌든 저게 가보소" 그르이께네. 그래도 시어마님은 암 말씀 않고 담배만 태우고 있디만 그래가 툭툭 털고 가드라꼬요. 가자마자 지 머 다하고 참 먹꼬 오는거 그이 이제 자기로는 걱정이 태산같이 머. 이 일을 어예노{어떻게 하냐}. 그래 그 말 한마디 자기가 그카길레. 내 대답이 같잖지도 아해요{않해요}. "보소, 노름했는 빚에는 갚기가 어렵지마는, 들은 귀는 마이 있그든요 옛날에는 마 모두 어데 머슴바아~{머슴방이}나 어데서 나 모두 그꾸{그렇게} 노름을 마이{많이} 했지. 노름했는 빚에는 갚기 어렵찌마는 집짓는 빚에는 갚기 숩니더{쉽습니다}. 걱정말고 이왕 시작 했는거. 집 살 돈은 안되고 사는 거 보다 흘러 흘러 드가만 왜 안되니꺼. 그랬디마는 딴 말 아하고 학교 다니고 하면서 어느날, 그때 추양{춘양} 소천이라는데, 사촌 시숙이, 당신 보다가 달로 맞이 시숙 어른이 있었어요 그 우체국에 계셨는데, 아마 그분에 그어르네 끈끝에요 그르디마{그러더니만}, 나무 실으러 간다 그드이~{그러더니}. 한 차를 실어 와뜬동. 나무 공장 갔다노이~ 볼 수는 없지마는 백송이 흑송이 그디마는 나무 적송이라 그든가{그러든가}. 머 그레가 친정집에 켰어요 돈 안 주고 친정집에 켜고 그래가주 인제 질{지을} 생각을 했지요 그래 그말 듣고는,

그 담에는 하마{벌써} 그 화상동{화성동}에 있을 때 그거를 보러 댕기면서 그 터를 사고 나이께네. 이 모든게 도는 마구 돌도 돈이고 돈인데요. 그 배서방 소사에 아들 나이가 열일곱인데 노고{놀고} 머리도 없어. 구르마 하나 없꼬, "날 이른 데깡 하나 주소" 카이께네 소사가 주고요. 그르믄 신랑 출근하고 뭐 갔는데, 거 디루고{데리고}, 아버님 마츰 노른 양편헤따고, 그레 가주고 큰집에 갔다놓고, 우선에 복비가 데가주고 다 큰집 거 천방에 내리가가주 닭을 줬어요{주웠어요}. 닭을 줏는데{줍는데}, 일 또 클떼 그런 이른 안해봤지마는 내가 닥치이~{닥치니까} 영군지 그른 생각이 나가주고 이마난{이만한} 내 요새 뺌프 시룬는{신고 내리는} 쇠짝때이 줏는{줍는} 걸 가주{가지고} 여다{머리에 이어다가} 쿡 찔러 모레게 찔러 이래이래 하만 돌어 들먹들먹 그지요. 그래가주 이짜{이쪽에} 둘이 들건 둘이 드고 혼자 들건 혼자 드고 하는데, 청년이고 나{나이} 많은이고 그 길을 댕기다가{다니다가} 저 젊은이라 그를까 저 사람은 동장네 며느리다 크는건 아든동. 내리{내려} 와가주고 그 구르마에다 시러다 주는 이가 대다수 됐어요. 그래가주 그 터에다 갔다 부룽고{부리고}, 터는 우에는 높으고 밑에는 한 질 저 하게 낮코 한데. 한 마당을 했는데. 다 할 동안에 또 아프고, 밤에는 시큰{실큰} 앓고 코에 피도 쏟코 앓코 펄펄 열이 나게 앓고, 그레 하루 시고{쉬고} 이틀 쉬고 또 가 줍꼬 그래.

5) 전쟁 폭격 때, "내 귀는 내가 막으께네 어무이 귀는 어무이 막으소"

문 몇 년만에 집을 다 지으셨나요? 그래

답 그래 그래 시작해가{시작해서} 지었어요 우리 피란 갈 때는요, 백 열 세 평이 터가 반듯하이께네, 옛날에는 판자 나무를 켜가주고 담을 했어요 그때 시대래요. 그른데 공장가가주고 켰뜬지. 그 새 나무를 요만크만치

베엥{빙빙} 둘러가지고 앞디를{앞뒤를} 담을 해 빈지{널판지}를 했는데 피란 나가라그이{나가라고 하니까} 어예{어떻게} 안 나갈 수 있니꺼. 그래가주 아 디루고{데리고} 딸아는 으성{의성}가 있꼬, 야를 아를 데룽고{데리고} 피란을 갔어요.

📧 아깝지는 않았나요?

📧 정신 없어서 아깝꼬 그것도 몰래요. 거또{그것도} 모고{모르고} 으성가다가{의성에다가} 딸아는 디루고{데리고} 그래 인제 갔어요. 그래 갔는데, 가는 것또 시째{셋째} 시숙 어른들 식구하고 같이 갔그든. 그르이께네 그 식구가 어떻게 살아요. 집에서도 그래 사고, 또 우리 큰 형님 모르게 빌말 다한다{별말다한다}. 고방에 곡식 해노만{해놓으면} 그 형님 요 옆에 집 사만{살면} 굶는 끝으만{같으면} 옛날 바가치{바가지} 이마한데다{이만한 데에다가} 한바가치쓱 퍼다 주고 틀릴{삯바느질} 했는 돈도 얼매쓱주고{얼마씩 주고} 틀릴했는 옷 옛날에는 국방색 저거하고 양복을 하만 흰옷도 하고 나만{남은} 쪼가리{쪽} 나만{나면} 아들 반쓰봉 남방 이런거 해주고, 쪼가리 나만{나면} 시어른 쪼기, 버선도 해드리고, 그래 살아도 사는 게 원래 이렇다고 친정서 사는 건 하나또{하나도} 그단에{그 사이에} 또 잊어뿌렸는거 끝에요{잊어버린것 같아요}. 희안해요{이상하고 신기해요}. 그래 고만 여만 몰두하고 친정 갈 줄도 모르고

📧 피난 갈 때는 얼마나 가 계셨나요?

📧 아이요 얼매 있다 돌아왔어요 근데 이제 나갈 때는 영감하고 같이 못 나갔지요. 직장을 얻으로 돈을 주로 댕겼든 어예뜬 폭격소리 나가 아들하고 시숙 어른들 동새{동서}하고 마 그래 나갔고, 큰 집에 시아반님 시어른 돌아가시고 시아반님도{시아버님도} 인제 우리 형님하고 가도 못 만내고 시쩻집하고{셋째집하고} 갔어요.

📧 전쟁 당시에 자제분은 몇 살쯤 되었나요?

📧 아이요 아들이 46년 생{아들} 네 살 다섯 살 때이께는.

🔲 너무 부지런하셔서서 쉴 틈 없이 일하셨네요?

🔳 그러이께네 사람은 병이 안들믄 아픈데 없고, 병이 안드면 노력하는 거는 자연지 딸는다{따른다}. 난 그릏게{그렇게} 생각해요. 지금도요. 내가 허리가 아프다덩가 이레 머 싸만 이를 그릏게 모하지. 지금은 하는거 없고, 요즘 머 아즘마 밥해주고 이르는데, 그래도 전에 만치 일을 안 해요

🔲 아까 하신 말 중에 '아픈 아 눈 줍는다'는 말은 무슨 말인가요?

🔳 옛 말에 왜 거 어른들이 우리 클 때 "아픈아 눈 줍는 글다[10]" 그는{그러는} 것은 아가 아프만 눈이 뻐끔하잖아요 근데 부엌이 및 개{몇 개} 되이께네. 한 구르마 두 구르마 사나도{사놓아도}, 겨울되여도 한 벅{부엌} 때야{한 번 때야} 방뜨숳죠{방을 뜨겁게 하죠}. 그믄 아픈 아이 눈 줍는거 보다 더하게 나무가 팍팍 주는 것을 말해요

그리고 인제 큰집은요 지선생네 사는데 사고{살고} 나는 고짜{그 쪽에} 집을 지가{지어서} 갔거든요 가만 이제 장젝을{장작을} 옛날에는 마리 밑에{마루밑에} 이른데{이런 곳에} 마이 쟀어요{많이 쌓아 놓았어요}. 그르만{그러면} 인제 맏동새 분이 와가주고 머 부억{부엌}을 때야 되고 가주가고{가지고 가고} 그래도 머 그르려니 하고 그랬어요

🔲 첫 딸은 몇 살에 시집을 갔나요?

🔳 몰래, 그 스물일곱에 갔는동 그렇고 아들은 서른에 결혼했어요

🔲 이건 무엇인가요?

🔳 이거는. 녹두 가주고요 녹두나화라 그고 음식디미방. 근데 인제 이거는 녹두 가주고 미를 줍꼬 갈아가주고 이레 꿉는데, 요레 숟가락으로 떠넣고 요래 하면서 고 안에다 옛날에 거 팥꼬물을 앙꼬 겉은 걸 너가주{넣어서} 요래 만들었는데. 요거 요마해 작아가주고 내가 다 주왔는데. 요 안에 테두리만 해야 돼. 근데 그 하마 다 꿇을게고{구웠을 것이고} 어옛

---

10) 댓바람에 개눈 감추듯 금방 없어진다.

는동 몰따{모르겠다}. 잡사보래요 녹두나화는 순녹두에 쌀가루를 좀 넣고 물을 넣어 반죽해서 굽는 거래요

수운잡방이라 거 머로? 음식디미방에서요. 거 저거하고 머 옛날에 오이 요즘 생각하만 오이지 가지지 그걸 '저'라 그르든동 그르고 머 양같은 거 해가주고 그걸 또 어떻게 옛날에는 꿩{껑}고기 마이 쓰고 그고 또 오새{요사이}는 끝으믄{같으면} 찐빵인데 옛날에는 그 부풀어가주고 오새로{요사이로} 말하믄 만두래요 근데 거 숙주하고 돼지고기하고 오새 거 만두 속긑이 만들어가주 거 너가주{넣어서} 이마꿈{이만큼} 만들어요 '상화' 어예 거 잘 아시네요

📄 지금 바쁘신 일이 있으신가요?

📄 바빠요. 왜냐믄요. 경주 엑스포에 출품을 몇 점을 하라꼬 해가주 하는데, 음식맨들다 왔어요 6작품 해요 상화, 양{소}, 족편, 요즘 날이 녹기 때문에 하기는 해놨는데 헬레레 녹으까봐{녹을까봐} 걱정이 돼요 9월 7일부터 50일 할 건데, 우리 박물관도 전시하고 그래요

6) 안동에는 소주가 유명했으이 안동소주를 만드는 게 어떠냐

📄 마지막으로 안동 소주 만드는 법 짧게 한 번만 말해주세요, 약주 만드는 법과 소주 만드는 법은 과정은 또 어떻게 차이가 나나요?

📄 약주는 그 찹쌀을 불려 쪄가주고 그 누룩하고 썪어 혼합해가주고 삭으면 이른 대나무로 만든 용소11) 박아가주고 앉으면 요래 떠내는 것또 되고요 또 누룩을 불레가주 충부이{충분히} 불레가주고{불려가지고} 그걸 막지{술찌꺼기}로 다 짜고 물잡아가주고 찹쌀을 그냥하고 물하고만 해가주고 색히는 것또 있고, 여러 및{몇} 까지{가지} 질{종류}이 있어요

소주와 틀린다는 거는 어떻게 틀리나 하만, 소주는 밉쌀로 누룩하고 썪어

---

11) 용수. 술을 맑게 뜨기 위해 박는 대나무로 만든 도구.

가주고{섞어서} 탁주보다가는 마이 색해야{삭혀야} 돼요. 탁주는 오륙일
머 이르면 되지만 이거는 더 삭아야만이{삭혀야만이} 술이 나오기 때문
에 그르만{그러면} 소주 고리를 얹어서 시리뽄[12]을 바르고 불을 지푸문
{지피면} 그 불이 솥이 달고 안에 술을 버가주{부어서} 하만 증류주로 그
김이 이 안에 모예{모여서} 막 이래{이렇게} 수증기가 붙어 땀끝이{땀같
이} 나가주고 이 입으로[13] 내리는 게 소주래요. 그게 증류주래요.

문 옛날에 소주 만들 때 이런 소주 고리가 있었나요?

답 예, 내 소주고리는 친정 꺼 가주 왔어요.

문 친정에 미리 있었나요?

답 옛날에 친정서 소주 만들 때도 소주 고리가 있었어요. 첨에 소주 고리는
친정 꺼 가주 왔어요. 근데 이제 시집을 오이께네, 시아반님이 술을 참
좋아하세요. 그래도 점잖은 어른이 실수를 한다, 횡설수설하기나 그게
아니래요. 그래서 와 가주고도 및 번하고 그래 그 또 재미라 그를까 사
람 생활이, 생활하고 그르이께네 생각을 해가주고 그거를 했꼬, 또 내 살
림 잠깐 일 년 동안 나갔을 때, 요런 동솥에다{쇠솥에다가} 함석 소주
고리 해가주고 큰 거는 안 걸고 그래요.

문 첨에 술을 갔다가 누룩하고 고두밥을 해서 술을 만들어 가지고 즉 밑술
을 해가지고 솥 안에 이걸 넣는가 봐요?

답 솥 안에다가{밑에다가} 술밑을 넣고

문 그럼 소주 고리가 어떻게 기능을 하나요?

답 솥 안에다가{밑에다가} 술밑을 넣고 이게 솥이며는 소주 고리를 요만춤
{요만큼} 니러{내려}가게끔{조사자가 손짓을 한다}. 아니요. 그쿨{그렇
게} 안 니리가고{내려가고} 이게 전체 소주 고리라면 이래 요만춤 니레
가만{내려가만} 인제 짐이{김이} 세만 술이 적잖아요 짐이 술이 되는데.

---

12) 시루에 김이 빠져 나가지 못하게 소주 고리 둘레를 빙 둘러서 붙이는 밀가루 반죽을 이름.
13) 소주 고리의 입구, 주둥이.

그르께네 미까루{밀가루}를 해 가주 요래 가{둘레}를 바르고 위에도 옹가지에 물 붛고{붓고} 거 인제 시룻본을 바르고 옹가지에 찬물이 냉각수의 기능을 하지요. 근데{그런데} 그때는 옛날이지마는 소주고리에서 나오는 술이 고르게 요래 {술병에} 드가고 수련하게 해가지고 위로 빠지드라꼬요.

🔳 그때도 소주가 인기가 있었나요?

🔳 그거는 잘 모르겠고요. 그때 되만 양이 술이라꼬,

🔳 이걸 크게 해야 되겠다하는 생각은 언제 하셨나요?

🔳 그른 마음도 없고요. 하다가 마다가 제미라 그를까, 쫌 피료 할 때만.

🔳 그럼 몇 년 정도 하셨나요?

🔳 안동 소주를 그때 몇 년 만들었는지는 모르고 할 때도 있고 안할 때도 있고, 할 줄은 알기는 알고 있어도 제국시대에는 술 못 만드지만{만들지만} 가마이 가마이{몰래 몰래} 하지요. 사뭇 계속 한 거는 아이고 필요할 때 하지요, 그러다 말았지요. 재미라 그럴까 할 줄을 알기는 알고 있었는데, 필요할 때 하고 그래요.

나는 클 때부터 우리는 장사하는 걸 모르고 옛날부터도 봄에 농사짓고 작은 사람들은 머 부잣집에 나락 보리 이른 걸 꺼먹는지 얻어다{얻어다가} 먹는지 이라는 것만 봤지. 팔로는 안 갔어요, 이 밖에서 머슴들, 그 어른들이 요새 긑으믄{요사이 같으면} 총무라 그를까 그른 사람들이 팔고 들롷고{들여 놓고} 이랬는데 그른 건 전혀 몰랐어요.

그랬는데. 그래 지내 왔기 때문에 그른 건 전혀 모르고 술을 기억하고 한 것은 일제 이제 이전에 집에서 담가 먹었는데 일반집에서는 주로 막걸리를 해먹었지만, 부농가에서는 소주를 내려 먹었어요. 일제시제 이전에 술을 집집마다 다 당가{담가} 먹었어요. 손님 오만{오면} 만들어났다가 반주로 나가고 그랬어요. 시집오기 전에 다 배왔어요{배웠어요}.

그러고 술을 만들지 않다가 86년 아시안 게임, 88년 올림픽 게임을 맞이

해서 정부에서 이래 보이~께네 외국 손님이 오이~께네 우리나라는 술을 만들어 온 역사가 있으니까 문화제를 발굴하자 이래 됐어요 문화관광부에서 교수와 전문가 등으로 위원회를 구성해서 안동에서 무슨 술이 유명하냐 검토를 해 보고는 처음에 동동주를 만드는 게 어떠십니까? 그랬어요. 근데 동동주에는 어디든지 다 있었고 옛날에 안동에는 소주가 유명했으이~ 안동소주를 만드는 게 어떠냐고 안동소주를 추천했어요 그랬더니 담당자가 할무이~ 할 수 있냐고 그래서 할 수 있다고 그래서 만들게 되었어요 문경은 호산춘, 전주는 이강주, 김천은 과화주 등이 올라 왔지요. 그래서 안동에서는 성병희 교수, 황혜성 교수님이 안동을 수십 차례 왔다 갔다 하면서 자문을 받아서 안동소주가 만들어졌고, 이제 문화재로 지정이 됐지요

7) 운명이 졌으이 이 방향으로 살아가야 될따는 생각밖에 없어

📖 지금 현재 활동은 어떻게 하고 계시나요? 전통 음식 강연을 하신다면서요

📑 전통 음식 강연이 아니고, 강의를 해요 음식만드는 거는 시집오기 전에 어느 정도 클 적에 너무 번화하고 큰집에 커가주요 우리는 클 때 이맘때 되만 우리 할아부지나 아부지나 이 사람을 하나 디루고{데리고} 온대 논부친데 밭부친데 나락{벼} 거둫잖아요{거두잖아요}. 그를 쩍에 단품이라 그르데. 그래 {담품} 가셔요 가가주 올해는 및{몇} 말다고 그른거 해가주 인제 소작인들이 막 구르마로 소게도{목화도} 실코{싣고} 오고 지고 오는 사람 이르만 이 가을부터 봄까지 그 이듬까지 늘 밥해주는 게 일이래요. 그만 막 겨욹에는{겨울에는} 무를 막 이마큼 하고 메리치{멸치} 퍼런게{파란 것이} 지진다든가 국끼린다든가{국끓인가든가} 저레 국끼리는데{국끓이는데} 밥을 이만큼씩 그래 그랬는데, 손도{손님도} 마이{많이} 쳤어요{대접했어요}. 아부지가{아버지가} 법원에 계시다가

그래 저걸 하이까이~ 법원에 계신지 어쩐지. 그 옛날에는 미까서끼라고 일제 있었고, 또 동밖에 시늘간{신월관}인동 먼동 간{관}도 아주 큰 가니{관}이 및 군데 있고, 근데도 어쨌든 신녀네{신년회}, 송벼레{송별회}, 화녕회{환영회}를 집에서 다 하셔요. 그레하이께네 옛날에는 이른 소두배{솥뚜껑}에 장작을 떼가 숯을 피우고, 나 클 때 얼매나 이 적을{부침개} 꾼는지{굽는지} 여 꾸덕살이 백앴어요 {박혔어요} 시집 와가주고 버꺼지드라꼬, {벗겨지더라고} 그게 익어져 그른지 그르고 또 우리 어무이가{어머니가} 또 아주 이복에나{의복} 음식에나 아주 소질이 많으시고 어데 비할 데 없이 자라서 가주고 그르는지. 머 두부조림이고 머고 머고{뭐고 뭐고} 하는 거는 그때 다{모두} 봤는 거래요

문 강연회는 매주 하시는 건가요?

답 전통음식 강의는 매주 화, 목으로 10시에서 12시까지 두 시간하는데, 또 요게 석달 코쓰로 끝나믄{끝나면}, 규소{규수} 학당이라꼬 있어요 잔채{잔치} 음식을 가르치고 고임하고 이라데요 오번에{이번에} 요거는 넉 달로 해놓고 요거는 안 냈는데. 인제 구월사일날부터 어제지요 야간을 했어요 직장여성들 삼십 명이드라꼬 직장 여성들 또 반찬 자기는 하기 싫고 그런거 뭐 해보자 그면 하고……

문 요즘 일과가 화요일, 목요일에는 강의하시고 다른 날은 어떤 것을 하시나요?

답 딴 요일도 멀{무엇을} 하는지 그래. 수요일은 농촌 기술센타 가고 이 성질이 일도 아하고{안하고} 그양{그냥} 있으면요 생 발강이{발광이} 나고요, 그라고 잡념이 많고요, 일만 딱 드만{들면} 아무 잡념이 없고요 거게만{거기에만} 몰두하는지 잡념이 없꼬, 요전에 며칠에는 영감이 아푸이{아프니} 병원에 가가주고 조일{종일} 있다 오고 열시 되만 오고 그라지만 너무 저거하이 생병도 나고 몸살이 나고 몸이 막 찌끈찌끈한 게 그코{그렇게} 그래요

📧 강의에 음식 주제는 무엇인가요? 예를 들면?

📧 주제가요 우리 전통에 관한 거를 하는데, 너무 일반 음시기라 그를까 양음식 글 은 거는 몬한다는 거 보단도{보다도} 전통이 부텄는 신선로 그런 걸{것을} 해요

근데 나는요 클 때 장사를 아해바노이께네{안 해봤기 때문에} 남 주는 걸 좋아해. 클 때 어른들 남 주는걸 없는 사람들 주는 걸 그래하고, 일은 아하면{안하면} 안 되고요 잡념이 되고요 근데 이제 마이 줄이요 누구 씨기지도{시키지도} 안하고 그 부유한 가정에서 크면서 어예{어떻게} 시집을 와가지고 친정에 갈 줄도 모르고 그 일을 그래 했을까 어떻게 그 일을 했으까? 누가 씨긴 것도 아니고 어떻게 그렇게 했으까? 그 때 그 형편에 맞차{맞추어} 했는 거 겉에요. 건데 어떨 때는 인터뷰라 그럴까 이렇게 말하고 그럴 때는 본 머슥 때로는 하기는 지끼도{말해도} 한 편으로는 난처하고 부끄러운 맘이 들어요 구체가 없고 운명이 졌으이 이 방향으로 살아가야 될따{되겠다}는 생각밖에 없어요

1.2. 제보자(2)

1.2.1. 헛제삿밥 조계행 소개

조계행 할머니는 경상북도 안동시 동문동 동흥 2길 35호에 살고 있다. 1926년 4월 30일 신안동에서 태어나서 열아홉 12월에 시집와서 어느덧 회혼을 훌쩍 지났다.

조계행 할머니는 안동댐 건설로 수몰 직전의 고가옥, 안동댐 내 야외 민속박물관(초가)에서 전통음식인 안동 칼국수와 헛제사밥을 안동의 전통음식으로 자리 잡게 하였으며, 1978년에는 대표적인 향토음식인 헛제삿밥

을 처음으로 식당 메뉴에 넣어 상품화한 장본인이다. 유교문화의 본고장인 안동지역은 의례 중 제사를 숭상해왔다. 밤늦게까지 책을 읽던 선비들은 비빔밥(밤밥, 신지밥)을 먹으며 글공부의 신고를 달랬던 것에 착안하였다고 한다.

결혼 전인 15세에 아버지를 따라 일본에서 4년 정도 배급소에서 아버지를 도왔던 것을 제외하면 여느 처자들과 다르지 않았다. 19세에 일본에서 돌아와 2살 연하인 17세의 남편을 만나 결혼을 했다. 그러나 큰 아들이 다섯 살 되는 해, 목공일을 하던 남편은 해방이

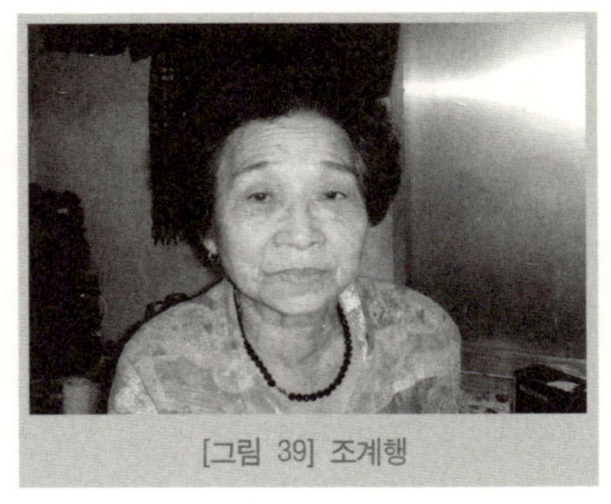

[그림 39] 조계행

되자 청년당에 들어가서 활동을 하다가 빨갱이로 몰려 총살을 당했다. 남편 사이에 세 명의 아들을 두고 있지만, 결혼 생활은 고작 4년 정도이다. 홀로 되신 시어머니와 함께 떡장수를 하면서 어려운 생활이 시작되었다. 25세에 6·25 전쟁을 겪었고, 피난을 다녀와서 국밥장수를 시작한 뒤에 27, 8세에는 독자적으로 식당을 차렸다. 그러나 초등학교에 들어간 자식들 때문에 식당을 그만두고 농사를 짓고 누에고치를 치기도 했으나 결국 국수 가게를 다시 시작했다.

할머니의 국수 맛은 시장님까지 다녀갈 정도로 유명하였다. 마침내 식당에 자주 오신 시장님은 조계행 할머니를 뽑아 안동댐 내 야외 민속박물관에서 전통음식점을 차릴 수 있도록 도와주셨다. 1978년 박물관 내에 입주하여 '안동민속음식의 집'이란 간판을 걸고 음식점을 시작하여 약 20년 동안 그곳에서 장사를 하셨다. 현재 식당은 안동댐 입구(안동시 상아동)에 2001년 집을 신축 이전하였으며, 전수를 받은 며느리와 큰아들이 음식점을 운영하고 있다. 큰아들 이상호 씨는 현재 무형문화재 69호 하회별신굿

탈놀이 기능보유자로 인간문화재이다.

먹고 살기 위해 시작했던 식당이지만, 할머니의 음식솜씨는 타고났다고 해야 할 정도로 뛰어 났다. 평범한 안동지역의 향토음식을 상품화하여, 헛제삿밥을 안동지역 대표적인 전통음식으로 만들었던 것에서도 알 수 있다. 할머니는 안동지역의 대표적 민속주인 안동소주 전수자인 조옥화 할머니와 친척이다. 할머니 역시 어린 시절 친정에서 안동소주 만드는 것을 보고 자랐고, 직접 만들어 보셨기에 만드는 과정을 자세하고 알고 계신다. 현재 조계행 할머니는 82세의 나이에도 불구하고 맛있는 민속음식점을 다시 한 번 꼭 해보시겠다는 의욕을 가지고 있다.

1.2.2. 제보자의 생애 구술

1) 안동소주는 막걸리로 만드러가주고 술이 독헤야데거든

🈺 그럼 시집 올 때부터 얘기를 헤야 델세. 옌날에 일제시데 떼

🈶 그때부터 이제 옛날에 소주 만들었던 그런 것 들어야 되는데 그게 한 개도 없잖아요? 그러니까 몇 살에 시집을 오셨나요?

🈺 열아홉에 열아홉에 왔는데, 음녁으로는 스무하룻날이고 양녁으로는 십이월달이 십이월달이라, 음녁으로 그르이까네 구월달이니까네 음녁으로 구월 스무하룻날 시집와끄든{시집왔거든} 네가 그때부터 사묻 업는 사람이 고셍을 만이 허으니께네

🈶 거기서 친정에서 시집오기 전에 소주만드는 거 직접 해보셨나요?

🈺 소주 만드는 거는 어예 어예 나그트만{나같으면} 직접 했는거는 막걸리를 만들어가주고 곡자도 집에서 띠우고 띠아가주 그 술을 멘들어가주고, 그 그떼는 기게를{기계를} 멘들어가주고{만들어서} 했잔나아{했잖아} 기게를 우예노하면{어떻게 하냐하면} 그떼는 함석으로 마이 만들어그뜬

{만들었거던} 만들어가주고 솥에다 언저가주고 마이 팔러다니고 그랬지 그떼 네가 나이가 어려가주고 우리 오빠가 멘들었기 떼문에 그 하는거는 과정을 다 아는데 네가 만드는 거 꺼짐은 내가 막걸리로 만드러가주고 술이 독혜야데거든

문 막걸리랑 소주랑 같아요?

답 막걸리를 멘들어가 소주 끌체나

문 그럼 막걸리 만드는 거 먼저 해주세요

답 막걸리를 만드는 거는 과정은 인제 멩 누룩을 띠아가주고 누룩을 멩 밀을 갈아가주고 인제 방깐에{방앗간에} 가서 옌날에는 방깐이 어디 있나 그트만 업쓰만{없으면} 연지방아{연자방아} 소가 이레 몰고 그른데 빠가주{빻아 가지고} 누룩을 만들그든 만들어 가주고 인제 누룩을 만들어서 인제 어옌나 그트믄 잘 띠울라면 거 또 인제 쑥 쑥, 먼 쑤기냐 하며는 요세 이레 비비가주고 하는 거 있잔나{있잖아}? 연기 네가주고 이레 비벼가하는거 머로?

문 약쑥

답 약쑥, 약쑥을 여가주고 띠우만 술이 더 독하고, 그레가주 그 술을 멘드는 거라

문 누룩 넣고

답 누룩을 빠가주고 만약에 쌀 한 말그트만{한 말같으면}, 누룩을 얼메나 했나 누룩 또 인제 거진{거의} 비스타이{비슷하이} 같이 여야데{넣어야 돼}, 만약에 쌀 한 말그트만 누룩 또 그른 빠가지고 한말택{한 말 정도} 너야데{넣어야돼}, 그레야 술이 독하그든, 그른데 술을 얼메나 물을 잘 했나 그트만 한 두 말 두 말 정도 잡아가주고 너야데{넣어야 돼} 그거를 물도 안타고 그냥 꽈야데{고아야 돼}, 그냥 그 솥에다 그냥 꼬는거라, 꼬만{고면} 인제 거서 진짜 소주가 나오지 사십오도로 나오고, 첨에 나올 적에 사십오도로 넘어 넘는겐데, 그거를 딸에가주고는{달여가지고} 타

지 타야인제 사십오도를 만들그든

문 무엇을 타나요?

답 술을 전부 그냥하만 독해가 못 먹그든, 오세 빼갈메로{빼갈같이} 그거를 만약 사십오도 같으며는 사십오도를 덜 독하도록 멘들어야데

문 어떻게 만드나요?

답 술을 첫 뻔 짜는 거 하고 넨제{나중에} 짜는거 하고 섞어야데 섞가주고 서는 합이해가주고{합해서} 서는 인제 병에 너어가주고 팔아야데거든

문 무쇠솥에 하는 것은 어떻게 하나요?

답 무쇠솥에 하는 거는 또 솥을 솥에다가 인제 막걸리를 붇코{붓고} 소두보{솥뚜껑}를 인제 까꾸로{거꾸로} 세우지, 이게 소두베자나{솥뚜껑이잖아} 여다{여기에다가} 세우자나{세우잖아} 세우만 이 밑에는 솥이잔나{솥이잖아} 그지 솥에다가 인제 저걸 넣는 게라 그륵을{그릇을} 넣는 게라 양제기를 양제기를 여만{넣으면} 인제 소두베 꼭떼기로 물이 흘러네리자나{흘러내리잖아}, 그게 인제 소주가 인제 꼭떼기서 인제 물 흘러네리는 거는, 베게{밖에} 물 못 나가도록 하는 거는 인제 밀가루를 가주고 인제 디게{되게} 멘들어가주고 반죽을 헤가주고 솥 가세다가{가장자리에다가} 발라, 발라노믄 인제 물이 박그로{밖으로} 못 티기도록, 그레야 소주가 옳게 나오지 안그람{안 그러면} 물이 베게{밖에} 나가쁘만{나가버리면} 소주가 베끄로{밖으로} 다 나가뿌자나{나가 버리자나} 그레가주고 이게 밑도쯤 데따{몇 도쯤 되겠다} 싶으만 인제 그 인제 불을 꺼뿌고{꺼버리고} 인제 소주를 인제 드러네고 또 소주를 멘들어야데, 또 거다 소주를 부가지고 까야데{고아야돼} 그레 까가주고는{고아가지고} 인제 다헤가주고는 옛나레 두리미{두리미병, 술병} 있잔아{있잖아} 요세 막 보지기 그튼거 거다 여가주고 인제 팔러나가지

문 병이 무슨 병이라고요?

답 두루미라 카잔나{두루미라고 하잖아} 두리미

问 그럼 아까 솥 전에 밀가루 붙이는 거 그걸 뭐라 그래요?

答 밀가리 반죽을 하지, 반죽 멩 말하자만 국시 멘들쩍에{만들 적에} 반죽
하자나?

问 그걸 뭐라 그래요? 이름 부르는 말 있나요?

答 그거 그냥 반죽 하는 게라 카지 밀가루 반죽하는 게라 카지{것이라고 하
지} 밀가루 반죽을 헤가주고 솥에다 바르는 게라, 솥 전에 인제 짐{김}
안나가도록, 고레 발라야 인제 지미 딴데 안나가고 솥에다 소두베다{솥
뚜껑에다} 인제 고다 물을 자꾸 갈아야네, 뜨겁으만{뜨거우면} 퍼네고
또 찬물 붕고{붓고} 그레야 자꾸 찬물이 드가야 밑에 소주가 인제 물이
자꾸 양제기에 자꾸 떨어지지 떨어가주고 그거 들어네고는 또 세로하고
세로하고 그레가주 인제 마이 멘들잔나{만들잖아} 한 말을 멘들든지 두
말을 멘들든지 그레해야 데

问 직접 만들어 보셨어요?

答 응 직접 해도 그레 하는 게고, 직접을 해도 그레하는 게라, 집에 머 엄마
게시만 그레해도 데는 게라 술을 멘들어가주고슬랑 솥 안에다가 물도 안
붕고 거다 막걸리를 붕는{붓는} 거라 막걸리를 거르지도 안하고 그냥
뻑뻑한 거를

问 막걸리도 집에서 만들어가지고

答 만드러가주{만들어서} 그냥 부야데.

问 막걸리는 어떻게 만드셨어요?

答 막걸리는 거 멩 누룩하고 해가주고 멩 밥하고 섞어가주고 해가주 술을
삼일 데든지 사일 데든 간에 술이 다 데야 데자나

问 안 거르고요?

答 안걸러 안걸러 안거르고 그냥 그데로 뻑뻑한 거

问 그른 술을 뭐라 그래요?

答 점베기{전배기}라 그지, 점베기, 막걸리 점베기를 솥에다 너가주고{넣어

서} 거다 불을 떼는 게라, 불을 떼만 반죽 했는 거를 소두베 옆에다 밑에다 발라가주고 떼만 이게 인제 물이 짐미{김이} 나갈 떼가 업쓰니께네{없으니까} 소두베 여 자꾸 물을 붙잔나{붓잖아} 물 펄펄 끌차나{끓잖아} 그르믄{그러면} 안데{안돼} 자꾸 퍼네야데 퍼네고 또 찬물붇고 찬물붇고 그라만 인제 그 술이 거진 다{거의다} 뎄겠다 싶으만{됐겠다 싶으면} 다 퍼네뿌고는{퍼내버리고} 또 솥을 떼가주고 또 새로 또 새로 거다 술을 버가주고{부어서} 헤야데

📋 한말 하려면 굉장히 오래 걸리겠네요?

📋 오레 헤야 데고 거다가 솥이 커야 데지 옌날에 가면 솥이 큰 게 있잔나{있잖아} 옌날에 거 왜 소죽 끼리고{소죽 끓이고} 한 그른 솥에다 헤야데

📋 그럼 할머니는 거기다가 쑥은 언제 넣어요?

📋 쑤그는{쑥은} 쑤거는 누룩 드들저게{디딜 적에} 누룩 드들적게 누룩하고 같이 미주 디디는 거 봤지

📋 누룩은 어떻게 만들어요?

📋 누룩은 또 밀을 빠가지고{빻아서} 거다가{거기에다가} 물을 너어{넣어} 섞어가주고 그레 만드는 거라 그레 가주고 인제 쑥을 비가주고 누룩 이레 놓을 저게 우에다 쑥을 나아 나가 같이 띠우는 게레{띠우는 것이야} 같이 띠우만 쑥에도 짐이 나오자나 독한 게 그거하고 같이 술하고 같이 담아야데 살이 쫌 빠졌다 요세 일이 바쁜 그따

📋 예

📋 얼굴이 마이 모하네, 그거는 술은 완전이 그레 해야데, 그레해야 고게 인제 소주가 데는 게고 고 다음은 뭐

📋 동동주는 그러면

📋 동동주는 거는 인제 옛날 같으만 밀가리 누룩을 물에 담가가주고 걸러야데

📋 거른 찌꺼기를 뭐라 하나요?

답 찌끄레기는{찌꺼기} 네비레뿌고{내버리고} 찌끄레기를 그냥 찌그레기라
　카지 머 막지 술 막지 술 막지라 그르지{그렇게 하지}

문 알게미 그 뭐

답 막찌라 그르지.

문 아레기가 뭐예요?

답 아레기는 아레기는 소주 꼬았는거 아레기 그거 아레기고

문 소주도 찌꺼기가 있나요?

답 소주 꼬믄{고면} 밑에 막걸리 담는 그거 찌끄레기 이짠아{있잖아}

문 아 그게 찌끄레기예요?

답 거 찌그레기레 그레 그기 아레기레

문 소주 찌꺼기는 아레기라하고

답 아레기고 아레기고 인제 동동주 하는거는 빠가지고{빻아서} 가리 빠가
　지고 누룩하고 엿찌름도{엿기름도} 드가 엿찌름도 드가가주고 같이 빠
　가가지고 안차야데{안치어야 돼}, 안차가지고 동동주하는 거는 꼬두밥
　도 쌀쪄가지고 싸하게 식하가주고{식혀서} 물을 넬넬 안차가주고 그래
　해야 동동주가 마이

문 소주에는 꼬두밥이 안들어가나요?

답 소주에는 밥해도 되고 꼬두밥 해도 되고 상관없어

문 역시 꼬두밥이 들어가요?

답 그거도 꼬두밥

문 꼬두밥은 언제 들어가요? 소주 만들때 같이

답 멩 만들 저게{적에} 같이 전부 같이 드가야데{들어가야 돼}, 전부 다 동
　동주도 할 적에 같이

문 할머니는 술을 언제부터 만드셨어요?

답 술 나는 머 결혼헤가주고부터 멘들었고, 처자떼도 나이 찾쓰이께네 열아
　홉살 데면 옌나레 다 컸잔나{컸잖아} 집에서 만들어라 그믄 만들어

2) 열아홉에 일본서 나와가주고 이집으로 시집 와가주고는 그떼부터 고생을 한게라

问 그때 열아홉살 때 시집 오기 전에는 뭐 하셨어요?

答 그냥 촌 있었지 머, 촌에 그냥 살림살고 있었지.

问 일본 갔다 그러셨잖아요?

答 일본 갈쩨는 중년에 갔자나{갔잖아}.

问 언제 결혼 하고요?

答 결혼 안하고 열다섯살에 드가가주고

问 거기서 뭘 하셨어요?

答 일본서 그냥 우리 아부지하고 살림사고 하는데 배급소를 했어. 베급소 할적에 배급, 인제 그 쌀, 설탕, 까자그튼 거{과자같은 것} 막 이런거 베급했어

问 일본 사람들

答 일본사람들

问 사는 모습 좀 이야기 해주세요 그 때 당시 그 때 한 몇 년도에 갔어요?

答 글적에 갔는게 네가 열다섯살에 가가주고 열아홉에 나왔으니께네, 사년 육년 있었나?

问 일본 어디에 가셨어요?

答 큐쥬

问 일본 사람들 그 때 당시에 생활이 어떠했나요?

答 일본 사람들도 생활이 우리 있든데는 일본에서도 쪼끔 반촌이래 반촌이레 가지고 농사짓꼬, 벳까레가주고{뱃가여서} 고기 잡아다가 팔고 이레

问 우리 나라보다 잘 살았어요?

答 뭐 우리 나라라 별쑤 업찌 그 사람들또 사는게 머머 가보만 일본사람들도 잘사는 잘살지 못 사는 사람은 메 한가지레

㉣ 일본 구경은 좀 하셨어요?

㉠ 일본 구경은 쫌 했지 머, 그담에 구경을 하고는 네 나와가주고는 네가 돈 벌어가주고 세로 일본을 갔다 왔지

㉣ 그래서 열아홉살에 와서는 결혼을 하셨어요?

㉠ 결혼은 열아홉에 일본서 나와가주고 바로 결혼해가지고는 이집으로 시집 와가주고는 그때부터 고생을 한게라

㉣ 할아버지는 몇 살 어떻게?

㉠ 할베는 그떼 나이 열일곱에 장게오고, 나는 열아홉이고 그케 일찍이 장게 갔지 옌날에는

㉣ 그래서?

㉠ 그레 갔는데 그때 머 머냐하며는 요새 그트만 학교뎅길 나베게{나이밖에} 안데자나{안되잖아} 그때같으믄 목공닐 했어 일본사람 목공닐 일본 집 짓는거 그거 목공닐 하다가 고만 또 한국사람들하고 일본사람 들어가고 난디에{들어가고 나서} 자익 우익 뭐 청년당이라고 있었자나{있었잖아} 그래하다가 몰레가주고 있다가 빨겡이로 몰레가지고 있다가 암살 당해부랬어{당해버렸어} 셍다지 암살 그트만 셍다지로 지기뿌랬서{죽여 버렸어}

㉣ 애들은 몇 살 때였어요?

㉠ 우리 큰 아가 다섯 살, 고다음에 세 살 육게 월 된 그른게레 요레 데써 {요렇게 되었어}

㉣ 결혼 생활은 몇 년 하셨나요?

㉠ 결혼 생활은 마구 사년도 못 했을게라 왜 그냐 그트만{왜 그러냐 같으면} 또 뿌들레가{붙들어 가서} 또 형무소 드가있었지 빨겡이로 형무소

㉣ 뭘 먹고 살았나요?

㉠ 그떼는 인제 우리 시어머님하고 같이 인제 떡도 헤가주고 팔았다 그잔나.

㉣ 무슨 떡?

답 송편 그래해가지고 그때는 막 이고 댕기기도 모해{못해} 역앞에 역앞에
이 막 천으로 덮어 씨고 소구리에다 담아가주고 시어머니하고 팔아가지
고 먹고 살았고

문 그 때 얼마 했어요?

답 그떼 떡하나 미푼{몇 푼} 받았는지 모르지 뭐 시어머님 하이께네 나는
머 맨들어가지고 시어머님 팔러갔는 것만 고것만 알지 돈 얼매 받았는가
묻지도 안하고 옌날에 또 시어마이 한테 물으만 미느리{며느리} 알분시
럽다{잘난척한다} 그래가지고 묻지도 못 하자나 시어마이 팔아가지고
오만 쌀밥주만 해먹꼬 쌀 또 없어 그떼는 쌀도 잘 파진 못 하고 버리쌀
그튼거 막 이레 갖다 놓고

문 밥은 뭐 어떻게 해먹었나요?

답 대두밥도 갔다다{갔다가} 놓고

문 대두밥은 뭔데요?

답 대두밥이라 카는거는 콩 짰는거 콩 막찌 짰는거 그게 대두밥이레 그거또
{그것도} 사다 그거또 잘 못 사다 먹었다꼬 그지

문 원래 파는 거예요?

답 그거또 사다먹꼬 또 인제 누룩하는 이거 지울 그것도 사다가 이레 섞어
가주고 인제 호박도 넣고 섞어 쪄가주고

문 그거 이름은 뭐라 하나요?

답 그거 인제 그르이께네 개떡이라 카지 뭐 개떡 개떡이라하고 이름을 붙여
가지고 개떡 한가지레 그레 먹고 살았어. 그레 먹고 살다가 인제 헤방데
가주고는 고다음에 인제 시어머님 하고 버스, 기차 역에서 밥장사를 하
는 게라 시어머님과 인자 고다 밥장사 상을 이레 만들어놓고 난가게를
멘들어 놓고 거서 오마 막 외부에서 갔다온 사람은 막 베가 고파 밥을
사먹잔아아{사서 먹잖아} 그레 인제 밥을 헤가주고

문 밥은 어떤 밥을 해먹었나요?

답 그때는 쌀을 팔았이께네 시골 사람이 쌀을 팔았으니께네 한 데쏙{한 되
씩}, 한 목에 한말도 못 삿는 게라 한 데 쏙 두 데 쏙 사다 밥을 헤가주고

문 쌀로 쌀로만 했어요?

답 쌀로 쌀밥을 헤가주고

문 반찬은 뭘 하셨어요?

답 반차는{반찬은} 그때 머 나물, 콩나물하고 베차 그튼거 헤가지고 비빔밥
을 해가주고 팔고, 또 인제 배차 쌀마가주{배추 삶아 가지고} 인제 나물
국 끌이가주고{끓여서} 그때 주고 딘장도{된장} 찌지가지고 주고 그때
밥 한 상 얼마 받았는지도 모르지 오레 하도 오레 데가주고, 그때 나이
네 스무 살 때였는데 그라고 피란 갔다 와서 고생을 한 거하고

3) 국밥 한 그륵에 인제 이십원쏙

문 피란 갔다와서는요?

답 피란 갔다 와가주고는 집 또 없는데다 막 움막집을 지가주고 옆에 우리
집 옆에 곡제 회사가 있었어 누룩 뜨는 이 있었어 그 옆에다가 집에다가
함석쪼가리 갔다 달라그레서 다디 간판을 부쳐가지고 거다 지가지고 방
을 그 아네{안에} 방이 있자나{있잖아} 그거 씰어뿌고{쓸어 버리고} 고
위에다가 가마이 갔다 깔고, 그레가지고 마 거지 한가지지 뭐 사는게{사
는 것이} 아도 옷도 사입헤지도{사서 입히지도} 못하고 마구 머 멘발로
뎅기고{다니고}, 그때 머 한참 아들이 인제 네 살이고 여섯 살이고 두
살쯤 댔지{됐지} 머 신발이 있나 신발도 없어가지고 그라만 전부 다 그
레 신기가지고 사는 거는 뭐

문 그래서 국밥장사 하셨다 그랬잖아요?

답 그레가지고 네 인제 국밥 장사 안헨나

문 국밥은 어떻게 받았나요?

답 국밥 한 그륵에 인제 이십원쓱{씩}, 소고기 사다가 무우하고 파하고 넣어가지고 끌이가{끓여서} 밥넣어가지고 한 그륵에 이십원쓱{씩} 인제 이십원쓱 받고, 그때 머 십원 짜리 쓱 저거 했거든 십원쓱 이십원쓱 그 때 그거는 큰 돈이랬거든, 그라고 오십원쓱 받는 거는 더 잘 주고

문 장사는 잘 됐어요?

답 그레 그레 사다보이 참

문 그 다음에는 뭐 했어요?

답 그 다음에는 인제 식당을 하는 게지

문 아 이제 차렸어요 식당을?

답 차리가지고 그레 인제 집지어 가지고 인제 집을 움막집을 뜯어뿌고 인제 헌나무 사다가 벳집을 지가주고,

문 벳집?

답 벳집이라 카는거는 그냥 아무 달지도 안하고 짝대기만{막대기만} 세아가지고{세워가지고} 짝데기 우에 언저가주고 짚 니기가지고{이겨서} 하는게 그게 벳집이레

문 볏단한다고

답 그레 응 그거

문 베 베

답 베또 베한가지지 머

문 벳처럼

답 그레 사다가 네 인제 돈벌어가지고 아들도 인제 쫌 크고 그래서 인제 식당을 했는 거레 식당을 해가지고 인제 쫌 사는게 나아졌지

문 그레 뭐 그 때 식당 음식은 뭘 했나요?

답 그때 음식해도 우리는 잘 살았그든 먹을걸 해가지고 갈비탕도 하고 꼼탕도 하고

문 그 때가 몇 년도 였나요?

답 그래시이께네 그레 네가 우리 나이 인제 네가 스물 다섯에 육이오 사변 나뿌래가지고{6 · 25사변이 나서} 스물 일곱 여덜 요레 댔지{됐지}

문 그러면 애들도 많이 컸겠네요?

답 애들은 인제 국민헥교 뎅기고 요했지 그레가지고 인제 성공했는 택이지.

4) 농사 지러 갈 적에 또 집구석 다망해뿌고

문 그러면 계속하지 그러셨어요?

답 계속하다가 아들이 인제 또 크이 아들이 인제 식당을 하는 것도 실어하고{싫어하고} 해가지고 그레 안한다고 하다가 아들도 직장을 뎅기내야{다닐 수가 있어야} 말이지 아바이 빨겡이짓 해 죽었다고 핵교는 다 고등학교 다 시킷는데 직장은 안데는기라 직장을 못하고 아 하나는 오새 탈춤추는데 인간문화제 된 이상호라고 그 사람은 가는{그 아이는} 그거 뎄고, 그다음에 둘 동상가네는 운전해가주고 운전 배아가꼬{배워서} 저데로 살고

문 그러니 그렇게 하고 그 다음에는 농사 지으러 들어가셨잖아요?

답 농사 지러 갈 적에 또 집구석 다망해뿌고

문 어쩌다가 그러셨어요?

답 집 구석 돈 다 망해뿌고 우리 큰 아들이 막 이레 저레 하다 다 망해뿌고 저 저 서후 구담이라 카는데 가서 농사 짓고, 누에도 믹이 받고{먹여 보았고} 거 참

문 누에는 어떻게 먹여요?

답 누에 인제 세끼 요레 쪼매한거 나오는

문 그걸 사는 건가요?

답 그걸인제 쪼메한 세끼 메게노면{먹여 놓으면} 고거를 뽕을 메게가{먹여서}

문 벌레는 어디서 가지고 오나요?

답 그거는 인제 시내에서 인제 거 파는데 있었다고

문 그것도 사가지고

답 그것도 사는데 사가지고 일했지 우리는 인제 댕기면서 뽕도 따다주고 밤
으로 또 누에 밥또 주고 누에 밥이라고 인제 뽕이파리 따가지고 그레 가
지고 그래하다가 인제 내 나와 가지고 땜을{댐을} 찾아 드간거라{들어
간 거라}

5) 건진국시라는 거는 인제 아주 보드랍께 쌀아가지고 양념도 잘헤야데고

문 그전에 할머니 다른거 하셨다 했잖아요 국수집 했다고 하셨잖아요?

답 국싯집 할적은 저 시골서 저 국시할 적은 한가지 할 적에는 국시를 머
하냐하만 건진국시 칼국시 칼국시는 인제 쌀아가지고{썰어서} 삶아가지
고 하고 누런국시, 칼국시는 인제 건진국시라는 거는 인제 아주 보드랍
게 쌀아가지고 양념도 잘해야데고 마싰게 해가지고 또 비싸게 팔고

문 건진국시하고 칼국시하고 달라요?

답 달러

문 어떻게 달라요?

답 왜글로 하며는 건진 국시는 아주 곱게 쌀아가지고는 그거는 양념도 소고
기도 뚜드러 가지고 꾸미 해가지고 넣고 양념 여러 가지 넣고 호박도 인
제 뽀까가지고{볶아 가지고} 체로{채를} 쌀어가지고{썰어가지고} 놓고
또 누른 국시는 그냥 굵게 쌀아가지고 거다 저거 하는 게라 뭐 하냐하면
배차도{배추도} 넣고 호박도 쩌리{썰어서} 넣고 그래가지고 삶아가주고
그냥 그데로

문 반죽은 뭘로 하나요?

답 콩가리하고 밀가리하고

問 비율은? 반반씩?

答 응, 고레 가주 인제 메 치데가지고 홍두께로 미는게라

問 그대로 싸는 것은 싸는 것에 차이가 있네요 그죠?

答 싸는거 차이 있지 굵은 국수는 굵게 싸라야데고{썰어야 되고}, 보드라운 것은 보드라운데로 아주 보드랍게 싸라가지고 틀국시 메로 고로케{그렇게} 아주 곱게 싸라야지{썰어야지} 맛이 있고 고레

問 그건 물에 씻어 가지고 하는 거죠

答 물에 씻어가지고

問 그럼 그건 국물이 있어야 되겠네요

答 그거는 국물이 머냐 그트만 옌나레는 국시 삶은 고 물을 식하가지고{식혀서} 하만 맛이 더 있고, 요새는 마 가보만 다시마 삶아가지고 거다 다시다를 막 너가지고 마이 말아주자나{말아 주잖아} 그자 옌나레{옛날에} 우리 가트만 전부다 국싯 물에다 식하가주고 그다 소금을 인제 굵은 소금 간을 마차가지고 그래가주고 해노만 맛이 지데로{제대로} 인제 구수한 맛이 나고, 요새는 막 미원 그튼거 넣고 이레 하지 우리는 미원 같은 거도 안 쓰고

問 국수 몇 년 파셨어요?

答 국시 한 인제 네가 한 삼년 했을꺼라

6) 헛제사밥이란 이름을 우리 모자간에 지었던게레

問 그러다가?

答 그르다가 Eoa에 들어가게 된거라

問 댐에 들어가게 된 것은 어떻게 들어가게 되셨어요?

答 뎀에 드간거는 안동시장님이, {지금은} 돌아가셨어 그 양반이 이시장님 이라꼬 그분이 나혼차 안동시네서 네가 음식을 잘한다꼬 날 뽑아가지고

간 사람이라 네가 뽑아가주 해가주고 도에다 알가가지고{알려가지고} 이사람이 젤 잘하는 사람이니께네 뽑아가지고 민속촌에 인제 드간다 민속촌에 갈 적에는 도에 도에서 해준 거라 요세는 안동시에서 해주지마는 그때 도에서 한게라{한 것이라} 도에서 인제 전부 다 조사를 오고, 음식을 어떻게 해가주 하나하나 조사를 다하고

문 집세는 내시는 거예요?

답 집세는 그때 그적에 한달에 일년에 그때 삼십만원 그때 삼십만원이래 비쌌어 그때도

문 그럼 이제 음식 종류는 뭐 하셨어요?

답 비빔밥 비빔밥을 헤도 요세{요사이} 요{이} 시골비빔밥 그치 안하지 아주 고급 비빔밥이지 콩나물도 {머리 부분은} 전부 다 뜯어야 데고, 무우나물도 아주 곱게 싸르야 데고{썰어야 되고}, 나물 여러 가지를 아주 및{몇} 까지를 해.

문 어떤 나물?

답 나물, 호박또 인제 아주 곱게 싸라가주고{썰어가지고} 하고, 아주 나물이 그르만 한 다섯까지쯤 데는 게라 가지 나물도 하고 무우나물 하고 인제 콩나물 하고 배차인제 삶아가지고 무치고, 그레가주 전부 인제 조선 간장에다 무치지 조선 간장 무쳐가주고는 그다음에 인제 담을 적에는 인제 나물 전부다 대접에다가 한가지 한가지 각가 한테 안 담아 전부 한테 안 담아 담아도 대접에다 요게 머 넣고 요 머넣고 그래 그래 나가지고 요다 께소금 놓고 참기름 놓고 그래가지고 했어 그래서 밥 한상에 그때 사천원, 사천원 받고 삼천원 받고 그랬어

문 헛제사밥이란 이름은 어떻게 지었나요?

답 헛제사밥이란 이름을 우리 모자간에 지었던게레{지었던 것이야} 왜 지었나 그트만

문 그건 언제쯤 지었나요?

답 그게 그르이께네{그러니까} 네가 나이 글적에 나이 하메 사십이 넘어가
지고 갔그든 네가 네가 한갑을{환갑을} 거가서{그곳에 가서} 했으이께네

문 한 이십 년 하셨어요? 거기서?

답 거서 네가 십오년 하고 미니리{며느리} 조뿌랬어{줘버렸어} 미누리 줘
가주고 한 그 할적에

문 처음부터 헛제사밥이라 하셨나요?

답 첨부터 헛제사밥이라 했어

문 이름을 짓게 된 배경은요?

답 이름을 짓기 전에는 왜 그냥 비빔밥이라 케부만{고 하면}, 식당 가믄 전
부 다 비빔밥이라고 다 있잔나{있잖아}, 어느게 비빔밥인지 모르자나{모
르잖아} 모르이께네 우리는 이름을 지어야 델따{되겠다} 옌나레{옛날
에} 보통 비빔밥을 헤가지고 팔러 댕기는 사람 있었어

문 언제? 언제?

답 밤으로 왜글라믄{왜그러냐 하면} 밤으로 옌나레 먹을 음식이 없었자나
{없었잖아} 요세는 밤에 가도 밥달라그믄 밥주고 국달라 그믄 국주고
그지만, 그떼 그게 업써가주고

문 그때 그거 이름이 뭐 였어요?

답 그떼는 신지밥 신지밥이라고 있었어 그때는 그걸 신지밥 사세요 신지밥
사세요 그며 뎅기믄 동네 이고 댕기면서 소쿠리 담아 이고 댕기만서{다
니면서} 그늘 팔로 댕깄다고{다녔다고} 그사람이 다 돌아가셨어 다 돌
아가신 디에{뒤에} 우리는 인제 우리는 딴 걸 해야지 안 데겠다{안 되겠
다} 우리는 민속촌에 가가지고 밥을 이름을 이래가지고 신지밥이라 케
가주고는 사람들이 못 알아 들으이께네 안데이께네{안되니까} 헛제사밥
이라 짓자 헛제사밥이라 카만 왜 헛제사밥이라 했냐하만, 비빔빱이라카
만 사람 모르이께네 헛제사밥이라 케야 제사 안 지네는 밥 헛제사밥이다
제사지네는 밥이라 카만, 예사 사람은 제삿밥이라 카믄 안 먹어, 안 먹는

데 그래 예서 제사 안 지네는 걸로 헛제사밥이라 지어 그레 이름 지었찌

문 그게 한 몇 년도쯤 되었나요?

답 그르이 그게 하메 오레 됐지 네가 나이 그레 한 사십 넘어 쓰이께네 오
레 됐지

문 그때부터 이제 헛제사밥이라

답 오래됐지

문 그럼 할머니가 처음 하셨네요?

답 처음로 헛제사밥으로는 처음 했지 비빔밥은 다해도, 비빔밥은 다 해가지
고도 각 학교서도 마이 해가주잤어 단체로

문 반찬은?

답 반찬은 인제 반찬은 거서도 인제 전도 마이 꿉지 두부도 꿉꼬, 파전도 꿉
고, 호박전도 꿉고 이레 꾸가지고 사라에다 담아 그다음에 반찬은 인제
고등어 하고 상어그튼거 해가지고

문 그것을 뭐라 그러죠 상어는

답 상어는 그 반찬이라 하지

문 아니 상어 돔베기?

답 돔베기라 그지마는 그냥 반찬이라 그르지 이름은 돔베기라고 그지마는
반찬이라고 거 해가주 가지 가주가믄 사람들은 인제 반찬이라고 다 먹고

문 국은 탕 국 국은 어떻게 하나요?

답 국은 나물 뽂은{볶은} 콩나물 물

문 탕국 안하고요? 요즘 탕국 하잖아요

답 오셴{요사이는} 탕국하지 그때는 탕국 안했다고{안했다고} 그때 나물
물 해가지고 콩나물만 해가주 가만 그거 맛있어 그게 콩나물 하고 무하
고 뽂아가지고 가면 콩나물 건저 그거가주 가면 맛있어 그게

문 근데 신지밥이라는 말은 뭔 말이에요? 신주밥이란 뜻이에요?

답 신지밥이라 카는게 옌날 그트믄{옛날 같으면} 밤에 인제 그 제사밥이란

말은 못 하고 신지밥이라 했어.

[문] 그러니까 그말이 뭔 말이예요 신지가?

[답] 그떼도 멩 제사밥을 가주고

[문] 신주 단지 앞에 놓는 밥이라 해서?

[답] 아니레 아니고 그냥 신지밥이라 했지 밤에 그때 밥을 가주가만 제사밥 가지 왔다는 소리 안하고 신지밥 가지{가져} 왔다 그랬지

[문] 그 때도 따로 따로 담았나요?

[답] 따로 따로 담지 동네 가주 가는 거는 따로따로 담고, 마실에 먹는거는 전부다 비비가지고 주고,

[문] 비벼서?

[답] 요세는 저 하회가며는 전부 집안 먹으믄 큰데다 비비가주고 쪼메쪼메 나준다 카데 그는 절데로 안그레 전부다 각각으로 각자로 전부다 비비가지고 백이믄 백이고 오십이면 오십그릇 다 비벼주지

[문] 민속촌에서 할머니네 그 상호 이름이 뭐에요?

[답] 우리는 상호 이름을 저저 그떼 보면 머라 캤나 그트만 딴집에는 까치 머시기라 했고 우리는 그냥 민속 음식집이라 캤어 우리는 아즉 민속집이라 지금도 민속 음식집이라 데 있자나아{되어 있잖아}

[문] 지금도 하나요?

[답] 지금도 미느리가 하고 있자나{있잖아}?

[문] 그런데 그 때 왜 할머니 민속점 할 때 손자 손녀 데리고 있었다 했잖아요?

[답] 학교 네가 다 시켰잖아

[문] 그러니까 할머니와 함께 살았어요?

[답] 미느리랑{며느리하고} 같이 안 살았지

[문] 그러면?

[답] 미느리는 따로 살았지

문 아니 아들 아들

답 손자는 우리 아들이 인제 장게를 두 번 갔자나{갔잖아} 두 번 갔기 떼문에 첫 번째 갔는 거는 고마 올찬에{옳찮아} 가지고 결혼 저걸 저걸 해부렀어{해버렸어} 이혼을 해뿌렀어

문 그이 그 애들이 몇 명 있었어요?

답 남메

문 남매를 할머니가 키웠나요?

답 내가 키웠지 지금 시집 가가지고 애기

문 그럼 민속점 있을 때 같이 있었어요 할머니랑?

답 아들은 내가 사무 내가 데꼬{데리고} 었었지 메느리는{며느리는} 첨으로 결혼을 해가꼬{해서} 왔기 떼문에 저 큰어마이 낳는 아를 주만 안데자나{안되잖아} 아드리{아이들이} 또 오케{옳게} 못 크고 아드리{아이들이} 또 어마이{엄마} 업든거레{없던 것이어서} 가지고 엄마 소리를 잘 하지도 안하고, 크이께네 엄마 소리를 하지 엄마소리도 잘 안 해

문 그러면 시집 장가를 다 보냈어요?

답 이다 갔지 인제 딸아는 울산가서 사고, 머슴아는 저 호텔에 지금 있어 호텔에 과장으로 있고

문 할머니가 고생을 하셨네요?

답 고생을 했는 거는 마 한없이 했지 집도 업는거 집도 다

문 그러니까

답 아파트 사가지고 미느리 줘가지고 세로 장개{장가} 보냈지 자들도 장개 보냈지

문 돈 벌어 놓은 것 할머니가 관리 좀 하시지?

답 관리할 여가가 업는 게라 아들 학교 둘이 뎅기지 야들도 생황를 한해 가주고 네가 돈벌어가주고 줬시이~{줬으니까} 네가 먹고 살아야데지

문 그럼 가게는 왜 다 넘겨 주었어요?

답 그런 나는 지금 네가 데루{데리고} 있는 아들이 서울 살았는데 사다가 아들도 장사하다가 실패를 바가주고, 몬 산다고 날 가주라 그레 같이 갔어 서울 가서 실패를 바가 그레 이래됐자나{이렇게 되었잖아}

문 서울 가서서 다시 내려오신 거예요?

답 그레 같이 내려 왔지 같이 내려와가지고 요서 쪼메큼 하게 하이 데야 데지 안데고 우리 막네이~는{막내는} 인제 서울서 와가 지 차팔아가지고 하이 장사가 잘데고 거 돈 마이 벌었어

문 무슨 장사를 해서?

답 서울 올라 가뿌랬어{가버렸어} 올라 가부르고, 요 지금 모자 간에 있는 택이지 모자 올게 오늘 육십 하나이 들었어

문 누가?

답 우리 아들이

문 누가?

답 둘쩨가

문 둘째가 벌써?

답 큰 아들은 하마 한갑지냈어 이상호 씨가 하마 한갑지냈자나{환갑지냈잖아}?

문 그러면 이제 둘째 아들은 지금 어디 계세요?

답 여 네하고 같이 있지 뭐

문 여기요?

답 여 침대 자고 나는 요 밑에 자고 며느리는 서울 있고

문 왜 그래요?

답 그는 신랑이 돈 못 번다고 필요없다고

문 애들은 없어요?

답 애들은 학교 다 시키주고{시켜주고} 내려왔어 아들도 직장 다 댕게{다녀} 야 그레 어마이 하고 아하고 서이{세명이} 살지

문 그러면 생활비를 대어주시는 거예요 생활비를? 둘째아들은 뭐 하시는데
요?

답 둘째아들은 머 암것도{아무것도} 하는게 없고, 서울 가자 그믄{그러면}
차 가주가고 왔다갔다 그르고, 네가 또 절에 댕기가주고{다녀서} 절에서
쌀 그튼거 공양 쌀 더러{가끔} 들어오면 날 줘가주고 쌀그튼 거또{것고}
절에서 줘가주고 그레 살아

문 그러면 큰며느리는?

답 큰며느리는 안중도 업꼬 큰며느리하고 내하고는 이게 이레 데가지고 말
도 안 해

문 왜 그래요?

답 며느리가 올찬튼지{옳찮든지} 네가 올찬에{옳찮아} 그른지

문 뭐 이유가 있을 것 아니에요?

답 이유도 없어 내가 지한테{저한테} 잘 안한다꼬 내가 지한테 잘 안하고
아들한테 가 있다고, 막내이도 식당 못 하든거 내가 가 해줬끄든 헤가
돈벌어가주고 갔고, 그래가꼬{그래가지고} 큰아들만 인제 네하고 연락
왔다 갔다 하지

문 그래 그렇게 사시면 어떡해요

답 그레 사다 사다 보만 뭐 죽든동 끝이 나야지. 그레가{그래서} 모두 마카
{모두} 사람들이 다 카자나{다 그러잖아} 아들이 차라리 업쓰만{없으
면} 네 혼자 있으만 시에서 주는 게 만차나{많잖아}. 아들 서이{세 명}
떼문에 나오는거 하나도 없어 병원에 가는거뻬게{가는 것 밖에} 그거뻬
게{그것밖에} 덕 보는게 없어 병원에 가는거 병원에 큰아들이 문화제니
까네 거는 돈 안주고 뎅기고{다니고}

문 그래도 거기는 뭐 가게도 하고 문화재니까 돈도 잘 벌거 아니예요?

답 거는 잘 살아

문 그러니까 보태줘야지?

답 안주{아직} 마 나는 머 잔소리 안해. 주만 주고, 안 주만{안 주면} 안 주
고, 머 너 안줘도 네가 안주까지{아직까지} 네가 어예{어떻게} 살아도
산다 그레도 둘쩨 아들은 야단치지 엄마는 그만침{그만큼} 헤줘 놓고도
돌란{달라는} 소리도 안한다고 저 주고 싶어야 주지 달라 근다고{그런
다고} 어예{어떻게} 주노 네가 다고 다고{달라} 해가 어예{어떻게} 데
노{되노}

7) 찰밥은 차좁쌀이 헐씬 차저 차지고

문 음 굵고

답 차좁쌀은 아주 잘고

문 잘고

답 잘고

문 차좁쌀은 좀 찰지고

답 아 더 탈 찰지고{차지고}

문 음

답 거레서

문 그러면 중국서 오는 게 이 차좁쌀이에요?

답 거럼 차좁쌀은 인제 거걸 덜 차지지

문 아 중국서 오는게 우리나라보다 덜 찰지고 역시 우리도 차좁쌀도 있고
기정쌀도{기장쌀도} 있고

답 예 이써 우리나라도 이써 우리나라도 있어.

문 보통 우리 밥 해먹으려면

답 차좁싸르는{차좁쌀은}

문 그냥 좁쌀이죠?

답 좁쌀

문 잔 것

답 그레

문 그런데 차좁쌀은 찰이 기정쌀이 좀더 찰진 것 아니에요?

답 으음 차좁쌀이 더 차저. 차좁쌀이 헐씬 차저 차지고

문 저는 반대로 생각했네 우리는 그 좁쌀 있잖아요 좁쌀하고는 어떻게 구별해요?

답 으이 안그레

문 좁쌀하고 차좁쌀하고 다른 것 아니에요?

답 좁쌀도 또 무푸레좁싸리라카는게 그게 마시 더 있었는게라{있었는 것이라} 무푸레좁싸르는{무푸레좁쌀은} 꺼믄겐데{검은 것인데} 차좁쌀보다 쫌 굵었어. 굵어도 그게 맛이 있었고 또 꺼먼 좁싸리{좁쌀이} 있었는 것도 꺼먼 좁쌀도 마시 더란게{덜한 것이} 있고 노란 좁쌀도 마시 덜한 게 있고 이레 이레요

문 아 노란 좁쌀도 있고 색깔별로 있는 거예요?

답 예 섹 세깔별로 있어요 노란좁쌀, 꺼먼좁쌀{검은좁쌀} 무푸레좁쌀, 무푸레좁싸르라카는거는{무푸레좁쌀이라고 하는 거는} 그거는 아주 한 값이 더 갔어.

문 아주 좋고

답 값이 더 간는{가는} 게레{것이래} 더 간는 게레{더 갔는 것이래}

문 그러면 보통 우리가 먹는 게 노란 좁쌀이죠

답 노란좁쌀이라 그레

문 이건 이제 조밥이 되어서 팍팍하고 좀 찰기가 없고

답 에 찰기가 없어.

문 그럼 이것과 차좁쌀과는 어떻게 된 거예요

답 거레 거레먼

문 그런데 이제 노란

답 균 삽싸라고{쌉쌀하고} 머으마{먹으면}쯤 차지지 써끄면{쉬으면} 차지
지{찰지지}

문 아니 그러니까

답 우리 항우 좁싸라고{좁쌀하고} 차좁싸를{차좁쌀을} 섞어도 차지고 마이
차지고

문 그레 차좁쌀은 좀 찰기가 있고 그럼 기정쌀은 어떻게 돼요?

답 기장쌀은 덜 차저

문 좁쌀하고 비교하면 어떤가요?

답 비고하머{비교하면} 이거뽀다는{이것보다는} 차지지

문 이 이것은

답 이거 이거뽀다는{이것보다는} 차지지

문 노란 좁쌀보다는 찰지고

답 으 노란 좁쌀보다는 차지지.

문 찰진 순서는 차좁쌀 그 다음에 기정쌀 그 다음에 노란 좁쌀 그 다음에
콩은 뭐가 들어가요? 찰밥에

답 찰밥에는 불콩 팥 양대코이~라는게{양대콩이라는게} 또 이써 양대콩
양대콩도 노코{놓고} 머 그레

문 불콩은 검은 것을 말하는 것이죠?

답 거믄거{검은 것} 얼룽덜룽한거 있어 얼룽덜른한게 거는 얼룽덜른한게
있어. 요새는 콩도 오세 머 옌날 콩 나는 게 없어 옌나레{옛날에} 불코
이~{불콩이}라는 거는 이만꿈한 굵은게 있었고

문 지금은 조그만 한게 껌은 것이던데요?

답 까:만거만 나오고 머 딴 거 막 나오지. 외국코이~{외국콩이} 마이 나와.

문 아 다 외국콩이에요?

답 외국코이{외국콩이} 마이{많이} 나와 오새는{요사이는}

문 그러면 여기 옛날에는 밤도 넣고 대추도 넣고 그러죠?

답 찰밥에 이찰밥있고 이찰밥에는 대추 노코 {놓고} 밤:도 노코{놓고} 꼬깜
도{곶감도} 여코{넣고} 자라는{잘하는} 집에는

문 대추 밤

답 꼬깜도{곶감도} 여코{넣고} 그레하고 또 보통 집에는 수수밥에는 인제
수수바브{수수밥} 하고 차좁싸르{차좁쌀} 하고 이제 참싸라고{찹쌀하
고} 그언데 거 언제 이 약 파츠는{팥은} 머 파또{팥도} 놓고 콩도 놓고
여러가지로 거으 거 다 논는 게레{놓는 거래} 그거는

문 수수밥이라고 했어요? 수꾸밥이라고 했어요?

답 수꾸밥 수꾸밥

문 수꾸밥을 더 많이 썼죠?

답 거 수꾸밥이라거지 거 수꾸수주밥이라 케야{수꾸밥이라고 해야} 거 진
짜 옌날 수꾸밥이지 오세{요사이는} 수수라거자나{수수라고 그러잖아}

문 요즘 쓰는 말 말고 옛날

답 수꾸밥{수수밥}

문 그러면 이찰밥하고

답 수꾸밥

문 보통찰밥

답 이찰밥하고 수꾸바바고{수꾸밥하고}

문 이 때 뭐 나물은?

답 나무러는{나물로는} 멩 찬나물

문 산나물

답 산나물 머 게메치{개미취}

문 개미취

답 머: 또 이밥추라거는게 이꼬

문 이밥추 그 이밥추가 뭐 할머니 며느리밥풀꽃 이런 것 아세요? 이밥추는

답 아이레 이밥추라커는 거는 넙떡넙떡한 게 있어 거 있고 머

문 이밥추 넣고

답 나물치라거는게 이꼬

문 나물취

답 데략{대략, 대강} 나물 거 거런거베게{그런 것밖에} 잘 없었어.

문 뭐 고사리 이런 것 안 해요?

답 고사리도 하고

문 고사리

답 고사리카는 고사리도 하고

문 이 때 왜 더위 먹지 말라고 하는 거 냉이

답 더이먹지{더위먹지} 마라고

문 냉이 냉이국

답 네이~꾸근{냉이국은} 더이~{더위} 먹찌마라고 거 멍는거{먹는 것} 아
　　이~고{아니고} 네이꾸그는{냉이국은} 거 머 어 언제 멍는{먹는}

문 내 더위 사라 뭐 이런 것 아닌가? 냉이국은 왜 먹지?

답 딴 데도 마이 적었겠네.

문 예? 아니 우리는 그렇게 먹었어요 저희들은

답 아이 여 딴데도

문 아니 저는 예천인데

답 딴데는 딴데 저그 꺼 어꼬

문 다른 곳은 모르겠고 예 지금 안동은 모르죠 제가 저희들은

답 저거 여기 여 안동만 저거

문 엄마가 매일 이제 이것 냉이국 끓여서 이것 꼭 먹어야 된다고 했어요 그
　　래서 왜 먹어야 하냐면 이제 더위 안 먹는다 그래서 먹으라고 했던 기억
　　이 있어서 하느냐고 물었죠 여기는 안해요?

답 더위 먹지 마라 거는 거는 저 여름에 미나리 먹지 마라 카는게레 미나리
　　미나리

문 미나리를 먹어요?

답 미나리 더우 미나리를 멌지{먹었지} 더우{더위} 먹지 마라꼬

문 미나리 삶아서?

답 더우{더위} 멍는다{먹는다} 미나릴 먹지 마라 그레

문 아 미나리를 먹지

답 미나리 먹어라 거레 으으 미나리 머거라 거레

문 먹으라 그래요? 먹으면 이제 더위 더위 먹지 말라고

답 더우 먹지 마라꼬

문 아 여기는 미나리를 먹었어요? 냉이국은 안 먹었어요?

답 안 머거{먹어}

문 우리는 냉이국

답 우리는 미나리 마이 먹어 올 단온날{단오날} 언제던 미나리를 마이 먹어

문 미나리를 먹으면 이제

답 미나리 머꼬{먹고} 미나리 머꼬 인제 젱피{창포}

문 우리하고 좀 다르네 젱피{창포}

답 머리꼽고 궁구이하고

문 젱피?

답 젱피

문 젱피가 뭐예요?

답 젱피라 커 있어요 젱피라 거는게 있고

문 궁구이?

답 궁구이~{궁궁이}하고 거 머리에 꼬버{꽂아} 머리에 조호라꼬{좋으라
고}

문 아 이것은 머리에 꽂는 거예요? 궁구이는 알겠는데 젱피는 뭔지 몰라서

답 언제든지 거 어 젱피 젱피 젱피 꼬버요{꽂아요} 젱피

문 이것은 단오 때 하는 거잖아요

탑 단오때 하는 거 단오날은 꼬버야데지{꼽아야되지} 음 음

문 아니 아까 저 더위 먹지 말라고 하는 것은 정월 대보름에 하는 거지

탑 더우 먹지 마라 거는 저 더우{더위} 먹지 마라 카는 거는 미나리

문 정월 대보름에 먹는 것

탑 저얼 대보름 먹는 무울 머

문 미나리를 언제 먹어요? 이때 단오때 먹어요?

탑 오월 단오때 머거라{먹으라} 그레

문 응 단오 때

탑 우리는 단오때 먹어 어 단오때 단오때지 머

문 젱피는 어떻게 생겼어요?

탑 젱피가 보먼 지베{집의} 엄마는 아겐데{알 것인데} 저저 도랑까에 가마:{가면} 젱피{창포}라거는게 있어요 고 여 고거또{그것도} 뽀브머{뽑으면} 상기하게{향긋하게} 냄새 나는 게 있어.

문 이거 궁구이{천궁}처럼 생겼어요?

탑 그게 거러마{그러면} 머거치{무엇같이} 생겼을꼬{생겼을까}

문 이 먹는 것은 아니고

탑 멍는{먹는} 거는 아니레{아니야}. 그거는 아이고{아니고} 그녕{그냥} 젱피라꼬{창포라꼬}

문 도랑에 있어요?

탑 도랑에 있어 도랑에 가마{가면} 이레 있어요 그게

문 어떻게 생겼어요?

탑 뽀브믄{뽑으면} 있어 뽀브믄 {뽑으면} 밑에 뿌레기는{뿌리 는} 뽈그머리하고{붉으레하고} 우에 데구~으는{대궁은} 세파

[그림 40] 창포

라코{새파랗고} 그레

囹 뿌리는 뽈그리미하고

탑 음 젱피라꼬 엄마안테 그카먼{그렇게 말하면} 아께레{알 것이야} 젱피
이따 그카께레

囹 엄마가 함께 안 있으니 묻지도 못하고 그렇구나 젱피는 뭔지 잘 모르겠
네

탑 시어마이는 데구 있어가주고{있어서}

囹 예 더 젊으니까 대구라서 더 모르실거예요

탑 그케 말이래 대구레가지고

囹 젱피 아 그래도 참

탑 제사 모시로는 대구 가야델세{가야 되겠네}

囹 제사요? 교회 다녀서 제사 안 지내요

탑 아 교에 뎅게{교회 다녀} 아 시지베{시집에} 전부 다

囹 예

탑 아 친정도 거

囹 아니요 저희들은 제사 지내죠 저희들은

탑 아 지내고 거믄{그러면} 또 시지븐{시집은} 또 뽄 바야데겐네{본을 봐
야 되는데}

囹 거기는 거기대로 하면 되고 우리는 우리대로 하면 되고 그렇죠 제사는
이제 뭐 설날 때나 하니까

탑 그레 거러치{그렇지} 머

囹 뭐 특별하게 절같은 것은 안 하죠

탑 그믄 고햐으는{고향은} 그믄{그러면} 예처~이레{예천이래}

囹 예 저는 예천이에요

탑 예천 우리 이모부가 거 예천 게셔 도라가셔뿌레가지고{돌아가셔서} 거
는 장씨레

문 어디 살아요?

답 거 예천 장씨랬는데{예천장씨였는데} 예천장씨고 옌나레 우리 거 시동 사이 헌서꾸{현석구} 비서했는데{비서했는데}

문 예천 장씨라고요?

답 예천 장씨 헌서꾸{현석구} 헌서꾸{현석구}라고 왜 예천서

문 현석구

답 예천서 유명했지 왜

문 지보에 지보에

답 에 예천 유무 유명했죠

문 예 국회의원

답 거 비서했어 거 비서하고 우리 이모부가 참

문 어디 예천 읍내에 사셨어요?

답 예천 음네{읍내} 살았는데 인제는 마카{모두} 서울 가아 가뿌레써 {가버렸어} 우리 으 시동상도 돌아가시고 이모도 돌아가시고 해 가주고 아들 따라 서울로 가뿌레노이{가버려놓으니까} 거 예천이따거머{예천에 있다고 그러면} 우리 또 마으미{마음이} 그레도 달라

문 그렇죠

답 어

문 예

답 예처니따 거믄{예천에 있다고 그러면}

문 자주 오셨겠네요 예천에

답 우리 두쩨가 처으메{처음에} 거 예천 하꾜{학교} 뎅기다이{다니다가} 여 안동 와뿌러서{와버렸어}

문 예천은 뭐 여기서 가까우니까

답 세시다 네시믄{네 시면} 또 가가주고 머

문 예 한 반쯤 되면 나가지요 뭐 그러면 설날 음 설날 때 해먹는 것이고 정

월대보름 추석때는 추석때는 뭐

8) 송편은 팥 여코 이레 헤가주 먹고

탑 머 추석 떼는 안동에 머 하는 게 있어요

문 뭐 어떤 음식을 먹어요? 추석 때는

탑 추석 떼는 머 하는 게 없데

문 추석 때는 제사

탑 추석 떼는 제사지네는게 먹는거뿌이지{먹는 것뿐이지} 제사 지내는거 뿌이지 머

문 제사는 옛날에는 추석 때

탑 안지네

문 아 추석때

탑 구월에 지냈잖아 구워르 구일날{구월 구일날}

문 구월

탑 구월 중기때

문 중양

탑 중기때 중기때 제사지냈지 오새는{요새는} 머 오새는 막 파럴{팔월} 추 석에 시사 댕게브지{다녀버리지} 다 댕게브제 머

문 그럼 추석 때는 뭐 어떤 음식을 먹죠 우리 추석때 뭐 햇과일 같은 것 추 석 때 먹는 음식

탑 추석때르는 머머 저부 그마느{그러면} 머 다 산에 다 가뿌고 머머

문 특별하게 그래도 추석 때만 먹는 것이 있잖아요

탑 추석떼르{추석때를} 보믄{보면} 쫌 떠가고{떡하고}

문 송편먹지 송편

탑 떠게가{떡해서} 떠게가지고{떡해가지고} 전부 다가부데{다가버리대} 떠

게가지고{떡해가지고} 머머{뭐뭐} 지베서{집에서} 지네지도 아하고 막 사네가 다 지넨다

문 할머니네는 송편을 어떻게 만드셨어요

답 우리는 큰집이 있기 때문에 큰지비 있고 또 우리는 데소가가 널러 가주고 우리가 안가도 문중에서 다 헤

문 거기서는 이제 송편은 어떤 송편하세요?

답 거는 시루떡하지

문 시리떡?

답 거는 전부 시리떡{시루떡} 해

문 송편 안 하고요?

답 아네{안 해} 시리떡안에 시리떡 하고 언제 머

문 시리떡은 뭐 어떤 고물로 하세요 누런 것

답 시리떡 왜 이 실게{시루에} 쪄가주고 실기{시루에} 쪄가주고

문 집에서 하는 거예요? 이것도

답 거 집에 헤가주고 인제 마커{모두} 채려나요{차려놓아요} 체러노먼{차려놓으면} 인제 제사 지네로 가먼 인제 그 사람들 가주 가지

문 아 뭐 이렇게 하나씩 싸가지고

답 그렇지 체 차가주고 인제 사네{산에} 가따노치{갔다놓지}

문 갖다 놓는다고

답 가따노먼{갖다놓으면} 인제 이 사람들

문 그것은 시사 때 하는 게 아니고

답 시사떼

문 아 시사 때

답 시사떼 하여 하도 오세는 추석떼 헤뿌거러{해버리게}

문 아 요즘은 그렇지만

답 옌나렌{옛날에는} 옌나레는 머 날 받아가주고 했잖아 머 시월달 머 언제

날 바다가주고 하고 이랬지 오새는{요새는} 머 어디 날이 어디 있어.

圕 할머니는 추석 때는 송편 같은 것 그 할머니식은

圊 우리는

圕 소 송편 소 뭐 넣으셨어요?

圊 우리는 머 속 여 가는 거는 머 큰집에서 하기 때문에 주로 그마 머 팥여 코{팥 넣고} 이래 해가주 머꼬{먹고} 이레 하지를 안 하이께네

圕 뭐 깨

圊 거서 막 다 오이

圕 그래 오면 주로 뭐 안에 뭐 넣으셨어요?

圊 머 여가주{넣어서} 머 전부 거냥 머 시리떡에{시루떡에} 우에다가 찰떡 헤가주고 거 인제 인절미 해가주 언저가주고 바아가주고 바차 갇 가저오 는게라 반찬할꺼

圕 송편을 가지고 소나무 잎 깔고 솔잎 깔고 그렇게

圊 그거는 인제 왜 했나{했느냐} 가트마{같으면} 붙는다꼬

圕 아 냄새나라고 그런 게 아니고요?

圊 솔립 넴세나라고 붙는게{붙는 것이} 아이레 떡을 하면 인제 왜 그냐 거터 먼{같으면} 분는다꼬{붙는다고} 여여 짜띠 조다{여기에 차곡차곡 갖다 놓으면} 우에 또 언저노면{우에 또 얹어놓으면} 또 붙잖아 그레 붙지 마 라꼬 인제 거 솔립 언지는게라고{얹는 것이라고}

圕 그럼 밑에 채반 깔고

圊 음음 체반까고{채반 깔고}

圕 채반 깔고 그 위에다가 저기 천

圊 그레 거 거 우에다 떡을 언저노코{얹어놓고} 찌고 또 아시{첫 번째로} 찌마{찌면} 인제 짐{김} 올렀다거먼{올랐다고 하면} 인제 거다 인제 솔 리퍼리{솔잎} 언지고{얹고} 또 떡 한 줄 언지고{얹고} 그레 솔립 언지 느는{얹는 것은} 거 붙지마라꼬{붙지 마라고}

문 저는 그 솔향기

답 메 항기는{향기는} 나게 나라고 거지마는 머 거 부체라꼬 부찌마라꼬 {붙지마라고} 언지는{없는} 게라

문 콩가루소도 하잖아요 이 송편에

답 콩까루속도 옇고{넣고}, 머 옇는거{넣는 거는} 여러가지 여치{넣지}. 머 머 께도 여코{넣고} 머 밤:도 옇고{넣고} 머 머 옇는거야{넣는 거야} 여러가지가 이따꼬{있다고} 밤:도 옇코{넣고} 머 자기네 하고저은데로{하고 싶은대로} 옇는기레{넣는 것이래}

문 제가 매번 추석 때 송편담당이어서 두 되를 매번 그 제가 이 송편을 만들었잖아요

답 집에서

문 결혼 아니 이제 제가 최근엔 거의 이제 바빠서 못가다 보니까 요즘엔 방앗간에 맡기는 것 같은데 제가 대학교 다닐 때나 그 때는 제 담당이 송편 만드는 거예요

답 집에서 지베서 멘드러{만들어} 가지고 이제 가주 가나 엄마 혼차 한다꼬 언제

문 올케들도 4명으로 많지요 많은데

답 어 미 쩬데{몇 쨴데}

문 저는 막내인데

답 막네고

문 오빠 네 명 언니 위로 한 명 그리고 전데요

답 어이구나 어이구나

문 이다 언니들도 뭐 하나씩 다 맡는데 송편이에요 벌써 가면은 송편을 두 되를 엄마가 방앗간에 가서 빻아놓고 이제 뭉쳐놓아요

답 어이고

문 그러면 이제

탑 멘드라고{만드라고}

문 그것을 제가 허리가 빠지도록 그 두 되를 그 만드느라고 아이고

탑 초:네 하는 거는 또 제사 하는 거는 요레 쫌 크 크게 하지 왜

문 저희들은 작게 해요

탑 쩨메끔하거러{자그만하게} 쩨메끔{조그많게} 요만 쩨메{조그만}

문 아침부터 해서

탑 에이고

문 낮 되도록 혼자 막 허리가 부러지도록 그러다가 이제 제가

탑 아이고

문 바빠서 못가고 이러니까 이제 어느날 보니까 사데요 아무도 만들 사람이 없으니까 언니들도 늦게 오고 그것 뭐 언제 만들고 있어요 그러니까 이제는 가면 이제 다 맞추어{맞추어} 사서 하는데 하여튼 제가 대학

탑 막내이{막내} 데 막내이레가주고{막내라서} 머 컬 때는 기케{귀하게} 커쓸따{컸겠네}

문 아이 그래도 엄마가 다 시켰어요 같이 언니 할 때

탑 그레

문 항상 전날 가서 그 이제 나중에 그 뭐 안하면 버릴 값이라도 해야 된다 이래서

탑 그레

문 그 전날부터 음식 장만을 이렇게 하면 항상 가야 돼요 제가 밖에 있었는데 그래서 그리고 또 큰 올케가 고기를 못 먹거든요 그래서 간을 제가 다 봐야 돼요 그러니 뭐

탑 그레

문 네발 짐승 고기는 하나도 못먹어요 그래서 집에서

탑 에 머 실라이 애머을다{먹겠다}

문 아니요 그런데 고기를 우리가 조금 많이 먹다 보니까 이제 처음에는 계

속 시집 바로 와서 저에게 매번 간을 보라고 그러다가 이제는 뭐 착착 너무 잘하죠 그래서 우리가 매번 혹시 먹었지 맛보았지 그런 적도 있어요 아이구 음식이 뭐 끝이 없네 끝이 없어 조사할 것도 많은데

탑 조 저래 댕기다{다니다가} 또 에기 노흐마{놓으면} 학교 씨기야{시키야} 데고 애기 놓게는{놓기는} 나야데고 오세 테레비메로 안노머 안데고

문 왜 요즘 안 낳는 사람들도 많잖아요

탑 거 만치마는 그레도 안놀라카는 사람

9) 밀렘비, 고더름떡

문 강남투성이 이런 것 아세요? 강남투성이

탑 몰라 나는 그런 거

문 옥수수를 갈아서 쪄서

탑 몰라

문 팥고물을 묻힌 떡이라네요

탑 강낭

문 예

탑 거 머 엄는{없는} 사람

문 강낭국수는

탑 강낭국시도 우리는 머

문 못해봤어요? 그러면 깡보리밥 있잖아요

탑 깡보리밥 그거는 머 해먹는게이께네{해먹는것이니까} 아이께네{아니까}

문 깡보리밥이라 하셨어요? 맨보리밥이라고 하였어요?

탑 깡보리밥

문 깡보리밥{꽁보리밥}

탑 저 저 우리 클 때 저 가~원도{강원도} 가보이~께네{가보니까} 강네

이~를{옥수수를} 가주고 마리레{말이래} 가라가주고{갈아가지고} 올
체이~라{올챙이라} 그러면서

문 예 올챙이 국수

탑 올체이~라{올챙이라} 거머{그러면서} 바가칠{바가치를} 뚤버가주고
마리래{뚫어 가지고 말이래}

문 예 예

탑 고다 헤가주고 미테{밑에} 무를{물을}

문 아 이번에 보니까 그 시장 안에 가니까 그걸 팔더라고 그 먹고 싶은데
한 번 먹어봐야

탑 물을 끄레{끓여} 가주고걸랑 똑똑똑똑 띠끼테{떨어뜨리데} 그레 머 보
이 아이 맛이

문 별 맛이 없어요?

탑 예 그레 머

문 그러면 안동에는 국수하는 것이 느른국수밖에 없어요?

탑 우리는 너른국시고 건진국시고 머 거거지{거의 같지} 머

문 건진국수는 파는 것을 가지고 와서 하는 것을 말하죠?

탑 아이레{아니야} 집에서 맨드러가저{맨들어서} 하는 거

문 건진국수도요?

탑 예 집에서 맨드러{만들어} 가주고 맹.

문 역시 너른국수하고 방법이 달라요?

탑 예 너른국시 아 느른국시하고 너른국씨는 쫌 굵게 싸고{썰고} 건진국시
는 아주 고께{곱게} 싸라가주고{썰어 가지고}

문 역시 같이 콩가루 넣고 하는데요?}

탑 예 콩까리{콩가루} 여{넣어} 해도 마{그만} 히안헤요{희안해요

문 아 이건 잘게

탑 아 냉멘{냉면} 안먹고 그 국시 국시 멀라거는{먹으려고 하는} 사람인는

　　데 왜

문 너른국수는 이제 좀 넓게

문 에

문 역시 반죽은 같고요?

답 반죽은 가치{같이} 그레 메{많이} 치데이데{치대야 돼} 메메{꼭꼭 많이}

문 그럼 건진국수를 더 치대는 건가요? 그래서 이제 좀 보들보들하게

답 예

문 역시 그 콩가루 하고 그것 비율은 같게

답 예 근데 요세는 저저 그 머로

문 파는 것

답 거 미까리가{밀가루가} 파는 게 맛이 없어 가지고 국시 마시 없잖아 옌

　　나레는 얼메나{얼마나} 구시했어{구수했어} 그거

문 음 콩가루를 넣으니까

답 콩까리{콩가루} 여{넣어} 그치{그렇지}

문 다리가 아프시죠

답 집에 자주 집에도 자주 못가겠다{못가겠네} 그제{그지}

문 집에 뭐

답 아레{그저께} 저녀게{저녁에} 갔다{갔다가}

문 예 행사 있을 때만 이제 가고 뭐 자주는 못가죠 뭐

답 그레 집에 머 있으면{있으면} 만날 혼자 자겠다

문 여기서 뭐 제가 뭐 한 사흘 이틀이나 사흘정도 있다가 예

답 오아와따

문 예

답 오아와따가 외로울따 외로울따

문 뭐 외로워요 일하고 봉치떡이라고 들어보셨어요?

답 에

문 봉치떡 시루 위에다가 올려

답 몰레

문 이렇게 한다는데요

답 몰러. 그런 거는 몰라

문 부꾸미 부꾸미는 들어보셨어요?

답 몰라 그런 거는 몰라 우리는 머 그런 거는 도통 모르이~

문 아니 왜 옛날에 그걸 멍석떡이라고 그랬는데

답 몰라

문 그냥 밀가루에다가

답 어

문 아 양대 같은 거

답 야

문 그것을 이렇게 삶아가지고

답 어

문 그것을 가지고 이렇게 가마이떡 들어 보셨어요? 그걸 우리는 가마이떡했나?

답 아 그거는 거게 거 보고 거냥 거저 이뚬둠 내러 마러

문 느름비지라 했나

답 옌남 저 넴버 넴비라 허는동 머 머 오레 데가지고{오래되어가지고} 잊어뻐랬다따{잊어버렸다} 이래.

문 미름비지?

답 그에 뚜루룩 말어가지고{두루룩 말아가지고} 그제 그래 하는게 있어.

문 그걸 머라고 하셨어요?

답 거 몰라 나 그거 우리는 머

문 가마이떡 미름비지

답 그거 머로

문 뭐라 했더라 그걸 이제 부꾸미라 하는 모양이네

답 이거 그겐가{그것인가}

문 예 그러니까 우리가 밀가루를 이렇게 해가지고 여기에다가 뭐 양대 같은 것 넣고 이렇게.

답 그레 그레 그레 그레

문 가마니처럼 밑에 척척 이런다고 가마이떡

답 두루루 말아가주고서

문 그런데 그게 참 맛있었어요 제가 기억에도 이게

답 옌나레 그레 가주고 밀렘비 밀렘비

문 여기서는 밀렘비?

답 '밀렘비'라 그레

문 밀전병이 아니고 밀렘비 안동에서는

답 그레 '밀렘비. 밀렘비'라 그레. 그레가주{그래서} 꾸:{구워} 가주설라{가지고} 삐저가주{빚어가지고} 주고 거 머 촌에 옌나레{옛날에} 하게 없으니말이래. {할 것이 없으니 말이래} 그런거또 해주고 머{그런 것도 해주고}

문 그럼 옛날에 뭐 할머니 먹었던 것 지금은 안 먹지만 옛날에 뭐 먹었던 떡 같은 것 그 촌에 갔더니 하얀 것 쑥 비슷하게 생겼는데 그걸 쌀가루 묻혀서 쪄서 주던데

답 쑤게다가{쑥에다가}

문 쑥 비슷하게 생겼는 것 그것은 뭐라 그래요?

답 그거 저거 머로 쑥에다가 쪼메난{조그만} 쑥 거 머로 고더름떡이라카기도 하고{그거, 저거 뭐로, 쑥에다가 조그만한 쑥 거 뭐로 고더름떡이라고도 하고}

문 고드름떡요?

답 음 고더름떡{고드름떡} 이 쑥에 이레 무처가주{묻혀가지고} 찌는거는

문 예

답 그 거 고더름떡이라커는 거

문 아 쑥에다가 쌀가루

답 무처가지고{묻혀가지고} 그레 고 고더름떡이라카지{고드름떡이라고 하지}

문 그걸 이제 쪄서하는 것을

답 쪄서 먹어 거냥 이 쪄노먼{쪄서 놓으면} 맛있지 그거 왜

문 예 예 그걸 고드름떡 아 저는 그 때 성주갔는데 조사갔는데 그 할머니들이 그걸 쪄서 주어서 거기서는 뭐라 그러더라?

답 안도으는{안동에는} 고더름떡이라 케{고드름떡이라고 해} 안동에 안도은{안동은} 고더름{고드름}

문 고드럼처럼 이렇게 쭉쭉쭉

답 예 달레 예 쭉 달렜으이{예 달려서 예 쭈욱 달렸으니까} 고더름떡이라고{고드름떡이라고} 거레

문 그것 해 드셨고

답 그레

문 그 다음에 또 뭐 기억나시는 것 옛날에 뭐 지금은 안먹지만 없을 때 그 수제비도 그 밀가루로 안 만들고 밀겨 같은 것으로도 만들었어요?

답 밀까레는{밀가루는} 수제비를 가저 가지고 미까레로{밀가루로} 멘드러어데지 {만들어야되지} 밀가루 아인거{아닌 것} 가주고

문 없을 때 밀가루

답 거

문 뭐 당가루 이런 것

답 당가루{속겨}가지고 멘든거는{만든 것은} 그거는 아주 없이 사는 게

문 그러니까 그럴 때

답 당가리가지고 맨든거는 머 그 거게 머

문 그것은 이름?

답 당가리죽이라 거바 당가리 죽이라 거던 그거 머 맛이 아주 하 업찌{없지} 머{뭐}

문 아니 그것으로도 이제 수제비를 안했어요?

답 에 그걸로 수제비를 하는 거는 없어

문 덩거랑죽인가? 더부렁죽이런가?

답 인제 당 당가리로 하 하

문 당가리죽이라 그래요?

답 그레 가주{그래 가지고} 머 머께는{먹으니까} 먹 먹찌마는 우리 거부로

문 더부렁죽

답 거런거는 먹 먹질 아했고{그런 것은 먹지를 안 했고}, 거레고 신:가리미까리 미끼울 신:가리 거 수제비국이라는 거는 먹었다{그리고 센가루밀가루, 밀기울, 서 수제비국이라는 것은 먹었다}. 그거는 머 마떼가리가 없어가지고야{그것은 뭐 맛때가리가 없어가지고}.

문 신가루

답 신가루해가{밀겨 센가루로 해서} 수제비국에 머라그레{먹으라 그래} 안 먹으면 마 막 우리 할머이~가 마구 날 안 먹는다꼬{먹는다고} 야단치고 했어. 우리 어릴 떼는 머 맛없는 거는 안 먹었잖아.

문 그러면 이제 그런 것 이거는 밀가루 밀겨 신가루는 아주 센 것을 말하는 거죠? 껍질이 그것에다가 수제비 이것은 어떻게 만들어요?

답 거거또 맹 저저 맹 덩거리를 맨들어야지 멘드러이~{그것도 똑같이 저 저 덩어리를 만들어야} 되지.

문 그러니까 역시 이렇게 물 넣고 치대는거예요?

답 그레 그레 치데가주{치대서} 맹 삐저{빚어} 옇던동{넣든지} 어 이렇게

문 할머니네는 손으로 잘라 넣어요 아니면 숟가락으로 이렇게

답 손으로 삐저여치{빚어 넣지}

문 그러면 아주 반죽을 되게 하겠네요?

답 반죽을 데게{되게} 해에데요{해야 돼요}. 데게 해가아~{되게 해서} 반
　죽을 떠예{떼어서 넣어} 그라먼 머머 물러바 풀어졌뿌니까{그러면 뭐뭐
　물러봐 풀어져버리니까}.

문 손으로 떼서 한다고요?

답 어 거레

문 저희들은 엄마가 좀 무르게 해서 국자에

답 거는 밀까리{밀가루} 수제비는 거냥 헤가주고 물러가{물러서}

문 아 조금 잘게 해도 되는데 이것은 그렇게 하면 안 되는 거예요

답 잘게 여 이 떠 여먼 저 미까리 수제비도 요레 너무 무르마{무르면} 맛이
　없지 그제

문 음 조금 쫄깃쫄깃하게

답 요레 쫌 딴따이~{단단하게} 딴딴하이~{단단하게} 그레 손으로 떠더
　{뜯어} 여믄{넣으면} 멋이 있지.

문 아 손으로 뜯어 넣고

답 손으로 떠떠 여어 맛이 있지{손으로 뜯어 넣어애 맛이 있지}.

문 맛이

답 호박 넣고

문 감자도 좀 넣고

답 거레 감자도 넣고, 그레 고레야 맛이 있지{그래 그래야 맛이 있지}.

문 또 뭐 다른 것 뭐 옛날에 드셨던 것 기억나는 것

답 머 기억나는 거 머

문 없던 시절에 먹었던

답 없던 시럽떤 없던{없던 서럽던 없던}

문 없던 시절에도 지금 왜 추억 생각해보면 아이구 그 때 뭐 이런 것 먹었
　는데

탑 그레 아까 지울밥{기울밥} 먹은거{먹은 것} 써찌{썼지}

문 지울밥 아니요 지울밥

탑 지울밥 미찌울밥 미찌울바븐{기울밥 밀기울밥 밀기울밥은} 게 멍는다
{먹는다} 카든 거 거걸 마 거걸 거 밥또 머건는데{먹었는데}

문 그것은 밀찌울은 뭐예요 방앗간에

탑 방까네{방앗간에} 찌던 거 마거 밀찌울 거 밥도 먹었지

문 그 나오는 것 그

탑 그레 그러 우에 체 우에 언지는{얹는} 거 거거또 머거찌{그것도 먹었지}

문 예 밀찌울밥도 먹었고

탑 대두밥 그것도 머 대두밥 그거 대두를 이렁 거 헤가{해서} 콩 찌거레기
거거또 먹었고{콩찌꺼기 그것도 먹었고}

문 콩을 갈아서

탑 콩 짰는 거 막지 거거를 밥 언저가지고 거거또{거것도} 먹었고

문 아 콩 짰는

탑 거거또{그것도} 먹어 벨꺼{별거} 다 먹었다 아이가{아니라}

문 막찌로

탑 예 안죽고 살라꼬{살려고} 거거또{그것도} 먹고

문 그러면 뭐 쌀 넣고 하는 거예요? 보리밥쌀 넣고 하는 거예요?

탑 그거은 머 보리밥쌀을 가따{갔다가} 언지지{얹지} 머

문 쌀도 없고

탑 쌀을 머 어디 쌀이 어디 있어 그쩌게 으 쌀이 어디 이써 그거 그라고 언
제 저 아레기{소주 찌꺼기} 먹고 머 아레기도 퍼다 먹꼬 머

문 아레기는 먹으면 술 취하겠네요?

탑 술 체:지{취하지} 그레도 마 마이 체지는{취하지는} 아하지. 그어도 베
가 부르믄 머 할전{뭐 할 적에} 머 사람이 거 꿈쩍꺼자나{꿈쩍거리잖아}
베가 부르마 {배가 부르면}, 베가 고프믄 머 몯 꿈적꺼자나{배가 고프면

뭐 못 꿈적하잖아}

問 왜 뭐 산에도 가면 나물 같은 것

答 나물가튼 것도 마 쑤기고{숙이고} 마 떠더다가{뜯어다가} 머 머거어노코는{먹어놓고는} 가고

問 그러면 쑥은 먹어도 쌀이 있어야 쑥떡을 해먹고 이러죠

答 소낭기{소나무가} 걸떼는{그때는} 소낭기 없었잖아 소낭기{소나무가} 마구 하야저짜나{하얗게 되었잖아} 다 비껴{벗겨} 가주고 소나무 비껴가주고{벗겨서} 소낭구{소나무} 소나무 떡을 혜가주고 먹니라꼬{먹느라고}

問 그것을 뭐라 그러죠?

答 송기떡

問 송기떡

答 거 어 송기떡은 쌀은 어디 더가나 거는 머 쌀마{삶아} 가주 거냥 머 거녕 어울레만 아주 뚜드러{두드려} 가지고서 마구{막} 방 빨레를 씬는{방맹이로 씻는 것 같이} 씨이가지고{씻어서} 울가{우려서} 가지고 거 다 죽을 끼레{끓여}가주 거다{그기에다가} 말지. 가라가주 걸러{갈아서 걸러} 멍는{먹는} 거 거 옌나레 머 거어 말할라머 거 일본놈한테 거 고생뎀 말할라먼 거거 머 한정이 있어 농사 지이도{지어도} 하나도 먹지도 모하고{못하고} 그므 한놈 드러와 다 빼께쁘고{벗겨버리고}

問 그렇게 다 빼앗아 갔어요?

答 이다 빼께{벗겨} 가뿌고{가버리고} 머 어데 거르기{그릇이} 하나 있었나 거륵도{그릇도} 전부 녹끄럭{녹그릇} 다 빼께뿌고{빼앗겨버리고} 머

問 아 놋그릇

答 녹그럭 다 빼게브고{빼았겨버리고} 총알 멘든다고{만든다고} 다 가 가주 가뿌고{가버리고} 머 어데 이써서{있어서} 거

問 또 뭐 소나무 송진도 다

答 거레 송진도 거 먹어 다

🔲 뭐 불한다고

🔲 불한다 빼가가지고 머 따라카고{따라고 하고} 머

🔲 그것도 그러니까 송화가루로 뭐 옛날에 뭐 안했어요?

🔲 송화가루로 거 머 저 저거 했지

🔲 뭐 했어요?

🔲 저 저 다석 다석 박는다고 거 소이~까리{송화가루} 다석 박는

🔲 다석은 어떻게 박아요?

🔲 다석은 맹 그거 맹 꿀에다 게가주고{개어서}

🔲 아 그러니까 송화가루에다가

🔲 맹 그 그레 어 맹 다석

🔲 꿀

🔲 이고 체로 처가주고

🔲 음 체로 쳐서

🔲 체로 처가주고 고다 멩 얼 꼭꼭 찍는걸 다석판

🔲 쳐서 꿀 개어서 다석판에다가

🔲 첵 멘드자먼{만들자면} 많을다{많겠다}.

🔲 다석판에다가 찍어낸다

2. 조사된 어휘

  본 장에서 조사된 어휘는 경북지역 전통음식 중에서 향토음식을 중심으로 살펴보았다. 향토음식은 기능, 종류, 단위, 도구, 맛, 모양, 상태표현, 술제조 관련 어휘 등으로 나누어 이 지역의 가장 토속적인 음식을 중심으로 살펴보았다.

한국 음식에서 전통이 그대로 전승되는 것은 향토음식, 혼례음식, 명절음식, 제사음식, 시식 등이다. 이 중에서 경북북부 지역 중 안동, 예천, 문경 등 특정 지역적 특성을 띤 그 지역 고유의 토착음식은 '향토음식'에 해당된다. 이러한 향토음식은 각 지역의 자연과 역사 환경을 잘 반영하고 있어 지역마다 재료나 방식에 따라 약간의 차이를 보일 뿐만 아니라 그 명칭에서도 그 지역적인 특성을 잘 반영하고 있다. 예컨대 동일한 음식이라고 하더라도 재료나 용도에 따라 지역마다 차이를 보이는 점을 고려하여, 차이가 있다면 무엇에 연유한 것인지를 고찰하고자 노력하였다.

2.1. 기능

2.1.1. 주식류

주식류에는 밥, 죽, 미음, 응이, 국수, 만두와 떡국 등이 포함된다.

1) 밥

(1) 콩나물밥

안동 지역 향토음식으로 꼽을 수 있는 '콩나물밥'은 별식으로 해 먹던 밥이다. 콩나물밥은 콩나물을 밑에 깔고 그 위에 쌀을 안쳐서 지은 밥을 말한다. 먹을 때 양념간장을 치기도 하고 밥을 지을 때 소금이나 간장으로 간을 맞추기도 한다.

(2) 비빔밥, 헛제삿밥, 덮은밥나물(안동), 제사비빔밥, 제삿밥(예천)

'비빔밥'의 사전적인 의미는 "밥에 나물·고기·고명·양념 등을 넣어 참기름과 양념으로 비빈 밥을 가리킨다. 이 비빔밥이 문헌에 처음으로 등장하는 때는 조선후기(19세기 후반)로 추정되는 『음식방문』이다. 『음식방문』
은 상주지방에서 발견된 책으로 『시의전서(是議全書)』로 잘 알려져 있지만
한글자료인 점을 고려할 때 책명은 마땅히 『음식방문』으로 하는 것이 바
람직하다. 그 이유는 이 자료가 한글자료인 점을 고려할 때 한글 권두서
명인 『음식방문』이 원래 책명이며, 한문으로 된 표지서명인 『시의전서(是
議全書)』는 후대에 자손들이 새롭게 덧붙인 이름으로 보이기 때문이다.

비빔밥의 명칭이 『음식방문』에는 '부븸밥(汨董飯)'으로 표기되어 있으나
『한국음식－역사와 조리』에서는 '골동반(骨董飯)'으로 소개하고 있다. '골동'
이란 한자어에서 '골' 자에서 차이를 보인다. 중국 원나라 때 나온 운서(韻
書)인 『운부군옥(韻府群玉)』의 '동(董)'자 조에는 '골동'의 뜻을 여러 가지 재
료를 섞은 음식잡팽(飮食雜烹)이라고 정의하고 있다. 이 책이 조선 초기에
이미 많은 독자그룹(reading group)을 가졌던 점을 고려할 때, 조선 초기에 이
미 부븸밥이 있었던 것으로 보인다. 일명 골동반은 밥에 쇠고기볶음, 육
회, 튀각, 여러 가지 나물 등을 섞어 참기름과 양념으로 비비서 먹도록 만
든 밥이다. 나물은 고사리, 시금치, 콩나물, 무나물(무꾸나물, 무를 채썰어 볶은
나물), 참나물, 취나물 등 계절에 맞추어 고르는데 되도록 색채와 영양소의
배합이 좋도록 한다.

비빔밥의 원조는 섣달 그믐에 남은 음식들을 다 섞어 함께 나누어 먹는
'섣달 골동반과 안동 지역에서 제사 음식을 곁들여 비벼 먹는 '제삿밥'에
서 연유한 것으로 보인다. 예부터 안동 지방은 양반 마을답게 집집마다 4
대 봉사를 하는 것은 물론이고, 시제까지 합하면 보통 제사만 한 해 스무
차례가 넘었다. 이러한 비빔밥은 안동지역 불천위제사를 지낸 후에 먹는
밥이기도 하다. 많은 유생들이 참여하기 때문에 많은 양의 밥을 쉽게 먹
기 위해 큰 함지에 한꺼번에 비벼서 먹었던 것에 유래한다. 이때 밥을 비
비는 것뿐만 아니라 국수도 함께 넣고 비비기도 하는데, 이때 비빔국수를
'골동면'이라고도 한다(안동 광산김씨, 의성김씨).

‘안동헛제삿밥’은 제상에 올렸던 나물과 탕채를 간장에 비벼먹는 음식으로, 옛 선비들의 밤참거리로 진주헛제삿밥과 쌍을 이루던 허드레 음식이다. 선비들이 밤늦도록 글을 읽다 보면 배는 고프고, 밤늦게 음식을 만들게 되면 그 냄새가 이웃에 풍겨 폐를 끼치게 된다고 생각해서, 실제로는 제사를 지내지 않고 제사를 지냈다며 이웃 사람들을 불러 모아 함께 나눠 먹은 음식이 ‘헛제삿밥’의 유래이다.

일제시대에는 경상남도 ‘진주’를 대표하는 지역음식으로 알려졌고, 1960년대 이후에는 전주콩나물육회비빔밥 전문식당이 서울에 진출하여 전국적인 명성을 얻었다. 안동지역에서는 안동지역의 불천위제사를 지낸 후 음복 때 먹었던 비빔밥과 밤참으로 먹었던 비빔밥에 착안하여 현재의 안동헛제삿밥을 탄생시킨 장본인은 바로 조계행 할머니이다. 할머니는 1978년 안동댐 민속촌에서 처음 ‘헛제사밥’이라는 이름을 새로 붙임으로써 안동지역의 대표적인 민속음식으로 알려지게 되었다. 특히 안동지역에서는 겨울밤에 메밀묵 등과 함께 밤에 비빔밥을 팔기도 했는데, 이때 팔았던 비빔밥을 ‘밤밥’이라고 불렀다고 한다. 이 밖에도 제사를 지낸 뒤에 먹는 비빔밥을 안동에서는 ‘덮은밥나물(하회 충효당 종부), 제사비빔밥, 신지밥(안동)’ 등으로 불린다.

(3) 꼽살미

‘꼽살미’는 ‘골삶이’의 예천 방언형이다. 쌀은 없이 보리쌀로만 지은 밥을 말한다.

깡보리밥(조선말대사전), 꽁보리밥(표준국어대사전), 꽁버리밥(예천방언) 등과 같은 말이다.

(4) 무꾸밥

‘무꾸밥’은 ‘청근반, 무밥’의 예천, 안동방언형이다. 쌀에 무채를 섞어 지은 밥으로 양념장을 맛있게 하여 비벼 먹는다.

(5) 팥물밥

'중둥밥'은 팥을 삶아 짜서 체에 거른 물로 지은 '팥물밥(예천)'을 말한다.
팥색깔이 곱게 물들어 보기에도 별미의 밥이다.

(6) 미밥

쌀로만 지은 흰밥, 백반을 '미밥, 쌀밥, 이(:)밥'(예천)이라고 한다. 이에 반
해 보리, 조, 수수, 코, 팥 등을 섞어서 지은 잡곡밥이라고 한다. 흰밥, 잡
곡밥은 지역에 관계없이 먹었던 음식이다.

(7) 묵밥

'묵밥'(풍기, 안동)은 묵을 채썬 뒤 육수물에 고명을 얹어 먹는 음식을 말
한다.

(8) (밀)찌울밥

'찌울밥'은 밀기울밥의 예천방언형이다. 밀기울로 지은 밥을 말한다.

(9) 대두밥

'대두밥'은 콩을 짜고 남은 찌꺼기로 만든 밥을 말한다.

(10) 이찰밥

대추, 밤, 꽂감을 넣은 찰밥을 말한다.

(11) 찰밥

수수, 불콩, 양대콩 등을 넣은 밥을 말한다.

(12) 밤밥, 신지밥

오래 전 안동지역에서는 먹을 거리가 없던 시절 겨울밤에 동네를 이고
다니면서 파는 밥을 '신지밥', 혹은 밤에 파는 밥이라고 해서 '밤밥'이라고

도 한다.

(13) 수지밥

제사를 지내기 전에 첫 번째로 퍼 놓는 밥을 말한다.

(14) 국말이밥

소고기로 국을 끓인 국에 밥을 만 음식을 말한다. '국말이밥'은 국밥의 예천 방언형이다.

(15) 감자밥

밥을 지을 때 씻은 쌀 위에 감자를 썰어 놓고 지은 밥을 말한다.

(16) 수꾸밥

찰수수로 지었거나 수수를 약간 섞어 지은 밥을 말한다. '수꾸'는 '수수'의 예천 방언형이다.

2) 죽, 수제비

죽은 곡물로 만든 유동음식이다. 죽은 곡물에 물을 많이 넣고 오랫동안 끓여 완전히 화화시킨 것이다. 이에 반해 미음은 죽과는 달리 곡물을 푹 고아서 채에 밭인 것을 말한다. 응이는 곡물을 곱게 갈아서 전분을 가라 앉혀서 가루로 말렸다가 물에 풀어 익힌 마실 수 있을 정도의 농도이다.

(1) 호박수세기

'호박수세기(예천)'는 '호박범벅'의 경상도 방언이다. '누런호박, 늙은호박 (청둥호박)과 찹쌀가루를 버무려서 꽤 되게 쑤어 만든 음식으로 콩을 넣기 도 한다.

(2) 수꾸풀땡이

'수꾸풀땡이(예천)'는 '수수범벅'의 예천 방언형이다. 늙은 호박이나 콩, 팥 따위를 푹 삶은 다음 거기에 수수 가루를 넣어 된풀처럼 쑨 음식이다.

(3) 콩죽

'콩죽'은 불린 콩을 갈아서 쌀과 함께 끓인 죽을 말한다. 혹은 콩가루를 풀어서 끓인 죽으로 맛이 구수하다

(4) 볶은죽

'볶은죽'은 보리 볶은 가루로 죽을 쑨 것을 말한다.

(5) 버리죽

'버리죽'은 보리죽의 예천 방언형이다. 보리를 갈아서 호박잎을 넣어서 끓인 죽으로 보릿내가 난다.

(6) 당가리죽

'당가리죽'은 밀기울로 만든 죽을 말한다.

(7) 닭죽

'닭죽'은 닭에 물을 넉넉히 담아 풀어지도록 고은 담은 다음 그 국물에 닭고기 찢은 것과 멥쌀을 함께 넣어 푹 끓인 죽을 말한다.

(8) 벙으레기(봉화, 예천), 수지비(안동), 다부렁죽(청송, 대구, 성주), 나화

수제비는 멸치 다시 국물에 호박을 썰어 넣고 밀가루를 반죽하여 적당한 크기로 떼어 넣어 끓인 음식으로 양념 간장을 맛있게 하여 먹는 음식이다. 수제비는 밀가루로 만들기 때문에 '밀수제비'라고 부르기도 하고 문헌의 한자표기는 '박탁(餺飥)'으로 기록되어 있다.

16세기에 처음으로 등장하는 '슈져비'(『四聲通解』 上, 61)의 어원을 최창렬

(1988)에서는 '手+잡-[捕]+-이(접미사)'로 분석하고 있으며, 김민수 편
(1997, 620면)에서는 '手+접-[摺]+-이'로 분석하고 있다. '슈져비'의 '슈'를
'手'로 보는 공통점이 있으나 '접-'에 대해서는 다른 입장이다. 그런데 '슈'
는 '手'가 아닐 가능성이 높고, '져비'는 동사 어간 '접-'에 접미사 '-이'가
결합된 어형으로 볼 수 있다. '슈져비'는 제1음절과 제2음절에서 단모음화
를 겪어 '수져비'로 변했다가 다시 'ㅣ' 모음 역행 동화에 의해 '수제비'로
굳어진 것으로 파악된다. 19세기 말의 <韓佛字典 447>(1880), <『韓英字
典』621>(1897), <18XX광재물, 飮食, 002b> 등에는 여전히 '슈졉이'로 표
기되어 나오고, 20세기 초의 <『朝鮮語辭典』515>(1920)에 와서야 지금과
같은 '수제비'로 표기되어 나온다.

　수제비(수지비 : 안동)는 '밀가루 반죽한 것을 손으로 잡아서 만든 음식'에
서 연유된 것으로 추정된다. 그러나 이러한 수제비를 부르는 명칭은 지역
에 따라 밀가루 반죽의 농도나 재료에 따라 차이를 보인다. 예천지역에서
는 밀가루 반죽을 묽게 하여 주걱 뒷면에 올려 두고 숟가락으로 뚝뚝 쳐
서 끓이기 때문에 반죽한 밀가루를 손으로 잡아서 넣는 것과는 차이를 보
인다. 예천이나 봉화, 안동 지방에서는 수제비를 '벙으래기(버으레기)'라고
부르기도 하는데, 이는 이에서 연유한 것으로 보인다. '벙으래기'는 '벙을
다, 벙글다'(피어나 부풀어지다)가 명사화된 말이다. 역시 반죽이 끓는 물에서
부풀어 오르는 모습을 특징으로 삼아 붙인 이름이 '벙으래기'임을 알 수
있다. 이에 반해 경기도나 강원도에서는 '뜨데기, 뜨더국', 전남에서는 '띠
넌죽, 띠연죽'이라 하는데, 이는 반죽을 '떼어서 넣는 조리방법'에 착안한
것으로 보인다. 그 밖에도 '다부렁죽(청송, 성주)'이라고도 하는데, 수제비를
만들 때 밀가루 반죽을 조금 떼어내어 끓는 물 속에 던져 넣으면 조그마
한 반죽덩이가 끓는 물 속에서 다풀다풀 솟구치며 익게 되는데 연유한 것
으로 보기도 한다(백두현, 2006).

　또한 안동에서는 '수제비'를 '간대기'라고 부르기도 하는데, 밀가루로 만

들기도 하고 쌀댕가리(쌀속겨)로 만들기도 한다.

그러나 필자의 조사에 의하면 성주나 대구 사람들은 '다부렁죽(더부렁죽)'과 '수제비'를 구별하고 있는데, 이는 재료의 차이를 인식한 것으로 보인다. 예컨대 '수제비'는 밀가루로 반죽하여 만든 음식이고, '다부렁죽'은 밀을 갈아서 나물을 넣고 죽을 끓인 것(대구), 성주에서는 보리 당가루(속겨)로 끓인 것으로 구별하였다. 이처럼 수제비는 만드는 방법에 연유하기도 하고 재료에 따라 지방마다 약간의 차이를 보이고 있다.

수제비를 이르는 옛말로는 『음식디미방』에 나오는 '나화'가 있다. 밀가루반죽을 얇게 밀어 엄지손가락 정도의 크기로 잘라 눌러서 끓는 장국을 넣고 끓인 것으로, 고명으로 표고버섯, 석이버섯 볶은 것, 고기 볶은 것, 알지단 등을 얹는다.

(9) 신가리수제비국

'신가리수제비국'은 거친 밀기울로 만든 수제비국을 말한다. '신가리'의 '신-'은 '거칠다'의 의미를 가진 '세다'에 관형사형어미가 붙은 형태로 '센'의 방언형으로 '센 가루'를 말한다.

(10) 피죽

'피죽'은 좁쌀보다 굵은 것으로 주로 죽을 끓여 먹는 곡물류로 끓인 죽이다.

(11) 더부렁죽

'더부렁죽'은 밀을 갈아서 넣거나 속겨(왜관)에 나물을 넣고 끓인 죽을 말한다. 그러나 청송이나 성주에서는 '수제비'를 부르는 방언형으로 쓰인다.

(12) 갱죽

'갱죽'은 시래기 따위의 채소류를 넣고 멀겋게 끓인 죽을 말한다.

(13) 밥식이, 밥숙이

겨울 배추김치를 숭숭 썰어 물을 붓고 김칫국을 끓이다가 찬밥을 넣고 끓인 것으로 겨울철 찬이 없고 추울 때 뜨겁게 먹을 수 있는 음식을 '밥숙이, 밥시기(예천), 갱식이(안동, 봉화)'라고 한다. 수제비나 떡국을 넣어서 끓여 먹기도 한다.

'밥시기(예천)'는 '밥+숙(熟)+이'의 방언적인 표현으로 보인다. '밥식이(변이형), 갱식이(봉화), 밥죽(의성), 죽(영양)' 등으로 불린다.

(14) 갱식이, 갱시기

'갱식이, 갱시기'는 겨울 배추김치를 숭숭 썰어 물을 붓고 김칫국을 끓이다가, 찬밥과 수제를 넣고 끓인 음식으로 '갱(羹)+식(食)+이'의 방언적인 표현으로 보인다. 밥숙이, 갱식이와 같은 음식을 '밥죽(의성), 죽(영양)'으로 부르기도 한다.

(15) 콩가리죽

'콩가리죽'은 콩가루를 풀어서 끓인 죽을 말하는데 그 맛이 구수하다.

(16) 송피죽

'송피죽'은 소나무 속껍질(송피)이라는 송기와 쌀이나 보리를 넣고 쑨 죽을 말한다. 송피를 삶아 우려 낸 것에 쌀이나 보리를 넣어서 쑨다.

(17) 수제비미역죽

'수제비미역죽'은 미역국을 끓이다가 밀가루반죽을 수제비로 떼어 넣고 쑨 죽을 말한다.

3) 국수

(1) 늘인국시, 누른국시(안동), 너른국시, 칼국시, 젖은국시(예천)

‘늘인국시’는 밀가루와 콩가루를 1 : 1 비율로 많이 치대어 넓게 썬 국수를 말한다. 국수의 방언형은 ‘국시’이다. 국수는 만드는 방법에 따라 손으로 밀어서 만든 것을 ‘손국시’라고 하고 기계로 만든 것을 ‘틀국시’라고 한다. 전자는 밀가루와 콩가루를 반죽하여 안반에서 방망이로 얇게 밀어서 칼로 가늘게 썰어 만든 국수로 촉촉하기 때문에 ‘젖은국시’, ‘누른국시, 늘인국시(안동), 너른국시, 칼국시, 젖은국시(예천)’라고 하고, 후자는 기계에 뽑아서 말린 것으로 ‘건국시’, ‘틀국시’라고 한다. 특히 건국수는 끓는 물에 삶아서 건져서 장국물에 말아서 계란지단, 소고기를 곱게 다져 만든 등으로 고명(꾸미)한 국수를 ‘건국시’라고 하며, 특히 건국수는 잔치에 많이 사용하기 때문에 ‘잔치국수’라고 부른다. 이에 반해 ‘손국시’는 멸치 국물에 호박을 썰어 넣고 끓인 국수로 ‘건국수’와는 끓이는 방식에도 차이가 있다. 또한 ‘건진국시’는 누른국시를 가늘게 썬 국수로 장국물 없이 국수만 삶아서 내는 것을 말하고, 제사에 쓰는 국수는 ‘면국시, 면, 멧국시’라고 하여 일상 음식과 구별한다.

(2) 멧국시

‘멧국시’는 불천위제사에서 사용하는 국수로 너른국수를 삶아서 간장, 기름에 묻힌 국수를 말한다.

4) 만두

(1) 초만두

‘초만두’는 하회 류씨의 충효당 설차사 음식 중의 하나이다. 메밀가루와 돼지고기, 소고기, 두부와 삶은 무와 생강 다진 것을 함께 반죽해서 손가락 길이로 약간 통통하게 만들어 쪄서 김가루를 뿌려 올린다.

2.1.2. 부식류

1) 국, 탕

제사의 국을 '탕'이라고 한다. 탕은 '삼탕, 오탕'이 있다. 삼탕은 '어탕, 육탕, 계탕'을 말하고, '오탕'은 '어탕, 육탕, 계탕, 소탕, 해물탕'을 말한다. 제례음식(2. 2. 1.)의 '4) 탕(湯)'을 참조하면 된다.

(1) 내깡, 챗물

찬물에 간장과 초를 쳐서 만든 국물, 또는 끓인 맑은장국을 차게 식힌 국물을 냉국이라고 한다. '내깡, 챗물, 챗국(예천, 안동)'은 '냉국'의 방언형인데, 오이를 썰어서 넣으면 '오이내깡, 오이챗물'이 된다.

(2) 골부리국, 타리골부리국, 골뱅이국

다슬기로 끓인 국을 '다슬기국'이라고 하는데, 이의 방언형은 '골부리국(안동), 타리골부리국, 골뱅이국'(예천)이라고 부른다.

(3) 꼼물

곰국을 '꼼물'이라고 한다.

(4) 짐챗물

'짐챗물'은 김으로 만든 '챗물'을 말한다.

(5) 탕국

'탕국'은 제사에 쓰는, 건더기가 많고 국물이 적은 국인 소탕, 어탕, 육탕 따위가 이르는 국을 말한다. 경상도 지방에서 제사를 지낼 때 무와 쇠고기, 두부, 다시마 등을 넣고 끓인 국을 말한다.

(6) 시레기국

'시레기국'은 무청을 말려서 삶은 나물에 콩가루 묻혀 끓인 국을 말한다. 혹은 된장을 풀어서 즙을 풀고 끓인 국을 이르기도 한다.

(7) 멀국

'멀국'은 배추를 삶아서 넣고 된장을 풀어서 끓인 국의 예천 방언형이다. 표준어 사전에 양념을 하지 않은 맑은 국의 의미와는 다르다.

(8) 팥국

'팥국'은 된장을 푼 국물에 콩가루나 밀가루를 묻힌 팥잎을 넣고 물기가 많지 않게 자작자작하게 끓인 국을 말한다.

2)적

배추, 부추 등의 지짐, 부침, 부침개를 예천, 안동에서는 '적'이라고 한다. 이는 표준어에서 '생선이나 고기, 채소 따위를 얇게 썰거나 다져 양념을 한 뒤, 밀가루를 묻혀 기름에 지진 음식을 통틀어 이르는 말인 '전'을 이르는 말이다. 즉 예천, 안동에서는 배추로 만든 부침개를 '배차적', 부추로 만든 부침개는 '정구지적'이라고 하며, 고추로 구운 부침개는 '꼬치적' 등으로 부르며, 이를 통틀어 '나물적'이라고 한다.

(1) 꼬지, 산적

예천, 안동에서 '꼬지, 산적'은 대꼬챙이에 꿰여 양념을 하고 불에 구운 적을 말한다. '적'은 이 지역에서 '부침개'를 이르는 말이기 때문에 구별할 필요가 있다. 표준어에서 '적(炙)'은 육류와 채소, 버섯을 양념하여 꼬치에 꿰어 구운 것이고, 산적은 익히지 않은 재료를 꼬치에 꿰어서 지지거나 구운 것으로 설명하기 때문이다.

특히 소고기산적을 '소고기꼬지'라고 하며 '설꼬지'는 방어 같은 경우에 토막을 치지 않고 통째로 꼬지를 끼는 것을 말한다.

그리고 '누름적'은 재료를 양념하여 익힌 다음 꼬치에 꿴 것과 재료를 꿰어 전을 부치듯이 옷을 입혀서 지진 것의 두 가지가 있다. '누름적'은 예천·안동지역의 '꼬지'와 같다. 그러나 '누루미'는 최초의 한글조리서인『음식디미방(1670)』에 등장하는 것으로, 재료를 찌거나 구워서 익힌 다음에 밀가루 등으로 즙을 만들어 걸죽하게 끼얹는다. 이는 현재 중국 요리인 탕수육과 같은 조리법에 해당되는데, 1700년대 이후 누르미법은 없어지고, 오늘날 고기, 야채 등을 꼬치에 꿰어 옷을 입혀서 지지는 '누르미, 누름적' 등으로 그 조리법이 바뀌었다. 이러한 방식은 19세기 후반의『음식방문』에서도 확인된다.

3) 김치

'김치'의 옛 어형은 '짐치'로서 이는 경상도 말에 널리 쓰이고 있다. '짐치'는 중국의 '침채(沈菜)'의 음을 차용하여 생겨난 말이며, 옛 문헌에는 '침치'(역어유해 보 31장) 혹은 '딤치'(유합 상권 30장), 1670년대의 안동과 영양에서 사셨던 정부인 장씨가 지은『음식디미방』에는 김치만드는 법을 '팀치법'이라 적혀 있으며, 현재 안동지역 불천위제사의 김치는 '침채(沈菜)'라고 하여 현재까지 사용되고 있다. 이와 같이 '침채(沈菜)'의 중국한자음을 빌려오면서 그 발음이 '팀치' 또는 '딤치'로 유동적이었던 것으로 보인다. '딤치'의 'ㄷ―구개음화'가 일어난 것이 '짐치'이다. '김치'는 '짐치'의 첫소리 'ㅈ'을 'ㄱ'으로 잘못 고쳐 생겨난 말(과도교정, 역구개음화)이다. 이렇게 볼 때 경상도 지역에서는 사용되는 '짐치'는 우리말에서 가장 자연스러운 변화를 겪은 것이다. 안동, 예천 지역에서 '짐치'는 '물김치'를 이르는 말이고, 일반적으로 '짠지'라는 명칭을 더 많이 사용한다. '짠지'는 '짜다'의 관형사형 '짠'과 '디히'로부터 변화한 '지'가 합성된 어휘이다. 김장김치를 '배차짠지'라고 부르고 김장김치 안에 무를 박아서 먹는 것을 '무꾸짠지'라고 부른다. 배추는 원래 중국어 '白菜'의 음을 차용한 외래어이다. 이것은 옛 말에는 '비치'인데 여기서 '배차'로 변한 것이다. 짠지는 소금에 절였기 때문에 '짠지'라고 하지만 옛날에는 소금에 절인 것은 모두 '지'라고 했다. '짐치'는 400년 전 경상도에서 널리 사용된 말이며, 오늘날에는 경상도뿐만 아니라 강원도, 경기도, 전라도, 충청도, 함경도 등에도 널리 쓰인다.

경상도에서 '짠지'는 일반적으로 '배추로 만든 김치' 즉 '배차짠지'를 말하며, 들깨짠지(들깨잎을 삭혀서 양념한 것), 꼬치짠지(고추를 삭혀서 양념한 것), 콩이파리짠지(콩잎을 삭혀서 만든 것), 속새짠지(예천), 써구새짠지(안동, 씀바귀를 삭혀서 양념한 것), 꼬들빼기짠지(꼰들개, 꼬들치, 꼬지깨를 삭혀서 만든 것) 등이 있다.

표준어의 무말랭이는 골굼짠지, 곯짠지(예천), 곤짠지, 곤지(안동), 오그락지(대구)라고 부르며, 경부북부지역에서 '무말랭이'는 '무를 말린' '무오가리'를 말하여 명칭의 차이를 확인할 수 있다.

'나박짐치(나박김치)'는 김치의 하나로 무를 얄팍하고 네모지게 썰어 절인 다음, 고추·파·마늘·미나리 따위를 넣고 국물을 부어 담근다. '나박김치'의 최초 형태는 17세기의 '나박짐치'이다. 이 '나박짐치'는 19세기에 '김치'라는 어형이 나타나서 일반적으로 사용됨에 따라 '나박김치'로 바뀌어 현대어로 이어지고 있다. '나박짐치'는 '나박+짐치'로 분석된다. 이 '나박'은 '무'를 뜻하는 중국어 '蘿蔔(luobo)'에서 차용된 것으로 보인다. 제2음절 '蔔'는 훈몽자회(1527)에 '댓무수 복'이라고 되어 있어, '복>박'의 모음변화에 의한 것으로 보인다.

경북북부지역에서 '물김치, 물짐치'는 동치미(동침이)를 이르는 말이다. '물김치'는 배추를 통째로 소금에 절이다가 고추, 생강, 마늘, 귤껍질 채친 것, 잣, 실고추, 청각 등을 배추잎 사이사이에 넣고 짚으로 동여매어 항아리에 배추와 무를 번갈아 담고 배를 통째로 깎아 넣은 후, 소금으로 간을 한 김칫국을 가득히 부어 갓으로 위를 덮고 그 위에 무청을 덮어 익힌 것이다. 특히 불천위제사에 사용하는 고춧가루를 넣지 않은 물이 많은 백김치, 물김치(동치미)를 특히 '사연지'라고 부른다(안동 향토음식).

(1) 무싱건지

'무싱건지'는 무를 통으로 짜게 절여 담근 김치를 말한다. 김장 때 담가 이듬해 여름에 먹는 김치를 말한다.

(2) 정구지짠지

'정구지짠지'는 연한 정구지(부추의 경북방언)를 절여 젓갈, 고춧가루, 파, 마늘 다진 것, 소금, 찹쌀풀 등으로 버무려 익힌 김치를 말한다.

(3) 중갈이짐치

'중갈이짐치'는 제철이 아니더라도 언제든지 씨를 뿌려서 먹게 되는 무나 배추로 담근 김치를 말한다.

(4) 허드레짐치

'허드레짐치'는 무의 잎과 줄기, 배추의 지스러기로 담근 김치를 말하는데, '덤불김치'라고도 한다.

4) 지

'지'는 표준어 '장아찌'의 방언형으로 오이, 무, 마늘 따위의 야채를 간장이나 소금물에 담가 놓거나 된장, 고추장에 박았다가 조금씩 꺼내 양념하여서 오래 두고 먹는 음식이다. '장아찌'는 '장에 {담근} 지'의 구성으로 보이는데, 이는 '쟝앳 디히'<15XX역박상, 055b>에서 그 어원을 추정할 수 있다. 17세기에는 직접적인 어형이 보이지 않고 그 뜻을 직접 한자로 표현하여 '醬瓜(子)<1677박통해, 상, 050a>'처럼 나타나는 예만 보인다. 18세기 중반에 가서야 '쟝앗디히'와 '쟝앗찌이'가 보인다. '쟝앗찌이'의 '찌이'는 '찌이'와 동일한 소리를 나타내는 것으로 표준어의 '장아찌'와 거의 동일한 발음을 나타내는 형태가 이미 완성되었다. 이 형태는 그 뒤에 '쟝앗지, 장앗지, 장아찌'로 이어져 현대에 이르게 된다. 이러한 '장아찌'는 안동, 예천 지역에서는 '지[지:]'로 통한다.

'지'의 옛말은 '디히'(두시언해 초간본 3권 50장)라는 구절이 나온다. 이후 '디히'는 '디히>디이>지이>지:'와 같이 둘째음절의 두음 'ㅎ'의 탈락과 구개음화, 보상적장음화를 거쳐 '지[지:]'로 실현되고 있다.

마늘장다리를 삭혀서 만든 '마늘장다리지(예천), 마늘종새기(지)(안동), 마늘해기(지, 안동, 대구)'와 깻잎을 삭혀서 만든 '깻잎지', 콩잎을 삭혀서 담근 '콩이파리지', 고추를 삭혀서 만든 '고치지, 짓고치', 무를 된장에 묻었다가 물에 씻어 양념하여 먹는 음식인 '무꾸지' 등이 있다.

[그림 41] 꼬들깨 삭힌 것

[그림 42] 마늘해기, 마늘종새기

[그림 43] 들깻잎 삭힌 것

[그림 44] 꼬치지

5) 묵

'묵'은 메밀, 녹두, 도토리 등을 맷돌에 갈라 가라앉힌 앙금을 물레 섞어 풀 쑤듯이 쑤어 굳힌 식품이다. 재료에 따라 '메밀묵(미물묵 : 예천), 도토리묵(꿀밤묵 : 예천), 녹말묵, 제물묵, 녹두묵(청포)' 등이 있다.

(1) 미물묵

'미물묵'은 '메밀묵'의 예천 방언형이다. 메밀쌀(녹말)을 물에 불려서 곱게 간 것을 체로 밭쳐 물에 가라앉힌 후 웃물을 따라 버리고 앙금을 거두어 풀을 쑤듯이 되게 끓여 식힌 것을 말한다.

(2) 꿀밤묵

'꿀밤묵'은 '도토리묵'의 예천 방언형이다. 도토리를 맷돌에 갈아서 물을 담가 떫은 맛을 없앤 다음 웃물은 따라 버리고 가라앉은 녹말을 풀 쑤듯이 끓여 그릇에서 식혀 굳힌 것이다.

(3) 청포(묵)

'청포, 청포묵'은 녹두묵을 이르는 말이다. 녹두를 반으로 타서 물에 담가 불려서 껍질을 제거한 것을 맷돌에 곱게 갈아서 겹체로 걸러 가라앉혔다가 웃물은 따라 버리고 가라앉은 녹말을 거두어 물을 타서 풀처럼 쑤어서 그릇에 담아 식혀 굳힌 것을 말한다. 녹두묵을 청포, 청포묵이라고 하고 치자의 물을 타 넣어서 노란 물이 들게 하여 쑨 묵을 '황포묵'이라고 한다.

(4) 묵태평추

'묵태평추'는 예천 지역에서 돼지지고기와 김치를 볶은 뒤에 채친 메밀묵에 얹어서 먹는 음식이다. '묵청포'를 달리 이르는 말로서 조선 영조 때에, 탕평책을 논하는 자리의 음식상에 처음 올랐다는 데서 유래한다. 그러나 청포묵을 채소와 함께 초장으로 무친 '탄평채'와는 차이가 있다.

6) 장(醬)

한국의 장은 발표식품의 하나로서 한국 음식의 기본 조미료이며, 반찬 음식으로도 중요한 위치를 차지하는 기본 음식이다. 장의 역사는 콩의 재배시기인 4~5세기경에 발달한 것으로 추정된다(윤서석, 『한국음식—역사와 조리』, 1991). 한국 장의 기본 종목은 콩으로 메주를 쑤어 띄워 담근 간장, 된장, 고추장이지만 이외에 계절에 따라 별미로 담그는 단기장은 지역에 따라 여러 가지로 개발되어 있는 것으로 보여, 특이한 몇 가지만을 살펴보기로 한다. 막장, 듬북장, 띠장, 거름장, 집장, 청국장이 있다.

(1) 지령, 장물, 지렁

전라도 방언 등 대부분의 지역에서는 '간장'이라고 하지만 예전에는 경기도, 충청도, 강원도, 경상도(안동, 봉화, 영양)에서는 '지렁'을 많이 썼다. 특히 서북경북방언인 상주, 문경(예천)에서는 '장물'도 많이 쓰인다. 경상도에서는 '지렁'을 '지랑, 지렁장'이라고 부른다. 17세기 경상도 지역의 음식조리서인 『음식디미방』에도 '초지령(초를 섞은 지렁물)', '전지령(단지에서 갓 떠 다른 것을 타지 않은 간장물)', '지령' 등의 어휘가 여러 개 나온다. 경북 성주의 한개마을에서 나온 『정몽유어』라는 한자 학습서에서는 '지령'을 '날국(漿)'이라 하였는데, '날국'의 어원은 짐작하기 어렵다. 장류 음식에는 듬북장, 토장, 청국장, 막장, 집장, 고추장, 겨자장, 누룩청장 등이 있다.

(2) 막장

'막장'은 보리밥, 찹쌀죽 등에 메주를 띄워 말린 메주가루, 소금으로 담근 된장. 집에서 쌈장용으로 먹기 위해 담근 된장을 말한다.

(3) 듬북장

'듬북장'은 장의 한 가지로 삶은 콩을 더운 방에 띄워 반쯤 찧다가 소금과 고춧가루를 넣어 만드는데, 주로 찌개를 끓여 먹는다. 예천에서는 '청국장(戰國醬, 산림경제), 집장'이라고도 부른다. 그러나 문헌의 '듬북장'과는 만드는 방법에서 차이를 보인다. 입춘 전에 잠깐 맛보는 계절장의 하나로 주먹만큼 작게 빚은 메주덩이를 4~5일간 띄워 심심한 소금물에 담가 4~5일간 익혀 만드는데(강인희, 『한국식품사연구』, 삼영사, 1987), 『증보산림경제』에서는 '담수장(淡水醬)'으로 기록되어 있다.

'딘장(된장)'은 '메주에 소금물을 부어 되직하게 만들어 삭힌 것'을 말한다. 보통 간장을 담가서 장즙을 떠낸 찌꺼기를 손질하여 된장으로 하는 경우가 많다. 국어사 자료에서 '된장'이 소급하는 최초의 형태는 18세기의 '된쟝'이다. 20세기에 나타나는 '된장'은 18세기 이후 'ㅈ'이 치조—경구개 음으로 바뀜에 따라 '쟝'의 발음과 '장'의 발음이 같아진 결과이다. '된장'의 '된'은 '물기가 적다'는 뜻의 '되다'의 관형사형으로 소급된다(국립국어원, 21세기 세종계획, 국어어휘의 역사프로그램, 2004).

(4) 띠장

'띠장'은 된장의 방언으로 '띄운장'이라는 의미이다.

(5) 거름장

'거름장'은 퇴비를 묻어 띄운 장이다. 삶은 콩과 보리로 메주를 만들고 뽕나무나 닥나무 잎을 덮어 띄워 노란 곰팡이가 생기면 말려 빻아서 소금물로 된장을 담가 오이 가지를 섞어 퇴비 속에 파묻어 익힌다(전통향토음식조사연구보고서). '거름장'은 표준어 '집장, 즙장'에 대한 안동을 비롯한 북부지역의 방언으로 보이는데, 그 만드는 방법에서도 약간의 차이가 있으나 거의 같은 유형으로 보인다.

'즙장(汁醬, 거름장 : 안동)'은 메주를 빻아서 고운 고춧가루 따위(가지, 고추 등의 채소)와 함께 찰밥에 버무려 장항아리에 담고 간장을 조금 친 뒤에 뚜껑을 막은 다음 두엄 속에 8~9일 묻었다가 꺼내 먹는 장으로 '집장(汁醬)'의 원말이다.

'집장(汁醬, 거름장 : 안동)'은 메주 1말에 물 3되, 소금 3홉의 비례로 섞어서 장항아리에 담고 이것을 말똥 속에 7일간 익혀 만드는 것이다. 집장용 메주는 밀 2말, 콩 2말을 물에 담갔다가 함께 빻아서 익혀 둥글게 만들어 닥나무 잎을 덮어 띄워 말린다(윤서석, 1991).

'즙장(汁醬)'은 '집장'의 원말이긴 하지만 현재 표준어에서는 '집장'으로 사용된다. 한국의 음식용어(윤서석, 1991)에서도 '즙장'이라는 용어를 사용하지 않고 '집장'으로 설명하고 있다.

그러나 예천 지역에서는 '청국장, 담북장'을 일컫는 '집장(예천)'과는 동음이의어로 차이가 있어 구별할 필요가 있다.

(6) 집장(예천)

예천지역의 '집장'은 표준어의 '청국장, 담북장'을 이르는 것으로 거름장

(안동)의 표준어 '집장'과는 그 만드는 방법에서 차이를 보인다. 즉 집장(예천)은 장의 한 가지로 삶은 메주콩을 더운 방에 띄워 반쯤 찧다가 소금과 고춧가루를 넣어 만드는 것으로, 주로 찌개를 끓여 먹는다.

(7) 등개장, 댕개장

'등겨장'은 보리를 찧을 때 나오는 속겨(당가루 : 예천, 안동)를 익반죽하여 찐 다음 뭉쳐 불에 구워 매달아 띄워 말린 후, 가루로 빻고, 보리밥을 섞어 매우 치댄 다음 소금 간을 하여 만든 것으로 일명 '시금장'이라고도 한다 (문화재관리국, 『한국민속종합조사보고서』 경상도편, 1969~1981). '등겨장'은 댕개장 (대구), 겨장(안동), 등개장(안동, 대구) 등으로 불리기도 한다.

7) 생절이

생채는 계절마다 나오는 싱싱한 채소들을 익히지 않고, 초장, 초고추장으로 무친 것으로 가장 일반적인 찬품이다. '생채'는 채소를 날것대로, 혹은 소금이나 간장에 절여 양념에 무친 것, 무치는 양념에 따라 고춧가루, 간장, 참기름, 다진 파, 마늘, 설탕, 식초 등으로 무친 것, 초간장에 무친 것 등으로 나뉜다.

'나물 중에서 생채는 무나 배추 등을 익히지 않고 생으로 절인 반찬으로 '겉절이'를 말하는데, 이 지역에서는 '생절이(예천)'라고 부른다.

8) 나물

나물은 반찬 가운데 가장 기본이 되는 대중적인 반찬이다. 나물은 생채와 숙채의 총칭이나 여기서는 '숙채'를 이르는 말이다. '나물'은 채소를 기름에 볶아서 양념을 한 것, 또는 채소를 데쳐서 양념에 무친 것으로 주로 반찬으로 쓰이는 것을 말한다.

(1) 고구마줄거리, 고구마순

'고구마줄거리', '고구마순'은 고구마 줄기의 껍질을 벗기고 삶아서 볶은 나물을 말한다.

(2) 무시나물, 무꾸나물

'무시나물'은 무를 채 쳐서 삶은 뒤 바로 양념을 하거나 또는 다시 볶으면서 양념을 하여 무친 반찬이다. '무시'는 '무'의 방언형이다.

(3) 머구나물, 모구나물

'머구나물, 모구나물'은 머위의 줄기를 삶아서 볶은 나물이다. '머구, 모구'는 '머위'의 안동, 예천 방언형이다.

(4) 돌가지, 도래, 돌개나물

'돌가지, 도래, 돌개'는 '도라지'의 안동, 예천 방언형으로 도라지 자체를 나타내기도 하지만 도라지를 기름에 볶다가 소금과 깨소금으로 양념을 한 나물을 말한다.

(5) 숙지나물

'숙지나물'은 숙주를 삶아서 양념에 무친 나물이다. '숙지'는 '숙주'의 안동방언형이다.

9) 부각

부각의 사전적 의미는 감자, 고추, 깻잎, 들깨꼬투리 등을 그대로 말리거나 찹쌀가루나 밀가루 풀칠을 하여 바싹 말렸다가 필요할 때 튀긴 반찬이다. 그러나 경북북부지역에서는 고추나 들깨꼬투리에 찹쌀 풀을 발라 말린 것 자체를 말한다.

10) 멧젓, 밋젓

‘멧젓, 밋젓’은 멸치젓을 이르는 예천, 안동 방언형이다. 안동에서는 멸치를 ‘멧고기’라고 부르는 것에서 멸치젓임을 알 수 있다. ‘밋젓’은 ‘멧젓’이 고모음화현상에 의한 것으로 볼 수 있다.

11) 밑반찬

(1) 장똑똑이

‘장똑똑이’는 ‘똑또기자반’이라고도 부르는 것으로 우둔살을 얇게 저며 채썰어 볶아 누른 즙을 빼고 좋은 장, 기름 꿀 등을 넣어 다시 볶아 검정 깨, 후추를 넣은 밑반찬(婦人必知)을 말한다.

(2) 끼미장

산적용 살코기를 얇게 저며 채썰어 볶은 뒤에 간장과 물을 붓고 얼마간 조린 뒤에 통깨를 뿌린 밑반찬을 말한다.

(3) 황태보푸리

부드럽게 부푼 황태를 숟가락으로 살살 긁어서 결대로 솜처럼 부풀려서 간장이나 소금에 설탕, 깨소금, 참기름, 후춧가루로 묻힌 음식을 말한다. 이는 반가의 음식으로 주로 안동을 비롯한 북부지역에서는 신부가 시부모님의 반찬으로 필수적으로 준비하는 음식이다.

12) 과일

(1) 감

감을 부르는 말은 ‘크기, 모양, 익은 정도, 마른 정도, 맛 등 그 성질에 따라 세부적인 명칭을 가지고 있다.

모양이 길고 끝이 뾰족한 '뾰족감(뾰주리감)'이 있는데, 뾰족감 중에서도 특히 작은 것을 '고추감'이라고 하고, 둥글납작하게 생긴 감을 '납작감(넙덕감: 예천)', 납작감 중에서도 굵게 생긴 것은 '대접감', 모양이 둥근 것은 '둥주리감', 꼭지에서 네 갈래로 골이 진 감을 '골감', 검은 얼룩이 있는 감을 '먹감'이라고 부른다. 또한 덜 익어 떫은 맛이 있는 감은 '땡감', 물이 많은 감은 '물감', 물렁물렁한 감을 '물렁감, 연시, 연감'이라고 하며, 익지 않아서 빛이 푸른 갓은 '풋감', 익지 않거나 우리지(삭히지) 않은 감은 '날감', 특히 맛이 단 감은 '단감', 맨 처음으로 딴 감은 '숫감', 크기는 잘고 씨만 많은 감은 '돌감'이라고 한다. 꽃과 함께 떨어진 어린 감은 '감또개'라고 한다. 그 밖에도 물동이처럼 아주 큰 감을 '도:감(예천), 도우감(길쭉 뾰족), 동이감(안동)'이라고 하며, 반시는 위가 둥글게 생긴 감으로 도감과 반시(반수), 먹감은 홍시(홍수: 예천방언)로 만들어 먹는 감이다. 특히 연시는 껍질이 얇고 부드러워 홍시로 먹는데 청도 연시가 유명하다. 생감의 껍질을 벗겨 말린 것을 '곶감(꼬:감)'이라고 하는데, 곶감은 '중시(준시)'로 하면 맛이 좋다고 하는데 예천(하리면), 상주의 '준시곶감'이 유명하다. 곶감의 어원은 고어 '곶다(串)'의 어간에 '감'이 합성된 형태이다.

또한 '부처감'은 감 중에서 유난히 떫은 감으로 익어도 보통 감보다는 맛이 없다. 홍시가 덜 된 감을 안동에서는 '반물레기'라고 하는데, 반쯤 물러서 된 감, 홍시를 이르는 것으로 보인다. 이에 연유하여 문경, 예천에서

[그림 45] 곶감

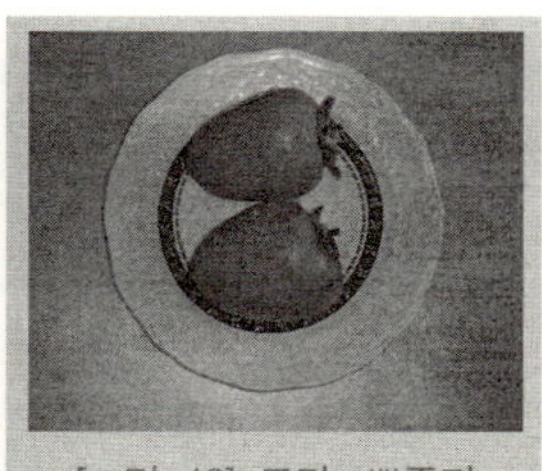

[그림 46] 도감, 뾰족감

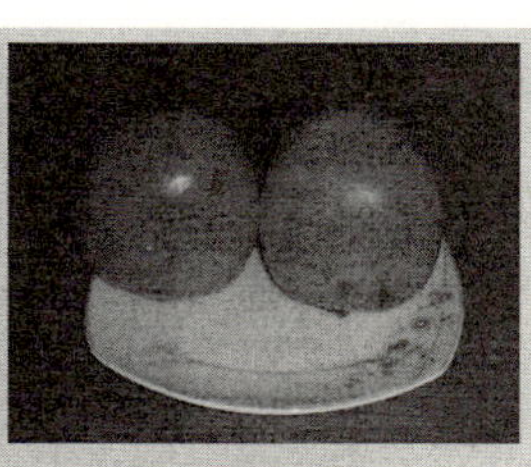

[그림 47] 대봉시

는 경음화 현상과 'ㄴ'이 탈락되어 '빠물레기'라고 부른다. 품질이 좋은 떫은 감을 '따발감'이라고 하는데, 암수한그루로 열매는 넓적하고 끝에서 밑까지 4~5개의 뚜렷한 홈이 있어 똬리 모양을 이룬다. 특히 북한에서는 아주 큰 종류의 감을 왕감이라고 한다. 아주 크고 뾰족한 감을 '대봉시, 하지야(강원도, 원주)'라고 하고, 작은 감은 '장둥이(강원도, 원주)'라고도 한다. 특히 안동에서는 감홍시를 '애라리'라고 부르기도 하는데, 주로 떡을 먹을 때 조청 대신에 먹었던 감으로 조청같이 단맛이 있는 감을 이른다.

(2) 밤

밤은 한 송이에 밤알이 세 톨씩 들어 있는 것이 보통이다. 그러나 한 밤송이에 두 톨만 들어 있어서 여느 밤알보다 굵은 것이 있다. 이와 같이 두 톨만 생겨서 여문 밤송이를 '두톨박이(두톨배기)'이라고 부르며, 이에 대해 세 톨이 박힌 밤은 '세톨박이(세톨배기)', 드물게 한 톨만 있는 것은 '외톨박이(외톨배기)'라고 한다. 세톨박이 밤의 양쪽 가에 박힌 밤톨을 '가톨'이라고 부르는데, 이것은 가운데 밤보다 훨씬 맛이 있고 생긴 모양도 다르다. 충분히 잘 익은 밤을 '알밤(아람)'이라고 하며, 반대로 채 익지 않은 밤은 '똘기밤'이라고 하며, 저절로 떨어지는 똘기밤을 '도사리밤'이라고 한다. '똘기'와 '도사리'는 밤의 경우 외에도 과일에 두루 사용되는 어휘이다. 또한 밤송이 전부가 익기 전에 말라 떨어진 것을 '불밤송이'라고 하며, 밤의 모양에 따라 '도톨밤'(도토리처럼 동그랗고 작은 밤, 토종밤 : 예천방언)과 '빈대밤'(알이 작고 납작해서 빈대처럼 생긴 밤)이 있다. 껍질은 하나인데 속은 두 개인 밤은 '쪽밤', 껍질과 속이 모두 하나인 밤은 '통밤'이라고 한다.

(3) 배

배 역시 모양에 따라 여러 가지의 명칭이 있다. 모양이 기름하고 꼭지 달린 데가 뾰족한 배를 '고살래', 딸 때는 맛이 떫고 빡빡하지만 오래 묵일수록 맛이 좋아지는 것을 '묵이배', 모양은 '고살래'와 비슷하나 단단하면

서도 향이 좋은 '문배', 산에 저절로 나는 '돌배', '똘배'를 안동에서는 '뚝배'
라고 하며, 돌배가 아닌 보통 배를 '참배', 껍질이 푸르고 맛이 좋은 '청술
래', 누르고 크며 맛이 좋은 '황술래' 등이 있다.

(4) 개암(榛)

'개암'은 개암나무의 열매로서, 모양은 도토리 비슷하며 껍데기는 노르
스름하고 속살은 젖빛이며 맛은 밤 맛과 비슷하나 더 고소하다. 현대국어
'개암'은 15세기의 '개옴 / 개얌'이 역사적 과정을 거치면서 19세기까지 다
양한 이형태를 가지고 지금까지 이어져왔다. 문헌자료를 통해서 보면, 개
옴<1489구급간, 02, 083b>, 榛 개옴 진 <1527훈몽자, 상, 006a>, 개음 진
榛 <1664유합원, 006b>, 개옴 진 榛 <17XX왜유해, 하, 007a>, 기얌 棒子
<1895국한회, 013>, 개암진 棒 <1895국한회, 013>, 개암 榛 개암나무
<1880한불자, 120> 등으로 나타나는데, 현재의 '개암'의 형태가 굳어진
것은 19세기로 보인다. 이 단어를 분석하면 '개+옴'으로 분석할 수 있는
데, '개-'는 접두사이며, '옴'은 '도톨왐'이라는 단어를 통해 볼 때 '밤'을
나타낸 것으로 보인다. '도톨왐'은 '도토밤'과 같은 것으로 '도토리'를 뜻하
며, 어원적으로 *'개밤'에서 출발한 단어로 추정된다.

'개암'의 방언형은 '깨곰(문경), 깨묵(의성), 개금(안동)' 등으로 나타나는데,
'깨묵'은 예천지역에서 '참기름을 짜고 남은 찌꺼기'를 이르는 말이기도
하다.

(5) 고욤

'고욤'은 고욤나무의 열매를 말한다. 감보다 작고 맛이 달면서 좀 떫다.
고욤의 방언형은 '굄, 곰(안동, 문경), 김(예천)'으로 사용되고 있다.

(6) 가래

'가래(楸)'는 가래나무의 열매로 '호두'와 비슷하게 생겼지만 껍질이 더

단단한 열매이다. 방언에서는 '가래추자, 가루추자(문경), 돌추자(안동, 예천)' 등으로 부른다. '추자'는 호두의 경북방언형으로 '가래'가 호두보다 단단한 것에 연유하여 '돌'이 합성된 것으로 보이며, '가래추자, 가루추자'는 충청도방언의 '가래'와 방언형인 '추자'가 혼합된 어휘이다.

(7) 오두개, 아침이슬

'오디'의 방언형인 '오두게(문경)'와 산열매(표준형 모름)인 '아침이슬'이 있다.

(8) 날땅콩, 잣콩

볶지 않은 생땅콩을 '날땅콩(원주)'이라고 한다. 또한 안동 방언에서는 '땅콩'을 '잣콩'이라고 한다.

13) 채소

(1) 주먹마, 산마, 장마

마는 '산약'을 이르는 것으로 모양에 따라 다양한 이름으로 불린다. [그림 48]은 '장마'로 모양이 길게 생긴 것에 연유한 것이며, [그림 49]는 주먹과 같이 생긴 것에 연유한 '주먹마'이며, [그림 50]과 [그림 51]은 전형적인 산약인 '산마'이다.

[그림 48] 장마

[그림 49] 주먹마

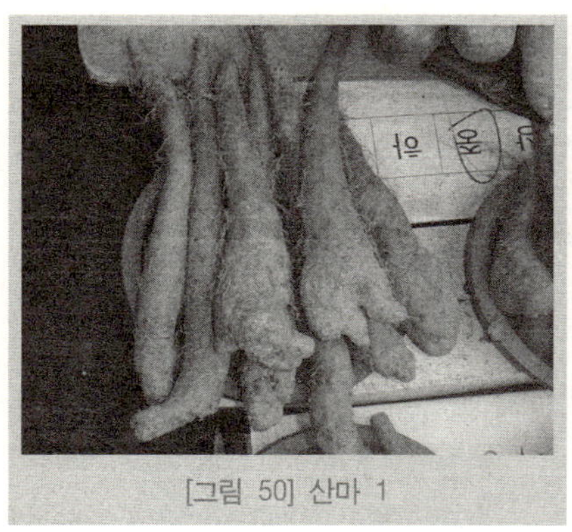
[그림 50] 산마 1

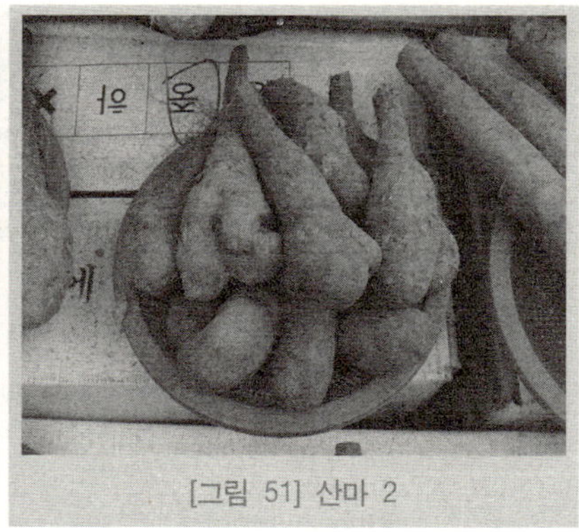
[그림 51] 산마 2

(2) 무말랭이, 오가리, 고지

무말랭이는 '무를 반찬거리로 쓰려고 썰어 말린 것'으로 되어 있지만 경북북부지역에서는 '무 말린 것에 양념을 한 김치'를 말한다. 후자의 방언형은 '골굼짠지, 곯짠지(예천), 곤짠지, 곤지(안동), 오그락지(대구) 등'이 있다.

[그림 52] 무꾸말랭이

[그림 53] 호박말랭이

그러나 '무나 가지, 호박 등을 말린 것'인 '오가리, 고지'의 방언형은 '무꾸말랭이, 가지말랭이, 호박말랭이'라고 불러서 차이를 보인다.

'무말랭이를 뜨거운 물에 씻어서 양념하는 김치'를 '골굼짠지, 곯짠지(예천), 곤지, 곤짠지(안동)라고 부른다. '곯짠지'와 '곤짠지'는 어형성법으로 볼 때 차이가 있다. 전자는 '곯다'의 어간 '곯-'에 '짠지'가 합성된 비통사적인 합성어이고, 후자는 '곯다'에 관형사형 어미 'ㄴ'이 붙은 '곤+짠지'는 통사적인 합성어이다. 이에 반해 안동 방언의 '곤지'는 '곤짠지'의 축약형이며, '예천 방언의 '골굼짠지'는 '곯다'의 사동형 '곯굼다'의 어간에 명사형어미 '-ㅁ'이 삽입된 어형이며, 이에 '짠지'가 합성된 통사적 합성어이다. '짠지'는 '짜다'의 관형사형어미에 '지'가 합성된 단어이다. '지'는 '소금에 절인 채소'를 이르는 것으로 고어 '디히'에서 변화된 어형이다.

(3) 속새, 써구새, 꼬들깨, 꼬들치, 끈들배기, 방구바리

'씀바귀, 사라구, 고채(표)'의 방언형은 '속새(예천), 써구새(안동), 씬냉이(대구)' 등으로 불린다. 흰 즙이 있고 쓴맛이 나며 뿌리와 애순은 봄에 나물로 먹는다. 씀바귀와 비슷한 '고들빼기'는 이와 구별되지만 쓴 맛을 가지고 있다는 점에서 비슷하다.

'고들빼기'는 씀바귀보다 크고 붉은 자줏빛을 띠고 여름에서 가을에 걸쳐 노란 꽃이 많이 피고 열매는 수과(瘦果)를 맺는다. 어린잎과 뿌리는 식용하지만 주로 가을에 뿌리를 많이 이용한다. 씀바귀와 고들빼기의 방언형은 잎이나 뿌리의 모양에 따른 것으로 보인다. '씬내이(대구), 속새(예천), 써구새(안동)'는 씀바귀의 방언형으로 뿌리가 가늘어서 주로 삶아서 무쳐 먹거나 초간장에 찍어 먹는 것을 말하고, '꼬들빼기, 끈들빼기, 꼬들깨(안동, 대구), 꼬들치(예천)'는 '고들빼기'의 방언형으로 뿌리가 굵으며 주로 가을에 소금물에 삭혀서 김치를 만들어 먹는다. 그리고 씀바귀는 모양에 따라 가늘게 생긴 것은 '속새(칼속새, 뿔속새 : 예천), 써구새(안동)'라고 하는데, 이는 이른 봄에 캐어서 주로 삶아서 먹는다.

그러나 주로 가을에 뿌리는 삭혀서 김치(짠지, 지)를 만들어 먹는 것은 '꼬들빼기, 꼬들치(예천), 끈들빼기(안동, 대구)'라고 할 수 있는데, 이는 '속새(예천)'에 비해 뿌리가 굵고 크다. 또한 '꼬들빼기'보다 뿌리가 더 통통하게 생긴 것을 '빵구라지(방구바리), 수애초(예천)'라고 하는데, 봄에는 뿌리를 삶

[그림 54] 꼬들깨, 꼬들치

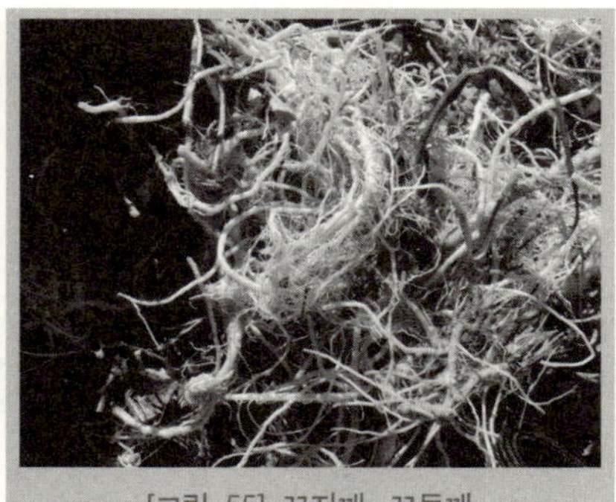
[그림 55] 꼬지깨, 꼬들깨

아서 무쳐 먹고, 여름에는 잎으로 쌈을 싸먹지만 가을에는 뿌리가 털이 많아서 잘 먹지 않는다고 한다. 뿌리의 모양에 따른 '칼속새'는 봄에 잎을 먹고, 가을에는 뿌리를 먹는다. 가을에 소금물에 삭혀서 주로 김치를 만들어 먹는 것은 '꼬들빼기'와 '속새'이며, 이를 삭혀서 만든 김치를 '꼬들빼기(꼬들치)짠지, 속새짠지'라고 한다.

그 밖에 쓴맛은 없지만 '지채이'라는 나물이 있는데, 설 무렵에서 봄까지 먹는 것으로 돌로 찧어서 콩가루 묻혀서 냉이국처럼 끓여 먹는다. 또한 봄에 주로 먹는 보자기처럼 넙덕하게 생긴 나물인 '밥부재나물'이 있다.

(4) 상추, 부루

경상도에서는 대부분 상추를 '상치, 상초'라고 부르지만, 경북의 북부지방(그 밖에도 강원, 경기, 제주, 충청, 북한)에서는 '부루', '부리'가 쓰이기도 한다. 그래서 상추쌈을 '상초쌈, 부루쌈'이라고 부른다. 상추의 옛말은 '萵 부루 와, 苣 부루 거'(『훈몽』 상-8)임이 확인된다. 특히 예천에서는 '상추(상초)'와 '부루'를 구분하였던 것으로 보인다. '상추'는 전체적으로 푸른빛을 띠는 것을 말하며, '부루'는 잎의 색깔이 짙은 붉은색(자주색, 밤색)이며, 잎의 모양은 상추에 비해 더 꼬불꼬불한 경우로 구분하였다. 이렇게 볼 때 '부루'는 '붉다'의 어형에서 기원한 것일 가능성이 높다. 또한 경남에서는 '부

상추'라고 부르는데, 이는 '상추'와 '부루'의 혼성어일 가능성이 높다. 충청도와 강원도에서는 '불기', 전라도에서는 '단장초'라는 말이 쓰이기도 했다.

상추에 대한 기록은 『향약구급방(13세기 전반)』이나 고려 사람들이 상추를 즐겨먹었다는 중국인의 기록이 남아 있다. 원나라 양윤부의 시에 고려의 상추가 맛있음을 노래한 것이 있고, 이익은 『성호사설』에서 고려시대 풍속과 조선의 상추쌈 먹는 풍속을 적어 놓았다. "고려 사람들은 생나물로 밥을 쌈 싸 먹는다. 우리나라 풍속은 지금도 그러하여 잎이 큰 나물은 모두 쌈을 싸 먹는데, 상추쌈을 제일로 여기고 집집마다 상추를 심는다."

또한 이덕무가 지은 『사소절(士小節)』에서는 상추쌈을 먹을 때의 예절에 대해 다음과 같이 기록하고 있다. "상추나 김 따위로 쌈을 싸 먹을 때는 손바닥에 직접 놓고 싸지 말라. 그리고 입에 넣을 수 없을 정도로 크게 싸서 볼이 불거져 보기 싫게 하지 말라."고 하였다.

(5) 버치

'버치'는 '버섯'의 안동 방언형이다. 그러나 '장독뚜껑과 같이 깊이가 낮고 넓은 옹기 그릇'을 일컫는 '자배기'와 비슷한 그릇을 '버치'(자배기보다 조금 깊고 아가리가 벌어진 큰 그릇)라고 하기도 한다. 이와 같이 '버치'는 동음이의어이기 때문에 세심하게 구별할 필요가 있다.

(6) 쌈

'쌈'은 '깻잎, 양배추, 양대잎(동부잎), 호박잎'을 채반에 넣고 찐 다음 된장을 빡빡하게 만들어 해 먹는 음식이다. 이에 반해 안동지역 불천위제사 음식에서 '쌈'은 날김(생김 : 하회류씨 충효당), 천엽(안동권씨, 충재 권벌 종가)을 사용한다.

(7) 얼금

'얼금(영양)'은 첫 겨울에 처음으로 밭에 있는 나물이 언 것을 말한다.

(8) 이밥추, 개미치, 밥부재나물

'이밥추'는 산나물의 일종으로 '비비추'의 방언형이다. '개미치(개미취), 이밥추(비비추), 나물치(나물치), 밥부재나물(입이 넙덕하게 생긴 나물)' 등이 있다.

(9) 콩지럼, 콩질금, 콩지름, 콩질굼

콩나물의 방언형은 '콩지럼, 콩질금, 콩지름, 콩질굼(예천, 안동)'등이 있다.

(10) 돌개이, 도래, 돌가지, 돌개

도라지의 방언형은 '돌개이, 도래, 돌가지, 돌개(예천, 안동)'등이 있다.

(11) 벌봉아

'벌봉아'는 '방아'의 방언형으로 메운탕을 끓일 때 주로 넣는 것으로 생선의 비린내를 없애기 위해 넣는 것으로 깻잎과 비슷한 식물이다. 맛이 구수하다.

2.2. 재료

2.2.1. 곡류

1) 좁쌀

(1) 무푸레좁쌀(안동), 청정이차조, 청절미(예천), 청절미차조(대구), 청차조(안동)

'조비'는 조의 방언형이며, '조'를 찧은 것은 좁쌀이지만, 찧지 않은 '조'를 '조비'라고도 한다. 특히 조는 찰기의 유무에 따라 '메조'와 '차조'로 구분된다. 전자는 찰기가 없는 조로 낱알이 기장보다 잘고 빛이 노르며 끈기가 적으며 후자는 열매가 잘고 빛깔이 노랗고 약간 파르스름하다. 그렇기 때문에 '청차조'라고 부르기도 한다.

　메죄[그림 56-1]를 찧은 쌀을 '메좁쌀[그림 56-2]'이라고 하고, 차죄[그림 57-1]를 찧은 쌀은 '차좁쌀[그림 57-2], 청차좁쌀'이라고 부른다. 메좁쌀을 '노란좁쌀(안동), 노랑차조, 조비(예천)'라고 부르기도 하는데, 이는 일반적으로 '좁쌀'을 말한다. '차좁쌀'은 찰기가 있고 낱알이 잘고 약간 납작하고 색깔이 포르스름하다. 이와 같이 차좁쌀은 메좁쌀에 비해 푸르스름한 빛이 나는 '무푸레좁쌀(안동), 청정이차조, 청절미(예천), 청절미차조(대구), 청차조(안동) 껌은좁쌀(안동), 청차좁쌀(안동), 청정이차조, 청절미(예천)'와 검은 빛깔의 '검은차조, 껌은좁쌀(안동)'이 있다. 또한 차조는 색깔에 따라 '노란차조'와 '검은차조'가 있다. 기쟁[그림 58-1]은 차조보다 낱알이 좀 더 굵으며 통통하고 노랗다. 기장을 찧은 쌀을 기장쌀, 지장쌀(예천)[그림 58-2, 3]이라고 한다.

[그림 56-1] 메좁쌀　　[그림 56-2] 메조　　[그림 56-3] 메좁쌀

[그림 57-1] 청차좁쌀　　[그림 57-2] 청차조　　[그림 57-3] 청차좁쌀

[그림 58-1] 지장쌀

[그림 58-2] 기장

그림 58-3] 지장쌀

2) 콩

(1) 미주콩, 노란콩(예천, 안동), 흰콩(원주)

메주를 쑤는 콩인 '메주콩'을 부르는 방언형은 '미주콩, 노란콩, 누런콩, 백태, 노랑태(안동)', 흰콩(원주) 등 다양하다. 누런콩, 노란콩, 노랑태는 색깔에 따른 명칭이며, 메주콩(미주콩)은 용도에 따른 명칭으로 보인다. 또한 '백태'는 한자어 명칭인데, 이에 연유한 '흰콩(원주)'으로 불리기도 한다.

[그림 59] 미주콩

(2) 속청, 속파래이콩, 약콩

색깔이 검은 것을 종합적으로 '까만콩'이라고 한다. 그 중에서 '속청'은 속이 파랗기 때문이며, '속파래이콩(안동), 서리태(안동)'라고도 한다. 또한 검은콩은 크기에 따라 이름을 달리하는데, 아주 잘잘한 콩은 '쥐눈이콩, 여우콩, 서목태'라고 하는데, 방언에서 일반적으로 '검정콩, 까만콩, 약콩(안동, 대구)'이라고 부른다. 그러나 지역에 따라 '쥐눈이콩'을 '약콩(대구, 안동), 서먹태(예천)'라고 부른다. 그리고 서리태는 '콩쫄굼'(콩자반)이나 '콩질굼'(콩나물)을 만들어 먹기도 한다.

(3) 불콩, 회색불콩, 깜둥불콩(예천)

'불콩(화태)'은 일부만 검고 회색의 줄무늬가 있어 얼룽덜룽한 콩으로 '회색불콩, 깜둥불콩'이라고도 한다.

[그림 60] 불콩

[그림 61] 양대

(4) 양대

'양대'는 '동부'의 방언형으로 색깔에 따라 '붉은양대, 하얀양대'로 나뉜다. [그림 61]는 동부의 껍질을 벗긴 것 즉 동부를 탄 것(타갠 것: 원주)이다.

(5) 울콩(안동, 예천), 밤콩(예천), 울타리콩(원주)

'울콩'은 '강낭콩'의 안동, 예천 방언으로 집둘레나 논밭머리에 빙 돌아가며 심는 붉은 콩을 말하는데, 울타리콩(원주)이라고도 한다. '울콩'은 '강낭콩'의 북한어이나 표준국어대사전에는 '강낭콩'의 잘못으로 풀이되어 있다. '강낭콩'은 원래 '강남콩＜훈몽＞ ← 강남(江南)+

[그림 62] 울콩, 밤콩

콩>이었으나 1988년 이후 바뀐 어형이다. '울콩'은 붉은 색의 큰 콩으로 송편의 소나 찰밥에 넣어 먹는데, 밤 맛이 나기 때문에 최근에는 '밤콩(예천)'이라고도 부른다. 이와 같이 콩은 주로 고물을 만들거나 밥을 지을 때나 오곡밥을 만들 때 뱃밑(밴밑)으로 사용한다.

(6) 거룻팥, 거두

'팥'은 색깔에 따라 붉은색의 팥은 '올팥 [그림 63]이라고 하고, 검은색, 자줏빛의 팥을 '거두' '거룻팥[그림 64]이라고 하며, 검은색의 팥은 크기에 따라 작은 것은 '신날거리', 큰 것은 '왕거두'라고 한다.

[그림 63] 올팥, 붉은팥

[그림 64] 거룻팥, 거두

(7) 뱃밑

경북북부 지역의 밥을 지을 때 넣는 곡물류의 명칭은 색깔이나 종류에 따라 다양하다. 정월대보름에 오곡밥을 만들기 위해 넣는 콩류나 잡곡 등을 '뱃밑'이라고 부른다.

2.2.2. 기타

1) 댕가리, 당가루, 샛겨

'속겨'는 현재 짐승의 사료로 사용하지만 과거에는 개떡을 만드는 재료
가 되기도 하였다. 이러한 '속겨'를 '댕가리(안동), 당가루(예천), 샛겨(왕겨)'라
고 부르기도 한다.

2) 깨지매기

'깨지매기'는 뜬 누룩을 말한다.

2.3. 단위

경북 북부 지역에서 사용되는 음식과 관련이 있는 단위를 몇 가지 살펴
보면 다음과 같다.

1) 봉가, 봉개

'잔치나 제사에 참석하지 않은 사람들에게 인편으로 전하기 위해 떡, 과
일 등 물기 없는 음식을 종이나 봉지에 싼 꾸러미'를 '봉궤(封饋)'라고 하며,
이에 대한 방언형으로 '봉개(예천), 봉가(안동)'라고 부른다. 이에 반해 '잔치
나 제사 후에 여러 군데에 나누어 주려고 목판이나 그릇에 몫몫이 담아
놓은 음식'을 '반기'라고 하여 '봉궤'와는 약간의 차이를 보인다. 이들은 모
두 '시사, 잔치' 따위에서 봉지에 싼 음식의 꾸러미를 일컫는 말로서, 그
꾸러미의 단위이다.

2) 쪼개, 쪼가리

‘쪼개, 쪼가리’는 ‘개, 조각의 의미를 나타내는 부침개를 세는 단위이다.

3) 둘개, 두레

‘둘개(두레)’는 수량을 나타내는 말 뒤에 쓰여 둥근 켜로 된 덩어리를 세는 단위. 경북지역에서는 주로 부침개(전)를 세는 단위로 쓰인다. 그러므로 부침개를 세는 단위는 ‘쪼가리, 쪼개, 둘개, 두레’ 등이 쓰인다.

4) 봉두

‘봉두’는 한 가득의 의미로 ‘주로 곡식을 될 때 사용하는 표현’이다.

5) 저름

‘저름’은 ‘한 입 정도로 먹을 만큼 썰어 놓은 돼지고기, 소고기 등을 세는 단위’이다.

6) 짜가리, 쪼가리

‘짜가리’는 ‘쪼개진 물건의 부분을 세는 단위’인 ‘쪽’의 방언형이다.

7) 오리

‘오리’는 (수량을 나타내는 말 뒤에 쓰여) 실, 나무, 대 따위의 가늘고 긴 조각을 세는 단위이다. 이에 유추되어 경북지역에서는 ‘절편, 가래떡, 미역’ 등을 세는 단위로도 쓰인다.

8) 갓

　'갓은 '가웃'의 방언형으로 수량을 나타내는 명사 또는 명사구 뒤에 붙어 수량을 나타내는 표현에 사용된 단위의 절반 정도 분량의 뜻을 더하는 접미사이다.

9) 동가리

　'동가리'는 '짧고 작은 도막'을 나타낸다.

10) 돔배기

　'돔배기, 톰배기'는 '상어의 도막'을 나타내는 안동 방언형으로, '상어돔배기'를 말한다. 안동이나 영천 지역에서 제사에 사용하는 물목 중의 하나로 '상어돔배기'가 있다.

11) 포개

　'포개'는 배추를 세는 단위인 '포기'의 안동 방언형이다.

2.4. 술 제조 관련 어휘

　제물의 기본요소인 주과포 중에서 가장 으뜸이 되는 제물은 술이다. 『의례』, 『예기』, 『가례』, 『사례편람』 등에 공통적으로 등장하는 술은 '玄酒, 물(明水)'이다. 현주는 "투명한 물을 자세히 들여다보면 마치 검은 빛이 돌고 있는 듯하여 붙여진 이름"으로 설명한다(『大漢和辭典』 7, 771면). 『의례』, 『예기』 등에 나타나는 醴酒는 단술(甘酒)을 의미한다. 현주는 술이 귀했던 시절 냉수를 올렸던 것에 기인한다. 『예기』에는 "현주를 두는 까닭은 백성이 근본을 잊지 않도록 가르치기 위함이다"라고 설명하고 있다.

오늘날에는 청주 종류를 사용하며 소주 등과 같은 독한 술은 사용하지 않은 것이 원칙이다. 그 이유는 "독한 술을 드리면 조상이 취해서 돌아가시는 길을 제대로 찾지 못할까봐…….", 또는 "소주는 향기가 없는 탓에 조상이 흠향을 하지 못하기 때문에 올리지 않는다."고도 한다.

현재 하회 류씨 충효당의 종부인 최소희 씨는 친정댁의 가양주인 교동법주(청주)를 제주로 사용하며, 입암 유중영(양진당), 학봉 김성일, 퇴계 이황은 청주, 단계 하위지, 청계 김진은 법주, 정재 유치명는 가양주(청주)를 사용한다.

안동지역의 대부분의 반가에서는 접빈객을 대접하기 위해 술이 필수적으로 준비되어 있어야 했기 때문에 집안마다 가양주가 널리 제조되었을 것으로 보인다. 안동지역 반가에서 발견된 음식관련 고문헌 자료에는 다양한 가양주의 제조법이 전해지고 있다. 재령이씨 집안의 『음식디미방』과 의성 김씨 집안의 『온주법』, 광산 김씨 집안의 『수운잡방』 등의 자료가 대표적이다. 특히 『음식디미방』과 『온주법』에는 술법에 대한 내용이 대부분을 차지하는 것은 안동지역의 반가에서 가양주가 널리 제조되었을 가능성을 시사한다.

조옥화, 조계행 씨에 의하면 현재 안동지역의 민속주로 지정되어 있는 안동소주 역시 친정에서 가양주로 전해지고 있던 술이었다고 한다.

이러한 배경에서 이 글에서는 술제조(안동소주, 교동법주) 등의 제조 및 도구와 관련된 어휘를 살펴보기로 한다.

2.4.1. 재료 및 제품

1) 꼬두밥, 꼬들밥, 꼬두

'꼬두밥, 꼬들밥, 꼬두'는 '찹쌀이나 멥쌀을 물에 불려서 시루에 찐 밥인 '지에밥, 술밥'의 예천, 안동 방언형이다. '꼬두밥'은 약밥이나 인절미를 만들거나 술밑으로 쓴다. 아주 되게 지어 고들고들한 밥인 '고두밥'과는 약간의 의미 차이가 있다. 그런데 '꼬두밥'은 표준국어대사전의 '술밥'과 '지에밥'을 의미하는 방언형으로 추정되지만, '지에밥의 잘못'으로 설명하고 있는 것은 문제가 된다.

2) 아래기

'아래기'는 '소주를 곤 뒤에 남은 찌꺼기'로 그 어원은 몽골어의 [araki <araq]에서 온 것인 '아랑, 아랭이'의 안동 방언형이다. 일반적으로 술을 거르고 남은 찌꺼기의 통칭인 '술지게미, 술막지'와는 구별되어 사용된다. 한자 표기 어형은 '주박(酒粕), 주자(酒滓), 주재, 주정박(酒精粕)'이라고도 한다.

3) 누룩

'누룩'은 소맥, 호맥을 분쇄하여 반죽 성형한 후 공기 중의 곰팡이를 자연 번식시켜 각종 효소를 생성 분비하는 국의 일종으로 야생 효모를 지니고 있으므로 밑술의 모체 역할을 겸한 발효제의 일종이다.

4) 밑술

'밑술'은 '찹쌀가루와 누룩으로 1차 발효시켜 만든 술'을 말하는데 '모주

(母酒)'라고도 한다. 하회 류씨 충효당 종부(최소희)는 한자어 '모주(母酒)'에 연유한 고유어 '어머니술'이라고 한다.

5) 덧술

'덧술'은 일주일 정도 숙성시킨 밑술에 고두밥(지에밥)과 누룩을 섞어 버무린 것을 말한다.

6) 안동소주

'소주'는 찹쌀밥과 누룩을 섞어 삭힌 다음 끓여서 소줏고리로 증류해 낸 아주 맑은 술을 말한다. 담근 술(밑술)을 고아 알콜성분을 따로 증발시켜서 얻은 술로 색이 맑고 알콜성분이 많다.

7) 시룻본

'시룻본'은 솥과 소줏고리 사이의 빈틈을 메워주는 밀가루 반죽을 말한다.

2.4.2. 행위

1) 소주니롱는다

'소주니롱는다'는 '소주내리다'의 안동 방언형이다. 이는 '소주를 소주고리에서 내린다, 증류한다'는 의미로 '소주를 만드는 것'을 이른다.

2.4.3. 술 제조 도구

1) 용수

'용수'는 맑은 술을 뜨내기 위해 술단지에 넣는 것으로 긴 대나무처럼 만든 도구이다. 싸리나 대오리로 만든 둥글고 긴 통으로 술이나 장을 거르는 데 쓴다. 추자(篘子)라고도 한다.

[그림 65] 소주받이

2) 두리빙, 두리미빙

'두리빙, 두리미빙'은 병에 담긴 액체를 조금씩 따르기 좋게 따로 가느다란 부리를 술병을 말한다. '두리미빙'은 주둥이가 짤록한 병도 있고 목이 가늘고 긴 병도 있는데, 증류한 소주, 청주, 막걸리 등을 담는 병을 말한다.

3) 소주받이

'술병'은 '술을 담아 놓는 병, 소주받이'를 말한다.

4) 짚동

'짚동'은 짚으로 만든 시루를 말한다.

[그림 66] 소줏고리

5) 소줏고리

소주를 증류할 때에 쓰는 도구로 오지나 쇠, 구리로 만들어졌다. [그림 66]는 오지로 만든 것이다.

2.5. 도구

음식은 만드는 것도 중요하지만 음식을 담아내는 도구 역시 중요한 물품 중에 하나이다. 조리 도구는 만드는 재료에 따라 대나, 싸리로 만든 것, 토기, 옹기류, 쇠로 만든 것 등이 있다. 이 글에서는 음식을 만드는 도구나 음식을 담는 도구 중에서 특징적인 것을 중심으로 살펴보고자 한다.

2.5.1. 쇠로 만든 도구

1) 쟁개미

'쟁개미'는 '전을 부치거나 고기 따위를 볶을 때에 쓰는, 솥뚜껑처럼 생긴 무쇠 그릇'인 '쟁개비'의 방언형이다. 번철보다는 가장 자리가 오망하다. 냄비의 원래이름으로 무쇠나 구리로 만든다.

2) 적수

'적수'는 고기나 굳은 떡 조각 따위를 굽는 기구인 '석쇠'의 예천 방언형이다. 네모지거나 둥근 쇠 테두리에 철사나 구리 선 따위로 잘게 그물처럼 엮어 만든다.

3) 따릉개이(예천), 삐태기(안동)

'따릉개이'는 '놋쇠로 된 닳은 숟가락'을 이르는 예천 방언이지만, 안동 방언에서는 '삐태기'라고 한다. 전자는 '닳다'의 방언형인 '닳-'의 관형사형 어미 '-은'이 붙은 경우이고 이에 도구에 붙는 접미사 '-개'가 붙은 '닳은개'에 보조사 '-이'가 덧붙은 것이다. 후자는 비스듬하게 닳은 모양이 삐딱하여 '삐딱+이'가 움라우트 현상에 의해 '삐태기, 삐테기, 삐때기'가 된 것으로 보인다.

4) 가매솥

'가매솥'은 '가마솥'의 방언형으로 술빚는 그릇으로 아주 크고 우묵한 솥을 말한다.

5) 저분

'저분'은 '젓가락'의 예천, 안동 방언형이다.

6) 소두배, 소두배이

'소두배, 소두배이'는 '솥뚜껑'의 예천, 안동 방언형이다.

7) 식그때이, 강그때이

'밥뚜껑'을 이르는 예천, 안동 방언형은 '식그때이, 강그때이'라고 한다.

8) 옥식기

'옥식기'는 입구가 오망한 밥그릇을 말하는 것으로 표준어의 '바리(鉢伊)'

에 해당된다. 바리는 유기로 된 여자용 밥그릇으로 주발(남성용)보다 밑이 좁고 배가 부르고 위쪽은 좁아들고 뚜껑에 꼭지가 있다.

9) 합식기

'합식기'는 주발보다 납작한 밥그릇을 말하는데, 합의 예천 방언형이다. 밑이 넓고 평평하며 위로 갈수록 직선으로 차츰 좁혀지고, 뚜껑의 위가 평평한 모양으로 유기나 은기가 많다. 작은 합은 밥그릇으로 쓰이고, 큰 합은 떡, 약식, 면, 찜 등을 담는다.

2.5.2. 흙으로 만든 도구

흙으로 만든 도구는 옹기류, 토기류에 해당된다.

1) 옹가지

'옹가지'는 '물동이'를 말한다. 항아리처럼 생긴 것으로 물을 길을 때 쓰며 양손으로 잡을 수 있도록 손잡이가 달려있고 키가 작은 편이다.

2) 버지기

'버지기'는 '자배기'보다는 아가리가 좁으나, 깊이는 자배기보다 깊다. 이는 물건을 씻거나 담아두는 데 쓰이는 질그릇이다.

3) 방철이

'방철이'는 '버지기'보다 둘레가 넓은 옹기로 만든 큰 그릇이다.

4) 쌀배기

‘쌀배기’는 이남박의 예천 방언형이다. ‘쌀배기’는 바닥이 올록볼록하기 때문에 쌀을 씻기에 좋은 그릇이다.

5) 너래기, 너리기

‘너래기, 너리기’는 ‘자배기’의 안동 방언형으로 둥글 넙적하고 아가리가 넓게 벌어진 질그릇을 말한다. ‘너래기’는 주로 큰 단지(독)의 뚜껑으로 사용되는데, 이는 물건을 담아두거나 씻는데 사용되기도 한다.

6) 툭수바리

툭수바리’는 ‘뚝배기’의 예천 방언형이다. ‘뚝배기’는 상에 오를 수 있는 유일한 토기로 오지로 구운 것이며, 불에서 끓이다가 상에 올려도 한동안 식지 않아 찌개를 담는 데 애용된다. 설렁탕, 장국밥 등도 담는다. 아가리가 넓고 속이 조금 깊고 보통 다흑색의 잿물칠을 하였으며, 제 뚜껑이 없고 겉모양이 투박하다. ‘투가리’라고도 하고, 특히 작은 것을 ‘알뚝배기’라고도 한다.

7) 버치

‘버치’에 대응되는 안동 방언형은 '버지기'이다. '자배기와 같이 아가리가 벌어진 둥굴넓적한 큰 그릇이지만 자배기보다 깊이가 조금 얕은 질그릇을 말한다.

8) 드멍

‘드멍’은 물을 담아 두는 큰 물독의 안동 방언형이다. 독은 배가 부르고

운두가 높으며, 전이 달린 큰 오지그릇이나 질그릇으로 장류, 김치, 술 등을 담아두는 데 쓰인다. 장독, 김칫독, 술독 등이 있다.

9) 옹배기

'옹배기'는 옹자배기의 안동 방언형으로 둥글넓적하고 아가리가 쩍 벌어진 아주 작은 질그릇을 말한다.

2.5.3. (대)나무, 박으로 만든 도구

1) 얼기미

'얼기미'는 '어레미'의 예천 방언형으로 '바닥의 구멍이 굵은 체'를 말한다.

2) 빡죽, 밥주게

'빡죽, 밥주게'는 '밥주걱, 밥주게'의 예천, 안동 방언형이다. '주게'는 '주걱'의 고어이며, '빡죽'은 '밥주걱'의 축약과 경음화에 의한 어형이다.

3) 집체

'집체'는 '깁체'의 예천 방언형으로 깁으로 쳇불을 메운 고운 체이다.

4) 엉그레

'엉그레'는 '채반'의 안동 방언형으로 껍질을 벗긴 싸릿개비나 버들가지 따위의 오리를 울과 춤이 거의 없고 둥글넓적하게 걸어 만든 채그릇이다.

5) 뜰배기

'뜰배기'는 두레박의 예천 방언형이다.

6) 치이

'치이'는 곡식 따위를 까불러 쭉정이나 티끌을 골라내는 도구인 '키'의 예천방언형이다.

7) 강으리

'강으리'는 '광주리'의 안동 방언형으로 버들, 싸리, 참대, 쇠줄 또는 비닐 같은 것으로 결은 큼직한 그릇이다. 바닥은 둥글고 위가 좀 벌어졌다.

8) 종굴바가치

간장을 뜰 대 사용하는 자그마한 바가지를 '종굴바가치'라고 한다.

9) 편고리

'편고리'는 고리버들의 가지나 대오리 따위로 엮어서 상자같이 만든 물건으로 떡을 담는 도구를 말한다.

[그림 67] 편고리

2.6. 종류

2.6.1. 떡류

1) 떡골비, 떡가래, 떡골미, 골미떡(예천, 안동)

'가래떡'은 가는 원통형으로 길게 뽑아 일정한 길이로 자른 흰 떡으로 이 지역에서는 떡골비, 떡가래, 떡골미, 골미떡(예천, 안동) 등으로 부른다.

2) 꼬치장떡(장떡)

고추장을 탄 물에 밀가루를 풀고 미나리와 다른 나물을 넣어서 부친 전병을 '장떡'이라고 하는데, 예천, 안동에서는 '꼬치장떡'이라고 부른다. 또는 된장에 밀가루를 섞고 파나 다른 나물을 버무려서 부친 전병을 말하기도 한다.

그러나 『한국민속종합조사보고서』(경기도편)에서는 찹쌀가루에 된장, 다진 쇠고기, 파, 마늘, 후춧가루, 다진 풋고추, 통깨 등을 섞어 반죽하여 반대기를 지어서 찐 것을 볕에 잘 말렸다가 5㎜정도의 두께로 얇게 썰어 참기름을 발라 석쇠에 구워서 먹는 떡으로 설명하여 차이를 보인다.

3) 쑥털털이(예천), 고두룸떡(안동)

쑥에 밀가루를 타불타불 묻혀 찐 떡을 '쑥털털이(예천)'라고 하는데, 고드름같이 생겼기 때문에 '고두룸떡(안동)'이라고도 한다.

4) 버리개떡, 개떡

'개떡(예천, 안동)'은 보리 속겨(당가루)에 밀가루와 사카리를 곱게 주물러서 빚은 떡이다. 특히 보릿겨 따위를 반죽하여 아무렇게나 반대기를 지어 찐 떡이기 때문에 '버리개떡'이라고도 한다.

『증보산림경제』에서는 곡식가루, 쑥 등을 반죽하여 지거나 구워 만든 구황음식의 하나로 메밀가루를 꿀물에 섞어 죽을 쑤어, 뭉근한 장작불 재 속에 떨어뜨려 자연히 그슬려 구워진 것을 재를 털고 꿀을 찍어 먹는 것 으로 설명하고 있다.

5) 수꾸떡, 수꾸무살이(예천), 수수팥떡(대구), 수수단지(안동)

'(차)수수경단'은 (차)수수가루를 익반죽하여 지금이 2㎝정도로 둥글게 빚어 끓는 물에 삶아서 팥고물이나 콩고물을 묻힌 떡이다. 백일부터 아홉 살까지 생일날에 만들어 주면 액을 면하는 떡이다. 팥고물은 붉은팥을 삶 아서 소금을 넣고 절구어 찧어 푸슬푸슬하게 만들어 이용한다. 지역에 따 라 부르는 '수수경단'을 부르는 명칭은 차이를 보인다. 예천에서는 '수꾸 떡, 수꾸무살이', 대구에서는 '수수팥떡(대구)', '수수경단, 수수단지(안동)'라 고 부른다.

그런데 『한국민속종합조사보고서』의 황해도 편의 '수수무살이'는 만드 는 방식에서 약간 차이가 있지만 유사한 음식으로 보인다. 차수수가루를 익반죽하여 경단의 세 배 정도로 크게 빚어 삶아서 찬물에 행군 후 거피 팥고물을 묻힌 떡을 말한다.

6) 미리지

흰떡을 얇게 밀고 꿀에 잰 팥이나 콩을 소로 넣고, 떡 한 자락을 덮어 종지로 떼에 내어 반달 모양으로 만든 떡을 '미리지'라고 한다. 그러나 손 으로 만든 것은 '단자떡'이다.

7) 연변

밀가루를 프라이팬에 펼치고 그 속에 팥을 소로 하여 양쪽 가장 자리를 접어서 가마니처럼 싸서 구운 떡인 밀전병을 안동에서는 '연변'이라고 한다. '미름비이, 미램비이, 가마이떡(예천), 밀램비(안동)' 등으로 불리기도 한다.

8) 밀램비

밀가루를 반죽으로 하여 속에 콩고물을 넣어 프라이팬에 부친 음식인 밀전병을 '밀램비'(안동)라고도 한다.

9) 가마이떡, 미름비기

예천에서는 밀전병을 '가마이떡, 미름비기(예천)'이라고 하는데, 밀가루 반죽을 동그랗고 얇게 부친 전으로 양대나 팥고물로 소를 한다.

10) 수수부꾸미

찰수수가루를 묽게 반죽하여 기름에 지진 떡으로 거피녹두나 팥소를 소로 넣고 반달 모양으로 만들어서 지진 것을 '수수전병' 혹은 '수수부꾸미'라고 한다.

경북북부지역에서 '연변, 밀램비(안동), 가마이떡, 미름비기(예천), 수수부꾸미' 등은 모두 '밀전병'을 이르는 말로 보인다. 원래 밀전병은 메밀가루에 소를 넣고 만든 전병으로 이 반죽에 미나리, 애호박 채친 것, 파, 풋고추 채친 것 등을 섞어서 부치기도 한다. 그러나 '밀램비(안동), 미름비기, 가마이떡(예천), 연변(안동)' 등으로 불리는 이들은 메밀가루 대신에 밀가루를 사용한 것이 다르다. '미름비기, 가마이떡(예천)'은 밀전병의 변형으로 보이는데, '가마이떡'은 재료, 만드는 과정과 모양에 연유한 것으로 소는 팥고물, 양대고물을 쓴다.

만드는 방법은 밀가루 반죽을 프라이팬에 얇게 깔고 그 속에 양대고물을 넣은 뒤에 가장자리를 보자기를 싸듯이 사각형으로 접어 올려서 구워 먹는 음식이다.

'가마이떡, 미름비기'(밀전병)는 밀가루 반죽을 동그랗고 얇게 부친 전으로 양대나 팥고물로 소를 한다.

11) 단지떡

생일 때 먹는 수수떡을 안동에서는 '단자떡, 단지떡'이라고 한다. 차수수가루로 만들기 때문에 '수수단자(안동방언), 수수팥떡(대구), 수꾸떡(예천), 수꾸무살미(예천)' 등으로도 불린다.

12) 철갱

찰수수 가루를 찬물에 반죽하여 둥글게 빚어 녹말을 묻히고 삶아서 냉수에 건져 식힌 다음 팥고물을 묻히거나 꿀물에 적신 음식인 '수수경단'을 안동에서는 '철갱'이라고도 한다.

이와 같이 '철갱, 수수단지, 단지떡, 단자떡, 수수경단(안동), 수꾸떡, 수꾸무살미(예천), 수수팥떡(대구)' 등은 모두 '수수떡, 수수경단의 방언형이다. 일반적으로 수수떡은 수수를 갈아서 익반죽하여 동그랗게 빚어서 뜨거운 물에 삶아 내어 팥고물 등을 묻힌 떡이다. 경북지역에서 수수떡은 주로 돌떡으로 '골을 메운다'는 의미로 5~6살까지 꼭 해서 먹이는 떡이다. 수수떡의 명칭은 경북지역 내에서도 다양한 어형으로 실현된다.

그 밖에 돌떡으로 예천지역에서는 '콩망새기'를 하는데, 이것은 쌀가루를 손으로 납작하게 빚어서 속에는 소를 넣지 않고 비어 있게 만들어 뜨거운 물에 삶아 건져내어 콩고물을 묻힌 떡이다. 이것은 '아이의 소견이 넓으라'는 의미에서 만드는 떡이다.

13) 차노치, 노치

'차노치(안동)'는 찹쌀 가루를 분홍색 지치로 물을 들여 익반죽하여 큼직하게 기름에 지진 떡, 혹은 찹쌀, 기장, 차조 등의 가루를 쪄서 엿기름에 삭혀 기름에 지진 떡을 말한다. 지치는 지치과에 속하는 다년초로 뿌리는 굵고 자색을 띠며, 지치의 뿌리를 기름에 담가 분홍색이 우러나면 물을 들이는 데 쓴다(한국민속종합보고서, 경북편).

2.6.2. 음청류

1) 안동식혜

'안동식혜'는 얄팍하게 또는 채로 썰은 무와 되직한 밥을 엿기름 우린 물과 향신료인 생강, 고춧가루를 우려서 넣고 삭힌 음청류로서 밤, 잣, 땅콩 등을 넣을 수 있다. 안동지방의 겨울철 향토음식이다. 안동의 전통적인 음료로서 식해(젓갈)와 식혜(감주, 단술)의 방식을 응용한 것이다. 북한에서는

[그림 68] 안동식혜

생선을 토막쳐서 얼간했다가 채친 무우와 함께 밥을 섞어 고추가루를 넣고 양념하여 버무려서 삭힌 반찬을 '식혜'라고 한다. 가재미식혜, 명태식혜와 비슷하지만 남한의 '식해'와 비슷하다.

2) 단술

안동에서는 '감주'를 '단술'이라고 한다. 감주는 엿기름을 우린 물에 밥알을 넣어 식혜처럼 삭혀서 끓인 음식이다.

3) 석감주

'석감주'는 감주의 일종으로 밥을 엿기름으로 삭힐 때 솥 안에 짚불의 연기를 쏘이면서 삭히면 발그레한 감주가 되며, 여름에도 시지 않는 감주이다. 상주 지역에서 만드는 음식이다. 만드는 방식이 약간씩 차이를 보이는데, '석감주'는 등깃불에 단지를 묻어서 돌시만에 먹는 감주로 순보리쌀이나 쌀로 만드는 것으로 설명하기도 하고, 『한국민속종합조사보고서』에서는 식혜물에 검은 설탕과 꿀을 넣고 밥알이 붉을 때까지 끓여 만든 음료로 설명하고 있다.

2.7. 맛, 모양, 상태, 냄새표현

경북북부지역의 전통음식 역시 다른 지역과 구별되지만, 음식의 맛, 모양, 상태를 표현하는 어휘 역시 독특하다. 이 글에서는 맛, 모양, 상태표현을 나타내는 특이한 어휘를 중심으로 제시하면 다음과 같다.

2.7.1. 맛표현

1) 쌉싸그리하다, 쌉사리하다

'쓰다(苦)'의 방언형으로 달지 않고 열물이나 소태껍질의 맛과 같다.

2) 달자그리하다

'달다(甘)'의 방언형으로 단맛이 있는 정도를 이른다.

3) 심심하다

음식맛이 짜지 않고 싱거운 상태를 이른다.

4) 호리호리하다

간장에 물을 넣어 짜지 않은 상태를 이른다.

5) 짭쪼롬하다

반찬의 간이 좀 짠 것을 이르는 표현이다.

6) 짭짤받다

반찬의 간이 적절하여 맛이 있는 것을 이르는 표현 또는 음식을 잘 만드는 것을 이른다.

7) 쌔굼하다, 쌔구랍다, 시구럽다

신맛을 나타내는 방언적인 표현이다.

2.7.2. 모양, 상태표현

1) 삐득삐뜩하다, 삐들삐들하다, 빼닥하다

나물 따위를 완전히 말리는 것이 아니라 약간의 물기를 남긴 상태를 이른다.

2) 꼬들꼬들

밥알 따위가 물기가 적거나 말라 속은 무르고 겉은 조금 굳은 상태를 이른다.

3) 파들파들

물건이 탄력 있게 흔들리는 모양으로 청포의 쫄깃쫄깃한 맛을 묘사한 의태어이다.

4) 타불타불

쑥을 밀가루에 무치는 모양으로 너무 달라붙지 않게 하면서 가볍게 살살 가루를 묻히는 모양을 말한다.

5) 탑타부리하다

고등어가 오래되어 노랗게 삭아서 생선살이 쫄깃하지 않고 푸석푸석한 것을 이른다.

6) 뽈또그리하다

'불그레하다'의 방언형으로 붉은 빛이 도는 정도의 상태를 이른다.

7) 퍼시럭하다, 퍼실퍼실하다

'퍼시럭하다'는 '퍼석하다'의 방언형으로 '부스러지기 쉬울 정도로 물기가 없이 부숭부숭하거나 굳거나 차지지 않고 맥없이 부서지기 쉬운 상태'를 말한다. 퍼실퍼실하다는 '포실포실하다, 푸실푸실하다'의 방언형으로 '물건이 꽤 바싹 말라서 매우 잘게 바스러지기 쉽거나 잘 엉기지 않는 모양을 이른다.

8) 띠실띠실하다

쌀 등이 완전히 익지 않고 뜸이 들지 않아서 쌀알이 그대로인 상태를 이른다.

9) 짜라빠지다

생선 등이 오래되어 싱싱하지 않고 소금기가 많이 절여진 것을 보고 이르는 말이다.

2.7.3. 냄새표현

1) 콩꼬무리하다

'쿰쿰하다'의 방언형으로 홍어회나 오래된 생선 따위의 냄새가 쿠더분하며 산뜻하지 아니하다.

제5장 혼례음식

1. 구술발화

1.1. 제보자

1.1.1. 전복향 전통음식 연구가 소개

전복향(여, 62세) 씨는 현재 영주에서 '선비촌폐백'이라는 상호를 걸고 전통 혼례음식연구가로 활동 중이다. 전복향 씨는 음식뿐만 아니라 꺾꽂이 솜씨도 뛰어나 꺾꽂이 강의뿐만 아니라 가계 한 켠에 꺾꽂이 작업실까지 갖추고 있을 정도다. 이러한 솜씨는 맛있는 음식만들기는 물론이고, 맛있어 보이게 담는 솜씨 또한 뛰어나다.

현재 전복향 씨는 남편과 함께 가게를 운영하고 있는데, 남편인 김승언 씨(남, 68세)는 수지침에도 조예가 깊어 수지침 강의에 초빙될 정도다. 특히 김승언 씨는 아내인 전복향 씨와 함께 전통음식의 복원하는 데 많은 관심

[그림 69] 전복향

을 가지고 있으며, 새해에는 가장 토속적인 전통음식 전시회를 열어볼 계획을 가지고 있다.

남편인 김승언 씨는 일찍이 숙지황과 백복령을 넣은 고본주를 만들어 많은 사람들에게 나눠주기도 할 정도로 술제조에도 관심을 많이 가지고 있다. 또한 참나물, 곤드레, 취나물(떡취, 곰취), 고사리, 이밥추, 옥잠화, 쑥(인진쑥, 사철쑥, 약쑥 등 100여 종이 있음) 등의 산나물을 직접 채취할 수 있을 정도라고 한다.

전복향 씨는 음식의 재료를 손수 선별하여 사용할 정도로 양보다는 질을 중요시 여기는 분이다. 봄이면 남편과 함께 산에 올라 직접 채취한 산나물이나 송화가루를 활용하는 송화다식의 재료로 활용하기도 한다고 한다. 전복향 씨는 누구보다 전통적인 방식을 추구하지만, 새로운 방식의 음식을 개발하기도 한다. 여름철에는 음식이 상할 것으로 고려하여 폐백닭 대신에 지역의 특산품인 풍기 인삼을 활용한 '인삼고임' 에서도 알 수 있다. 특히 무, 호박꽃정과는 전복향 씨가 새롭게 개발한 음식으로 웰빙음식이면서도 전통적인 음식방법을 잘 가미한 음식이다. 그 밖에도 기존의 재료를 활용하여 새롭게 개발하는 음식도 많은 것을 볼 때 항상 준비하고 연구하는 전통음식연구가임이 분명하다.

2. 조사된 어휘

혼례음식은 교배상(혼례식에서 신랑, 신부가 절을 할 때 중간에 차려 놓은 상)에 차리는 것, 큰상(혼례식이 끝나면 신랑에게 축하하기 위해 차린 상), 시가에 갈 때 신부댁에서 만들어 가는 이바지 음식, 폐백 때 사용하는 폐백음식으로 나뉜다. 이 글에서는 폐백음식을 중심으로 살펴보고자 한다.

2.1. 구절판

혼례용 폐백음식은 혼례 때 신부가 시부모나 그 밖의 시댁 어른들에게 처음으로 인사를 드리는 구고(舅姑)의 예(禮)를 올리기 위하여 준비해 가는 특별 음식이다. 혼례용 폐백음식 가운데 솜씨와 정성을 함축시킨 구절판은 폐백음식의 품격을 결정지어 주는 중요한

[그림 70] 구절판

품목이다. 폐백음식은 지방, 가풍(家風)에 따라 다르며, 대추, 구절판, 인삼 고임(닭 대신에 사용)을 묶은 것으로 구성된다. 구절판은 신랑 신부가 올린 화합주를 들고난 후 안주로 사용한다. 중심의 하얀색은 전분다식, 그 오른편의 노란색은 송화다식, 그 아래부터 차례로 곶감호두말이(곶감쌈), 인삼정과, 채리정과, 잣솔꽂이, 육포, 자두정과, 대추초이다.

2.1.1. 곶감 호두말이

'곶감호두말이'는 일명 '곶감쌈'이라고도 한다. 말랑한 주머니 곶감은 꼭지를 떼고 한 면에 칼집을 넣어 넓게 펴서 씨를 발라낸다. 뜨거운 물에 식초를 한 방울 넣어 데쳐 불려 속껍질을 벗긴 호두를 준비한 곶감에 놓고 돌돌 말아서 하루쯤 두었다가 둥글게 썬다.

2.1.2. 잣솔꽂이

'잣솔꽂이' 만드는 법은 먼저 솔 잎은 깨끗이 씻어 물기를 닦고, 잣 은 고깔을 떼고 젖은 행주로 닦는 다. 바늘로 잣 꼭지에 구멍에 낸 다음 솔잎을 하나씩 꽂는다. 솔잎 꽂은 잣은 다홍실을 바늘에 꿰어 감아 매듭지지 않게 묶어준다. 잣

[그림 71] 잣솔꽂이 만들기

솔의 개수는 9개 이상의 홀수를 한 묶음으로 한다.

2.1.3. 다식

'다식'은 판에 찍어내는 전통 한과로 필수 의례 음식이며, 다과 상차림에 잘 어울리는 음식이다. 노란색은 송화가루로 만든 송화다식이며, 흰색은 녹말가루(감자전분)로 만든 녹말다식이다. 송화가루와 녹말가루에 꿀과 묽은 조청, 된 조청, 넣고 버무려 참기름으로 닦아낸 다식판에 박아 낸다.

아래로부터 녹차(말차)다식, 흑임자다식(검은깨다식), 송화다식, 전분다식, 오미자다식이다. [그림 72]는 송화다식을 만들기 위해 송화가루를 버무리는 모습이며, [그림 73]는 버무린 송화가루를 다식판에 박는 모습이며, [그림 74]은 완성된 다식의 모습이다.

[그림 72] 송화가루

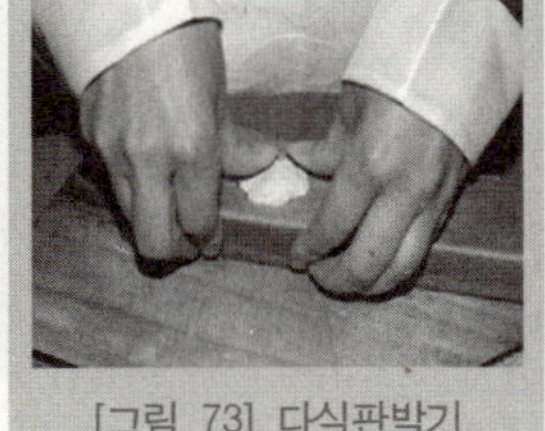
[그림 73] 다식판박기

[그림 74] 다식담기

2.1.4. 정과

[그림 75]의 노란 것은 인삼을 찐 다음에 꿀을 넣어 조린 음식으로 '인삼정과'이며, 짙은 자주색은 '홍삼정과'이다.

2.1.5. 채리(버찌)양갱이

한천을 녹여서 설탕을 조린 다음에 마지막으로 채리(버찌)를 넣어 만든다.

2.1.6. 대추초

정과의 일종으로 대추를 원래의 모양대로 꿀에 조린 뒤 깨를 계피해서

(깨는 뜨거운 물에 5분 정도 담갔다가 삼베보자기에 비벼서 껍질을 벗긴 뒤에 볶은 것) 묻힌 것을 말한다. [그림 76]의 오른쪽 윗부분에 해당하는데, 잣을 박아 장식을 한다.

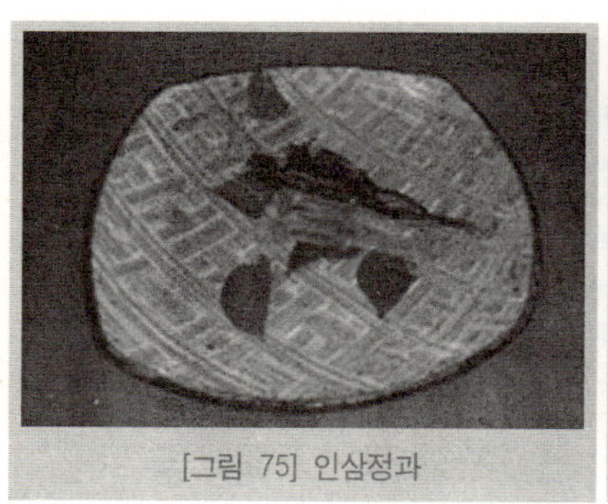

[그림 75] 인삼정과

[그림 76] 대추초 · 인삼정과

2.1.7. 육포

'육포'는 소고기를 양념하여 건조시킨 뒤에 잣으로 장식한 것을 말한다.

2.1.8. 무 · 호박꽃정과

호박정과는 호박에 꿀을 넣어 졸여서 건조한 뒤 무정과에 싸서 꽃모양을 만든다.

무정과는 무를 5㎜ 정도로 썰어 끓는 물에 2분 정도 담갔다가 조청을 사용한다. 조청은 물+꿀+설탕을 졸인 것으로 사용하지만 과거에는 찹쌀을 삭혀서 엿기름을 넣어 졸인 조청을 사용했다고 한다.

[그림 77] 무 · 호박꽃정과 만들기

[그림 78] 무 · 호박꽃정과

2.1.9. 약과

밀가루에 참기름을 넣고 고루 비빈 후 생강즙, 술, 꿀을 넣어 반죽하여
다식판에 눌러서 튀겨 내어 집청(조청)에 담갔다가 건진 과자이다.

[그림 79] 약과

[그림 80] 대추꾸리

2.1.10. 대추꾸리

'대추경단'을 안동지역에서는 '대추꾸리'라고 하는데, 이는 잡과편에 들
어간다. 찹쌀로 경단을 만들어 삶은 뒤에 대추채를 묻힌 떡이다. 찹쌀가루
에 대추를 잘게 채쳐서 함께 섞어 만들기도 한다. 대추를 섞어 버무리기
때문에 색깔은 송기송편과 비슷하다.

2.2. 기타 혼례음식

2.2.1. 인삼고임

'인삼고임'은 [그림 81]과 같이 폐백용 닭 대신에 사용하는 것으로 여름철에 음식이 상할 것을 고려하여 새롭게 개발한 것이다.

[그림 81] 인삼고임

2.2.2. 폐백용 대추, 밤, 술

[그림 82]는 폐백용 대추와 밤이며, [그림 83]은 폐백용 술이다. 폐백을 하면서 신부가 시부모님에게 절을 올리면 시어머니는 대추와 밤을 신부의 치마폭에 던져 주면서 "아들 딸 많이 낳아서 잘 길러라"고 덕담을 한다. 대추는 자손의 번영을 뜻한다. 폐백용 술은 신부가 시부모님께 절을 올리고 드리는 술이다.

[그림 82] 폐백대추

[그림 83] 폐백용술

[그림 84] 폐백용 음식

제3부

연구 결과

제6장 마무리

제6장 마무리

1. 연구 성과 및 반성

지금까지 경북북부지역 중에서도 안동, 예천(문경, 대구 일부 포함)을 중심으로 한 전통음식, 즉 향토음식, 제례음식, 혼례음식과 관련된 어휘를 중심으로 살펴보았다. 향토음식은 전통술 제조와 관련된 어휘가 포함되며, 제례음식에는 안동지역의 불천위제사의 절차에 관한 어휘 및 불천위제사의 음식을 중심으로 고찰하였고, 혼례음식은 폐백음식 중에서 구절판 음식을 중심으로 살펴보았다. 그 밖에도 음식과 관련된 도구나 재료의 명칭 등도 살펴보았다.

1.1. 연구의 성과

지금까지 살펴본 민족생활어로서 경북북부지역의 전통음식을 향토음식,

제례음식, 혼례음식을 중심으로 살펴보았다. 조사한 어휘는 어휘 분류 체계에 따라 기능, 종류, 재료, 단위, 도구, 맛표현, 모양, 조리법, 고명, 상태, 양념, 냄새, 조리장소 등에 따라 분류하였으며, 이 글에서는 조사한 어휘 중에서 특징적인 내용을 중심으로 제시한 내용을 정리하면 다음과 같다.

1) 이 글에서 살펴본 제례음식은 안동지역 불천위제사 중에서 하회 류씨 겸암 류운용(양진당), 서애 류성룡(충효당)의 불천위제사를 중심을 살펴보았다. 제사음식 만들기와 제사음식 담기, 제사에 필요한 제물, 불천위 기제사의 절차 등을 중심으로 살펴보았다. 안동지역 불천위제사 음식 중에서 도적과 편만들기는 거의 예술적인 경지에 이른다. 도적과 탕은은 우모린이라고 아래로부터 수중계의 어류인 생선이나 어류(鱗), 지상계의 네 발 달린 짐승(毛), 천상계의 깃털이 있는 날짐승고기(羽)를 우주적 수직구도를 상징적으로 드러낸다. 특히 안동지역의 불천위제사에 사용하는 고기는 모두 날고기를 사용하는데, 이는 노론과 남인의 파벌의식에서 유래한다고 한다. 노론은 고기를 익혀서 사용했기 때문에 이와 구별하기 위해서이다. 이에 기반하여 안동지역의 진성이씨(퇴계 이황), 하회 류씨(류성룡, 류운룡), 의성 김씨(학봉 김성일) 등의 남인계열 불천위제사에 사용하는 고기류는 모두 날고기를 사용하며, 이는 혈식군자(血食君子, 혈식을 받을 만큼 훌륭한 인물)라 하여 날고기를 사용하였다. 그러나 예외적으로 광산 김씨에서는 명태를 제외하고 끓는 물에 살짝 데친 섬제(爓祭, 삶은고기로 제사를 지냄)를 하기도 한다.

또한 편(제사음식의 떡)은 본편인 시루떡(팥고물시루떡, 진주고물시루떡, 나물편, 대두콩시루떡, 백편)과 나물편을 비롯한 잔편(웃깨이, 웃깨)을 14단 정도 쌓는데, 총 고임의 높이는 41㎝가 된다. 이때 잔편(웃기떡)은 7~9가지(조약, 송구떡, 모시송편, 잡과편, 청절편, 징편, 경단, 깨꾸리, 단자, 화전, 부편)로 장식한다. 본편은 6단과 웃깨이는 8단으로 장식을 한다. 이와 같이 본편의 종류도 다양하지만, 만드는 방법과 쌓는 방법에서 아주 특징적이다.

특히 제례음식은 가가예문이긴 하지만 특히 하회 류씨에서는 겸암댁(양진당)과 서애댁(충효당)의 불천위제사에 사용하는 음식과 진설에서도 차이를 보인다. 도적의 제일 꼭대기에는 닭을 올리는데, 충효당은 배가 위쪽을 향하고, 양진당은 등이 위쪽을 향하게 놓는다. 충효당 종부는 생애사를 통해 현재까지 충효당의 불천위제사에 사용하는 가양주와 서애 선생이 생전에 즐겨 드시던 '중계' 만드는 과정을 제시하였다. 그 밖에도 편과 도적 만들기, 쌓는 방법 등을 자세히 제시함으로써 안동지역 불천위제사의 음식이 가진 특징을 확인하였다. 또한 불천위제사의 준비과정과 본절차를 통해 제사의 절차와 관련된 어휘를 고찰하였다.

2) 경북북부지역의 혼례음식 중 구절판에 들어가는 음식의 종류(곶감호두말이, 잣솔꽂이, 송화다식, 전분다식, 오미자다식, 녹차다식, 흑임자다식, 정과, 대추초, 무호박꽃정과, 약과, 대추꾸리)와 그 만드는 과정을 살펴보았다. 특이하게 폐백닭 대신 인삼고임을 사용하였는데, 이는 여름철에 음식이 상할 것을 고려하여 최근에 새롭게 개발한 방식이다.

3) 경북북부지역의 토착음식인 향토음식을 주식류(밥, 죽, 국수, 만두), 부식류(국, 김치, 지)를 중심으로 그에 관련된 특이한 어휘를 중심으로 음식명의 분화 양상을 살펴보았다.

현재 안동지역 향토음식은 지역적인 조건과 밀접한 관련을 가진 것과 시대성을 반영하는 것이 대부분이다. 예컨대 전자에 해당되는 것은 헛제삿밥, 안동간고등어, 안동식혜 등이다. 헛제삿밥은 불천위제사가 끝난 후 음복 때 먹었던 비빔밥(복반)에서 유래한 것이며, 안동간고등어는 영덕에서 이송 중이던 고등어가 예천, 문경지역까지 배달되기 위해서는 안동에서 소금을 뿌려야만 했던 것에 연유한다. 또한 경북북부지역의 유일한 음청류인 안동식혜(감주와는 구별되는)는 해안지방의 젓갈인 식해를 응용한 것이다.

밀찌울밥, 대두밥, 무꾸밥, 꼽살미, 수꾸풀땡이, 호박수세기, 버리죽, 갱죽, 밥식이, 갱식이, 송피죽, 피죽 등은 시대성을 반영한 것으로 보이는데, 보리고개나 생활이 어려웠던 시기에 먹었던 이 지역의 특징적인 음식이다. 또한 벙으레기, 수지비, 다부렁죽 등은 수제비를 만드는 방식에 따라 부르는 명칭이 지역마다 차이를 보이고 있음을 보여준다.

향토음식의 떡류에 나타나는 특징적인 음식은 '가래떡'을 지역에 따라 떡골미, 떡골비, 떡골미라고 부르며, 전병의 일종인 꼬치장떡은 고추장에 탄 물에 밀가루를 풀어 부친 것으로 반찬으로 사용한다. 또한 구황음식의 일종인 쑥털털이(예천), 고두룸떡(안동), (버리)개떡이 있으며, 수수떡은 지역에 따라 수꾸떡, 수꾸무살이(예천), 수수팥떡(대구), 수수단지, 수수전병, 수수부꾸미, 철갱(안동)이라고 부르기도 한다. 이와 같이 수수떡은 주로 수수로 만든 돌떡으로 '골을 메운다'는 의미로 5~6살까지는 꼭 해서 먹이는 떡이다. 그 밖에도 예천지역에서는 돌떡으로 '콩망새기'를 해 먹이는데, 이는 쌀가루를 납닥하게 빚어서 소를 넣지 않고 비어 있게 만들어 뜨거운 물에 삶아서 건져낸 뒤 콩고물에 묻힌 떡이다. 이는 '아이의 소견이 넓으라'는 의미를 담고 있다.

또한 밀전병은 연변, 밀램비(안동), 미름비이, 미램비이, 가마이떡(예천) 등의 다양한 명칭이 있다. 또한 흰떡을 얇게 밀어서 꿀에 잰 팥이나 콩을 소로 넣는 것은 같으나 만드는 방법에 따라 이름을 달리하는 경우가 있다. 즉 떡 한 자락을 덮어 종지로 떼어 내어 반달 모양으로 피를 만든 떡은 '미리지'라고 하지만, 손으로 피를 만든 떡은 '단자떡'이라고 한다.

경북북부지역에서는 제사의 김치를 특별히 한자어인 '침채'라고 할 뿐 일상 음식에서는 김치를 '짠지'라고 부르고, 장아찌류를 '지'라고 부른다. 지는 재료에 따라 마늘장다리지(예천), 마늘종새기, 마늘해기(안동)가 있고,

깻잎지, 고치지, 꼬들깨지 등이 있다. 장류에서 안동지역의 반촌에는 17세기 이래로 간장을 지령, 지렁이라고 불렸으며, 이는『음식디미방』의 자료를 통해서 확인된다. 이에 반해 예천, 상주, 문경 지역에서는 주로 '장물'로 불린다. 또한 된장을 만드는 방식에 따라 막장, 거름장, 집장, 띄장, 등개장(댕개장) 등이 있다.

4) 그 밖에도 음식의 재료, 과일, 채소, 단위의 명칭이 어떻게 분화되는지, 그 분화 요인이 무엇인지 등에 대해 살펴보았다. 음식의 재료로 분류한 콩류와 좁쌀은 모양이나 색깔, 맛에 따라 다양한 명칭으로 분화되었으며, 표준어휘와 많은 차이를 보인다. 이와 같이 곡류의 명칭이 다양하게 분화된 것은 이 지역의 주생산품목이었기 때문이다. 또한 과일의 명칭 특히 감, 밤 등은 '종류, 모양, 익은 정도, 마른 정도'에 따라 다양한 명칭을 가지고 있다. 채소 역시 모양에 따라 다양한 명칭으로 분화된다. 또한 특이하게 음식과 관련된 단위 명칭이 다양하게 분화되는데, 이는 대상 음식이나 재료에 따라 그 단위의 명칭이 다양하다.

5) 안동지역의 민속주인 안동소주의 제조과정과 그와 관련된 어휘 및 도구 등을 살펴보았다. 술을 만들기 위해 찐 밥을 '술밥, 지에밥, 꼬두밥, 꼬들밥, 꼬두' 등으로 부르고 있으며, 술을 만들고 남은 찌꺼기도 소주냐, 막걸리냐에 따라 다르다. 막지는 막걸리의 찌꺼기를 말하고, 아래기는 소주의 찌꺼기를 이른다. 그 밖에 안동지역 대표적인 청음료는 감주에 해당하는 단술이 있으며, 안동지역만의 고유한 '안동식혜'가 있으며, 감주의 일종인 '석감주' 등이 있다.

6) 음식과 관련된 문헌조사와 현장조사를 함께 수행함으로써 국어사적인 측면에서 문헌자료와 방언의 상관성을 고찰할 수 있었는데, 이를 통해

방언의 중요성을 다시 한 번 확인할 수 있는 계기가 되었다. 이는 방언이 단순한 국어사 자료의 보충적인 역할을 하는 것이 아니라 역사의 공간성을 투영하고 있기 때문에 어휘의 역사적인 변천을 고찰하는 데 많은 부분 기여할 수 있음을 잘 보여준다.

7) 이 연구는 일차적으로 구술발화자료를 통해 실제 사용되는 음식어휘의 용도와 쓰임을 확인하였다. 그렇기 때문에 방언질문지를 통한 그동안의 조사방법에 비해 구술발화를 통한 조사방법은 미세하고 다양한 어휘의 분화의 요인을 확인할 수 있었으며, 체계적인 어휘 수집을 수행할 수 있었다. 이는 음식어휘를 통해 지역의 문화적인 특징을 이해할 수 있을 뿐만 아니라 음식어휘에 반영된 지역인의 사고체계를 이해하는 데 도움이 되었다.

8) 조사된 어휘의 표준국어대사전 등재 여부를 확인함으로써 표준국어대사전의 설명을 점검할 수 있는 계기가 되었을 뿐만 아니라 뜻풀이를 좀 더 보충할 수 있는 계기가 되었다.

9) 조사 대상 어휘에 대한 분류 체계를 설정해 봄으로써 음식어휘망을 구축하기 위한 토대를 마련하였다.

10) 음식관련 명칭은 '기능, 종류, 재료, 색깔, 모양, 크기, 제조방법, 지역적인 특성, 반상 등에 따라 다양하게 분화됨을 확인하였다.

11) 조사된 어휘의 음성형을 구간분절(Segmentation) 후 각각 별도의 음성파일로 저장하여 방언음성형 확인의 데이터베이스로 구축하였다. 이러한 각 음성파일은 음성상징지도 제작에 활용할 수 있다.

12) 구술생애사를 형태, 음소적인 방법에 의해 전사함으로써 국어학적인 측면의 자료뿐만 아니라 여성사 연구를 위한 기초자료로 활용할 수 있다.

13) 음식과 관련된 사진 자료를 확보하고자 노력하였다. 음식 관련 어휘는 지역에 따라 다양한 방언 분화형을 갖기 때문에 이에 대응되는 표준어와 함께 사진 자료를 수집하는 것이 무엇보다 중요하다.

14) 한민족 공통의 민족생활어의 광범위한 조사를 위한 기본적 토대를 마련하였다.

1.2. 연구의 반성

지금까지의 조사와 연구에 대한 반성은 다음과 같다.

1) 특정 어휘에 대해서 미세하고 다양한 분화를 확인할 수 있었지만, 여전히 많은 어휘에 대한 세밀한 조사가 이루어지지 못하였다. 그러므로 앞으로 보다 체계적인 자료를 바탕으로 지역문화와 특징을 확인할 수 있는 어휘의 분화요인을 찾는데 노력할 필요가 있다.

2) 다양한 어휘의 분화를 확인하였음에도 불구하고 많은 어휘는 그 분화 요인을 확인하지 못한 상태이다. 그러므로 방언화자들의 구술생애사를 통해 더 본질적인 어휘의 분화 요인을 찾는데 노력할 필요가 있다.

3) 어휘의 역사적인 변천을 설명하기 위해 노력하였으나, 많은 부분 여전히 과제로 남아 있다. 문헌조사와 방언 어휘의 상관성을 더 많이 확보

할 필요가 있다.

4) 이번 조사는 경북북부지역 중에서도 몇몇 국한된 지역에 대한 조사에 그쳤기 때문에 다른 지역의 방언형들과의 상관성은 살피지 못하였다. 그러므로 향후 다른 지역과의 연계성을 확보할 필요가 있다.

5) 민족생활어 Web DB를 구축하여 국립국어원 홈페이지에서 일반인이 쉽게 접근할 수 있도록 하기 위해서는 조사된 모든 데이터를 주제 및 지역별로 구분하여 음성자료, 전사자료, 동영상 자료의 검색기능이 가능한 환경을 제공할 필요가 있다. 그러나 장비의 부족 등으로 동영상자료나 사진자료를 확보하지 못한 부분이 많기 때문에 이는 앞으로 좀더 보완을 해야 한다.

6) 세밀한 조사를 통해 사라진 향토음식을 모두 발굴하지 못하였으며, 특히 혼례음식에 대해 좀더 체계적으로 조사를 못한 점이 아쉽다. 뿐만 아니라 풍속과 관련된 음식에 대한 조사 역시 앞으로 해야 할 과제이다.

2. 향후 사업 추진에 대한 제안

향후 사업 추진에 대한 몇 가지를 제안하면 다음과 같다.

1) 일차적으로 음식 어휘의 분류 체계를 통해 개별 어휘에 대한 세밀한 조사가 이루어져야 하며, 타지역과의 연계 속에서 그 차이점과 공통점을 비교 검토할 필요가 있다.

2) 특정 지역의 대표적인 향토음식은 조리 과정을 세밀하게 조사 정리하는 것은 물론이고 동영상자료나 사진 자료로 남길 필요가 있다.

3) 전통 사회와 관련된 문화콘텐츠(文化-contents) 구축하여 전통문화에 대한 자부심 고취 및 자기 정체성 회복하고, 한국 전통 음식의 현대화에 기반이 될 정보의 제공할 필요가 있다.

4) 전통 음식 문화의 통합적 연구가 필요하다. 이는 여성학 연구 및 생활사 연구에 기여할 수 있을 뿐만 아니라 특정 가문 중심의 음식조리법은 전통 사회의 또 다른 면의 조감 역시 가능하다. 또한 전통 음식과 전통술의 현대적 계승과 발전을 위한 기초 자료를 제공한다. 전통 음식에 대한 연구는 전통사회의 여성 생활과 그 문화의 이해 및 한국 여성 문제의 근원을 포착할 수 있고, 여성 관련 정책을 개발하는 기초 자료로 활용 가능하며, 인접학문과의 교류를 통한 방언학의 이론적 폭 확대할 수 있다.

5) 국어 어휘사 자료를 확충해야 한다. 음식 조리에 관한 체계적인 색인화 작업을 통한 정보를 체계화하고 한국 전통 음식 연구에 기초 자료로 활용한다. 또한 음식명이나 조리법, 조리도구, 재료 명칭어 등에 관련된 일상어의 수집 및 데이터베이스화는 국어사 연구의 지평을 넓혀줄 것이다.

6) 자료의 실용화 및 디지털콘텐츠화가 요구된다. CD-ROM의 화상 자료집으로 제작, 음성 데이터베이스화를 바탕으로 한 카세트테이프, 전통 음식 문화에 교육용 시청 자료로 활용하고, 데이터베이스화된 자료는 전통문화 디지털 리소스로 활용한다.

7) 문화 산업화에 적극 활용할 필요가 있다. 방송이나 영화, 드라마, 문

학작품 속의 방언은 생생한 감동과 지역의 토속적인 정취를 반영하는 데
많은 기여할 뿐만 아니라 지역 방언의 음성 데이터베이스의 구축은 지역
문화의 산업화에 적극적으로 활용될 것이다.

8) 한국전통음식사 연구의 기초 자료를 제공할 필요가 있다. 전통 음식
조리법, 음식의 시식 시기, 음식과 관련된 행사, 상차림 등이 정확하게 고
증되면, 이것은 결과적으로 극예술에서 극중 상황의 조건에 따라 실제로
적용될 수 있게 될 것이며, 한국 전통 음식에 대한 지속적인 관심을 불러
일으키는 선순환구조를 정착시키게 될 것이다.

9) 생활사 · 문화사 연구를 위한 자료를 제공할 필요가 있다. 종류별 음
식조리법의 과정을 재연함으로써 전통 생활사와 문화사를 연구하는 학자
들은 물론 현대사회의 삶 속에서 전통적인 지혜를 살려보려는 일반인에
게 훌륭한 정보의 보고가 될 것이다.

10) 전통술 및 전통 음식의 개발과 발전을 위한 기초 자료를 제공할 필
요가 있다. 이는 전통술의 제조법이나 전통 음식 조리법의 조사 및 정리
는 근대화 과정에서 단절된 전통문화를 계승 발전할 수 있는 기초 자료로
제공 가능할 것이다.

11) 한－스타일화(韓－brand化)에 기여하기 위해 현재 문화관광부가 추진
하고 있는 '한－스타일화 지원 전략에 포함되어 있는 전통음식은 문화 콘
텐츠 개발 및 문화 사업의 주요 자원으로 활용 가능할 필요가 있다.

〈참고 문헌〉

국립문화재연구소편, 『종가의 제례와 음식 7』, 월인, 2005.

국립문화재연구소편, 『종가의 제례와 음식 8』, 월인, 2005.

김득중 외, 『우리의 전통예절』, 한국문화재보호협회, 1988.

김미영, 「조상제사를 둘러싼 이론과 실제―안동지역 불천위제사의 제물과 진설을 중심으로」, 『지방사와 지방문화 9―1』, 역사문화학회, 2005.

김영순, 「불천위제사의 집사분정에 나타나는 종법체계와 연령의식」, 『민속연구』 9, 안동대 민속학연구소, 1999.

배영동, 「안동지역 일상음식과 제사음식의 비교」, 제사와 문화, 『민속연구』 9, 안동대 민속학연구소, 1999.

백두현, 『국수는 밀가루로 만들고, 국시는 밀가리로 맹근다』, 커뮤니케이션북스, 2006.

윤서석, 『한국의 음식용어』, 민음사, 1991.

윤숙경, 「안동지역의 제례에 따른 음식문화 1―불천위제례와 제수」, 『한국식생활문화학회지』 11-4, 한국식생활문화학회, 1996.

윤숙경, 『우리말조리어사전』, 신광출판사, 1998.

윤숙경·박미남, 「경북동해안지역 식생활 문화에 관한 연구 Ⅱ―제례 음식」, 『한국식생활문화학회지』 14-2, 한국식생활문화학회, 1999.

이광호, 「음식디미방의 분류 체계와 어휘 특성」, 『문학과 언어』 22, 문학과언어학회, 2000.

이상해·정승모, 『하회마을』, 솔출판사, 2007.

황혜성·한복려·한복진 공저, 『한국의 전통음식』, 교문사, 2005.

ㄴ

ㅅ

ㅊ

ㅋ